대한민국에 특허괴물 몰려온다

독점금지법 위반으로 대응하라

나남
nanam

나남신서 · 1531

대한민국에
특허괴물
몰려온다
독점금지법 위반으로 대응하라

2010년 10월 31일 발행
2010년 10월 31일 1쇄

지은이_ 李尙柱
발행자_ 趙相浩
발행처_ (주) 나남
주소_ 경기도 파주시 교하읍
       출판도시 518-4
전화_ 031-955-4600(代)
팩스_ 031-955-4555
등록_ 제 1-71호(79. 5. 12)
홈페이지_ www.nanam.net
전자우편_ post@nanam.net

ISBN 978-89-300-8531-1
ISBN 978-89-300-8001-9 (세트)

책값은 뒤표지에 있습니다.

나남신서 · 1531

대한민국에 특허괴물 몰려온다
Patent Trolls are storming into Korea

독점금지법 위반으로 대응하라
Legal strategies against Patent Trolls
from Anti-trust Law's Perspective

이상주 지음

Sang-joo Lee

세계는 전쟁 중이다.

경제전쟁, 자원전쟁, 식량전쟁, 에너지전쟁.

그 중에서도 대한민국의 현 상황에서 가장 우려되는 것이 바로 '특허전쟁'이다. Patent Troll이라고 불리는 특허괴물들은 특허전쟁의 최전방 공격수로 등장했고 이제 대한민국을 향해 기수를 돌리고 있다. 특허괴물과의 전쟁에서 어떤 결과를 쟁취하느냐 여부에 대한민국의 국부와 미래에 대한 비전이 달려있다고 해도 과언이 아니다.

인터넷에 접속해 포털사이트 검색창에 '특허괴물'(*Patent Troll*)을 입력해보면 최근 Patent Troll에 관한 논란이 급속히 증가하고 있다는 사실을 알 수 있다. 생산활동 없이 다량의 특허를 매입한 뒤 고액의 특허료를 요구하는 Patent Troll에 대한 관심과 논란은 하이테크 제조산업의 기반이 기술 차별화로 진화됨에 따라 필연적으로 증가할 수밖에 없다.

S&P 500 기업의 경우 특허권을 포함한 지적재산권 등 무형자산의 비중이 1975년 17%에서 2008년 75%로 대폭 증가한 현실을 감안하면, 독립적인 수익창출 자산으로 특허권을 활용하려는 Patent Troll의 등장은 불가피한 면이 있다. 그러나 이와 같은 Patent Troll의 특허권 행사가 사회적 비용을 증가시키고 소비자 후생을 저해할 우려가 있으며 혁신

의 촉진이라는 특허법의 목적 달성에 부정적 영향을 줄 수 있다는 비판이 증가하고 있다. 미국 의회는 Patent Troll의 역기능을 방지하기 위해 특허법 개정을 시도하고 있으며, 제조업에 종사하는 기업들은 Patent Troll의 공격에 대한 대응방안 마련에 고심하게 됐다. 점차 'Patent Troll의 공격에 대한 대응방안'이 화두가 되고 있는 것이다.

특히 외국계 Patent Troll들이 최근 급속히 수익성이 좋아진 한국 기업들을 표적으로 일전을 불사할 태세에 이르렀다. 이러한 Patent Troll의 저돌적 공격에 대해 특허권을 매입할 수 있는 기금을 조성해 정면으로 맞서거나, Patent Troll의 공격대상인 특허의 무효 주장, 해당 특허에 대한 비침해 주장을 통해 소송으로 해결하거나, 또는 적당한 금액의 특허료를 지급하고 타협하는 등의 현실적인 대응방안을 고려해 볼 수 있다. 그러나 이러한 대응은 비즈니스적 관점에서는 Patent Troll과의 협상 시 전략적으로 유용하게 활용될 수도 있겠으나 Patent Troll의 공격에 대한 근본적 대응방안이 되기는 어렵다고 생각된다.

기존의 Patent Troll에 대한 대증적 접근방법과 해결책으로는 Patent Troll문제를 근원적으로 해결할 수 없으며 그 핵심에 대한 종합적이고 정확한 분석을 통한 해결책의 제시를 통해서만이 Patent Troll이라는 거악(巨惡)을 일거에 물리칠 수 있다고 생각한다. 조지 루카스 감독의 〈스타워즈〉를 보면 1편부터 6편에 걸쳐 승리와 패배를 반복하는 수많은 전투들이 지루하게 계속되지만 난공불락의 철옹성 Death Star가 무너지고 나서야 비로소 대단원의 막을 내리게 된다. 종국적인 승리의 비결은 철저한 분석이다. 설계도 분석을 통해 Death Star의 핵심이 중앙 동력장치라는 사실과, 그 방어막이 인근 혹성 엔도의 지하기지에서 발사되고 있다는 사실을 밝혀냄으로써 주인공 루크 스카이워커는 Death Star 중심부에 침투해 승리하게 되는 것이다.

현 시점에서 Patent Troll의 경쟁제한 행위에 대한 위법성 인정의 법적 가능성을 논증한 것은 다소 늦은 감이 있다. 국내에 Patent Troll에 대한 연구자료나 서적이 매우 부족한 점도 안타깝다. 대한민국이 지식강국으로서의 자리를 굳건히 지키기 위해서는 특허권 확보전략뿐만 아니라, Patent Troll의 특허권 침해 주장에 대한 근원적인 법적 대응방안을 진작 마련했어야 하기 때문이다.

Patent Troll의 역기능에 대한 본질적 접근은 그 경쟁제한적 행위에 대한 고찰에 있다고 생각된다. 일정한 분야에서 특허를 누적시키는 전략, 투자자들의 지원을 받고 있는 소유구조, 특허제도가 갖는 흠결을 이용하려는 지대추구행위 등 Patent Troll이 갖는 본질적 역기능은 독점금지법의 주된 규율대상인 경쟁제한 행위의 성격을 갖고 있다. 비교법적으로 볼 때 미국과 유럽의 경쟁당국 및 법원 역시 특허권자의 소(訴)제기, 기술표준화, 실시허락의 일방적 거절, 특허 풀의 형성 등의 맥락에서 특허권 행사에 대해 독점금지법(유럽의 경우 경쟁법)을 적용해 온 다양한 집행경험과 판례를 누적시키고 있으며, 이러한 경험들은 Patent Troll의 역기능 분석에 매우 중요한 선례적 의미를 갖는다. Patent Troll의 경쟁제한적 행위에 대한 법적 대응을 통해서 '괴물(Troll)'이라고 일컬어지는 비실시회사(Non-Practicing Entities, NPEs)의 본질적인 법적 문제점의 실체가 그 베일을 벗고 드러날 것이다.

구체적으로 Patent Troll에 대해 어떠한 법적 대응책을 마련할 것인지는 간단한 문제는 아니다. Patent Troll 문제는 지적 재산권과 독점금지법이 만나는 중요한 접점이기 때문에 양 법제에 대한 정확한 이해를 바탕으로 최적의 법적 대응책을 마련하는 것이 시급하다. 혹자는 특허권 행사에 독점금지법을 적용할 경우 특허법의 목적 실현이 어려워질 것이라고 주장하기도 한다. 그러나 최근에는 특허법과 독점금지법이 모두 소비자 후생의 증대라는 공통된 목적을 추구하기 때문에 혁신의 촉진을 위해서는 양 법이 동시에 조화롭게 적용될 수 있다는 견해가 일반적으로 받아들여지고 있다. 법제적 관점에서도 특허법은 시장에서 경쟁을 제한하는 행위를 규제할 수단을 마련하지 않고 있다는 점 등을 고려하면 Patent Troll에 대한 독점금지법의 적용은 정당화될 수 있고 현실적인 법적 대응수단이 될 수 있다. 우리나라의 경우 공정거래법이 Patent Troll에 대한 법적 대응방안으로 중요한 역할을 담당할 당위성을 갖는 것도 같은 이유다. 향후 Patent Troll에 대한 후속연구를 통해 그 행위태양이나 소유구조에 대한 정확한 이해가 축적된다면, 공정거래법을 통해 특허법이나 독점금지, 공정거래 제도의 목적 실현을 저해하는 Patent Troll의 행위는 더욱 적절히 규제될 수 있을 것이다.

이 책은 저자의 고려대학교 법과대학 박사논문 "특허괴물(*Patent Troll*)의 경쟁제한행위의 규제에 관한 연구"에 수정, 가필을 거듭해 단행본으로 출간한 것으로, 필자가 근무하는 삼성전자㈜의 견해와는 관련이 없음을 밝혀둔다.

2010년 가을

이상주

나남신서 · 1531

대한민국에 특허괴물 몰려온다

독점금지법 위반으로 대응하라

차 례

1장

지식재산 경쟁의
새로운 양상

1. 'Troll' 그리고 '괴물'

'특허괴물' 또는 'Patent Troll'이라는 단어를 대하면 지금도 생경한 느낌을 갖게 된다. 이 책의 제목에 '괴물'이라는 단어를 사용하는 것이 불가피한지 여부에 대해 고민에 고민을 거듭했다. 과연 법학 관련 연구를 하면서 '괴물'이라는 단어를 접할 경우가 몇 번이나 될까. '특허'라는 용어에 내재된 전문성과 복잡성에 약간 긴장하면서도, 뒤따라 나오는 '괴물'이라는 두 글자에서 연상되는 부정적 이미지 때문에 그 내용마저 희화화되지 않을까 우려됐다. 또한 무엇보다 '특허괴물'이라는 용어 자체에 내재할 수밖에 없는 반(反)가치중립적 편향성이 마음에 걸렸다.

Patent Troll의 경쟁제한적 행위에 대해 독점금지법의 관점에서 객관적 논증을 하는 것이 이 글의 목적임에도 불구하고 '퇴치'의 대상이라는 점을 사전에 정해놓고 그 방법을 강구하는 것으로 오인될 수 있기 때문이다.

Patent Troll은 최근 10년간 출현한 특수한 형태의 특허권 행사자를 지칭하기 위해 사용됐다. 널리 알려진 바와 같이, Patent Troll이라는 용어는 2001년 Intel의 사내 변호사 Peter Detkin에 의해 최초로 고안됐다. Intel은 1998년 미국 일리노이 주에 있던 TechSearch LLC로부터 특허권 침해를 이유로 50억 달러의 손해배상 청구를 당하게 됐는데, TechSearch LLC는 자신이 직접 출원한 특허가 아니라 파산한 기업으로부터 5만 달러에 사들인 마이크로프로세서 관련 특허를 기초로 위와 같은 소(訴)를 제기했던 것이다. [1]

---

[1] Subramanian, S., Patent Trolls in Thickets: Who is Fishing Under the Bridge?, *5 E. I. P. R.* (2008), p. 182.

16

〈그림 1-1〉 납치당한 공주와 Troll 들[2] (John Bauer, 1915)

"내 아들들 좀 봐! 세상에 더
멋진 남자는 찾을 수 없을 거야."
Troll 엄마가 말했다.

이에 Detkin은 TechSearch LLC를 '강탈자'(*extortionist*) 라고 공공연히
지칭했다가 그로 인한 명예훼손 논란에 휩싸이게 되자 법적 책임을 회
피하기 위해 다소 모호한 'Patent Troll'이라는 용어를 고안해 사용했다
고 한다.[3]

Patent Troll을 우리말로 '특허 낚시꾼' 또는 '특허 사냥꾼'이라고 해석
하는 경우가 있는데 이는 부적절하다고 생각된다. 사전을 찾아보면
Troll이라는 단어가 낚시와 관련돼 있기는 하다. 그러나 이는 '낚시하
다'라는 동사이거나 또는 같은 뜻의 명사형인 '낚시질' 또는 '낚시하는
행위'라는 의미에 불과하다. 따라서 Patent Troll을 굳이 '낚시'와 관련

---

2 http://en. wikipedia. org/wiki/File : John_Bauer_1915. jpg〔This   image(or
  other media file) is in the public domain because its copyright has expired.
  This applies to the United States, Australia, the European Union and those
  countries with a copyright term of life of the author plus 70 years.〕
3 Wallace Jr., J., Are Patent "Trolls" Wrongly Named and Maligned? Do
  They Have a Future?, AIPLA Annual Meeting (2007).

지어 해석한다면 '특허 낚시질'과 같이 행위를 지칭하는 의미일 뿐, 행위자를 가리키는 '특허 낚시꾼'이라고 해석할 문법적 근거가 없다. 그런데 Patent Troll이 특정 행위자를 지칭하는 단어라는 사실에는 이견이 없으므로, 결국 Troll을 낚시와 관련지어 해석하기는 어렵다. 더 나아가, 이를 '특허 사냥꾼'이라고 자의적으로 해석하는 견해가 있으나, 이는 사냥이 낚시와 동일한 상위개념인 수렵행위의 일종이라는 데서 착안한 지나친 의역이라고 생각된다.

Detkin이 언급한 Troll은 주로 북유럽, 특히 노르웨이 신화에 등장하는 무섭게 생긴 생명체로, 큰 귀와 코를 가진 사람을 닮았으며 땅속 동굴에서 야생활동을 한다고 전해지고 있다.[4] 노르웨이 낭만주의 시대 문학, 예술, 음악에서 Troll은 매우 다양한 형태로 등장하는데 비교적 작은 체형부터 시작해 거인인 경우도 있고, 성격은 잔인하거나 교활하다고 한다. 노르웨이뿐만 아니라 스칸디나비아 지역, 영국과 아일랜드 섬 중간에 위치한 패로스 제도에도 북유럽 바이킹들이 정착하면서 Troll과 관련한 이야기들이 남아 있으며 이들 이야기 속에 등장하는 Troll은 종종 'Trows'라는 변형된 형태로 불리기도 한다. Troll은 이제 판타지 소설이나 심지어 역할분담 게임에까지 등장하며 전형적인 캐릭터의 고정인물(*stock character*)이 됐다. 따라서 이 책에서는 Patent Troll을 '특허괴물'이라고 해석하되 논증의 객관성을 유지하기 위한 노력의 일환으로 영문으로 표기하기로 한다.

---

4 http://en.wikipedia.org/wiki/Troll

2. Patent Troll의 등장

Patent Troll에 대한 사회적 관심이 증가한 계기는 이들이 우리의 생활에 큰 영향을 미치게 됐기 때문이다. 실제로 특허침해 소송에서 패소한 기업들의 사업 전반이 위태로워지고 심각한 경우 파산에 이르는 모습을 보면서 많은 기업들은 특허가 갖는 가치를 재인식해 특허를 하나의 자산이자 적극적 사업수단으로 활용하기 시작했다. 이러한 경향에 편승해, Patent Troll은 특허를 실시할 의향이 없이 제조업체를 대상으로 소송 위협을 하거나 특허침해의 소를 제기해 합의금이나 기술료 명목의 금전적 이익을 도모하는 등 기업들을 상대로 공격하고 있다. 2004년부터 2009년 사이에 Apple사 56건, Sony 55건에 이어 삼성전자 48건, LG전자 39건 등의 관련 소송이 제기됐다. 5

첨단기술을 이용한 국내 기업들의 성장세가 고조되고 수입이 증대됨에 따라 이들 기업을 대상으로 한 Patent Troll의 활동 역시 심각하게 증가하고 있다. Patent Troll로 불리는 InterDigital사는 삼성전자 및 LG전자를 상대로 GSM 장비에 대한 특허권 침해의 소를 제기했다. GSM은 Global System for Mobile communication의 약자로 유럽 및 기타 지역에서 광범위하게 사용되는 디지털 이동전화 시스템으로서, TDMA, CDMA와 함께 가장 널리 사용되는 3개의 디지털 무선전화기술 중 하나다. GSM은 유럽 무선전화 방식의 사실상 표준으로, 세계적으로 1억 2천만 명 이상의 사용자를 가지고 있으며 120개국에서 사용되고 있다. 결국 삼성전자는 2009년 12월부터 2012년까지 4억 달러, LG전자는 2006년 1월부터 2010년까지 2억 9천만 달러의 특허사용료를 지급하기

---

5 PatentFreedom, 홈페이지 https://www.patentfreedom.com/research.html.

로 했다. Rambus사는 반도체 DRAM 관련 특허권 침해소송을 통해 삼
성전자를 상대로 2010년 1월부터 2015년까지 7억 달러의 특허사용료
를 지급받기로 했고, 하이닉스를 상대로 소송을 진행 중이다. 또한
Intellectual Ventures사는 2009년 7월 삼성전자 및 LG전자를 상대로 휴
대폰 기술 등 특허사용료로 각각 11조 원, 5조 5천억 원을 요구한 상태
다.[6] 이와 같은 추세에 따라 한국의 특허사용료 적자는 1990년 13억 달
러에서 2009년 39억 달러로 3배 증가했다. 특허사용료 지출은 2006년
46억 1천만 달러에서 2009년 70억 5천만 달러로 증가하는[7] 등 지식재산
권 분쟁이 증가함에 따라 특허사용료 적자가 확대되는 피해가 발생하
고 있다.

종래 특허 내지 특허권에 대한 사회 일반의 인식은 발명가에게 허락
해 주는 보상 내지 그 발명이 법에 의해 보호받고 있음을 확인하는 정
도에 그쳤다. 즉, 발명 내지 기술의 진보 등 여하한 형태의 혁신을 실
현한 특허권자는 해당 발명 또는 기술을 이용해 제품 생산, 판매로 수
익을 창출하려는 특허 사용자로부터 일정 수준의 금전적 대가를 지불
받음으로써 혁신에 대한 정당한 보상을 받을 수 있었다. 특허권자는 적
어도 그 권리의 행사에서는 수동적 모습을 보일 수밖에 없었으며, 특허
권을 취득한 이후 그 특허를 보호하는 것보다는 새로운 발명을 통해 또
다른 특허를 취득하는 것에 집중하는 것이 일반적인 발명가들의 태도
였다.

그러나 이러한 인식에 변화가 일어났다. 기술발전의 가속화 및 융복
합화가 진전됨에 따라 제품개발을 위한 지식재산의 수요 역시 빠르게 증

---

6 "국내 대기업들, 특허공세에 멍들고" 외 보도자료 종합, 〈서울경제신문〉
  (2009. 9. 10.).
7 한국은행, ECOS.

가하게 됐고, 기술의 고도화와 함께 제품개발에 필요한 특허 수가 급증
했다. 예를 들어 영상녹화 및 재생기술에 필요한 특허가 1980년대 비디
오테이프 방식은 약 20건(VHS방식 기준)에 불과했으나, 2000년대 DVD
방식은 400여 건, 최근의 블루레이 방식은 2천여 건으로 급증했다. 뿐
만 아니라 융복합 부문의 신산업이 부상하면서 특허개발 경쟁이 동종업
계뿐 아니라 타 산업까지 확대됐다. 예를 들어 연료전지 기술의 경우
Toyota, Honda, 현대자동차 등의 자동차업체와 삼성SDI, Toshiba,
Panasonic 등의 전자업체가 특허개발을 경쟁하기에 이르렀다. [8]

이에 발맞춰 미국은 1980년대 제조업 경쟁력 우위를 상실하면서 특
허권 보호 및 후발국가에 대해 공세를 강화함으로써 기술경쟁력과 무
역수지를 개선하고 있고, 중국 등 신흥국도 자국의 특허권 보호를 강화
하고 있는 실정이다. 그 영향으로 특허재산 경쟁이 심화되는 과정에서
정부의 기술보호주의와 기업의 연구소 및 대학을 이용한 개방형 혁신
이 강화됐다.

특히 Patent Troll의 출현은 특허에 대한 변화된 인식을 가장 극단적
으로 보여준 사례라고 말할 수 있다. Patent Troll은 발명이나 연구개발
과 관련된 행위를 전혀 하지 않으면서도 타인으로부터 특허권을 매입
하거나 양수받은 뒤, 손해배상금 내지 실시료를 지불할 만한 상당한 재
원을 보유한 기업들에게 접근해 실시허락 협상 내지 특허침해 소송의
제기를 통해 수익을 창출한다. 이는 특허가 당연히 그 존립의 전제라고
여겨졌던 발명으로부터도 독립, 독자적인 자산으로서 기능할 수 있으
며 그러한 행위가 특허법에 의해 금지되지도 않는다는 것을 보여준 것
이었다.

---

8 Butler, J., 2009 Q3 Patent Review Survey, FuelCell Today (2009).

일부 Patent Troll들은 실제로 막대한 합의금을 지급받을 수 있었고, 이는 보다 다양한 형태의 Patent Troll이 출현하게 되는 계기로 이어졌다. 이들은 일련의 사건을 통해 특허침해가 인정돼 손해배상을 받아내는 경우 그들이 다른 발명을 창출해내는 것보다 더 많은 수익을 올릴 수 있다는 사실과 특허침해 주장을 전략적으로 전개할 경우 시장에서 경쟁자를 견제하는 유용한 수단으로 쓸 수 있다는 사실을 알게 되었다.

3. Patent Troll의 확산

이러한 Patent Troll의 수는 계속 증가해 2010년 4월 현재 325개에 달한다. 2000년부터 2008년 동안 이들에게 유입된 자금규모는 70억 달러 안팎으로 추산된다.[9] 이들은 대학, 연구소, 벤처기업 등에서 1건당 수천 달러 정도의 저가에 대량으로 특허를 매입해 라이선싱 사업을 전개하고 있다. 예를 들어 Intellectual Ventures의 대학·연구소 특허 매입을 담당하는 IDF 펀드의 경우 전 세계에서 가장 큰 사무소를 서울에 두고 직원 28명을 고용한 것으로 알려져 있다.[10] 현재 이 회사는 인도와 중국, 일본, 싱가포르에도 사무소를 두고 있다.

개방형 혁신이 확산되면서 등장한 Patent Troll은 대학과 연구소, 벤처기업의 특허를 저가에 매입한 후 제조기업에 대해 과도한 실시료를 요구하거나 특허침해 소송을 제기했고, 이에 따라 소송은 급속히 증가하게 되었다.

---

9 Hetzel. D., Embracing the new IP reality, Intellectual Asset Management (2010. 5.).

10 Suvarna, M., Invented in India, Intellectual Ventures (2009. 7).

4. Patent Troll에 대한 방어

Patent Troll의 활동에 대해서는 그 출현과 동시에 다양한 비판이 존재해 왔다. 즉, 스스로 혁신을 촉진하지 않으면서 활발한 연구개발을 수행하는 기업들을 상대로 특허권을 주장하는 Patent Troll의 행위는 특허법의 보호 목적에 부합하지 않는다는 것이다. 즉 Patent Troll은 특허법이 특허권자에게 부여한 권한을 초과하는 이익을 누리면서도 특허법상 특허권 보호목적인 혁신의 촉진에는 기여하지 못하며, 오히려 신규기업의 시장진입을 억제하고 기존 기업에게 Patent Troll에 대한 과다한 방어비용을 지출하게 함으로써 해당 분야에서의 혁신을 저해한다는 주장이다. 이와 같은 비판을 근거로 Patent Troll의 특허권 행사는 적절히 규제되어야 한다는 견해가 제기되기에 이르렀다.

그런데 이러한 논란 속에서도 Patent Troll에 대한 심도 있는 연구는 부족한 상황이다. 심지어 Patent Troll의 개념을 어떻게 정의할 것인지에 대해서도 의견이 모아지지 못하고 있다. 현재의 법체계, 판례 등에 기초해 어떤 수단을 통해 Patent Troll을 규제할 것인지 등에 대해서도 연구가 충분하지 않은 현실이다. 시중의 연구 결과물은 대부분 Patent Troll의 현황 파악 또는 미국, 유럽의 관련판결을 소개하는 정도에 그치고 있다. 이와 같은 Patent Troll에 적용될 수 있는 규제수단들을 비교, 분석하거나 구체적인 적용방안들에 관한 연구는 그다지 활발히 이뤄지지 않고 있는 것으로 보인다.

현재 IT비즈니스에 종사하는 기업 현장에서 Patent Troll은 더 이상 특허 관련 서적에 존재하는 현실과는 동떨어진 가상의 존재가 아니다. 실제로 이들은 수시로 기업과 접촉하면서 자신들이 추구하는 이익을 실현하기 위한 다양한 활동을 하고 있다. 아래에서는 순서대로 Patent

Troll에 대한 개념 및 규제의 필요성과, Patent Troll에 적용할 수 있는 여러 규제수단들의 타당성 및 실효성을 살펴보고, 이를 바탕으로 Patent Troll을 규제할 수 있는 유효한 수단으로서 Patent Troll에 대한 독점금지법의 적용을 모색해 보고자 한다.

2장

Patent Troll의
등장배경,
전략 및 현황

1. Patent Troll의 의의

1) Patent Troll 개념에 관한 논의

> Patent Troll이란, 특허를 활용하지도 않고 활용할 의사도 없으면서, 대부분의 경우 활용된 적이 없는 특허를 이용해 금전적 이익만을 추구하는 자들이다.
> (A patent troll is somebody who tries to make a lot of money off a patent that they are not practicing, have no intention of practicing and in most cases have never practiced.)
>
> – Peter N. Detkin –

Peter Detkin은 Patent Troll을 위와 같이 정의했다. 앞서 언급한 대로 Patent Troll은 최근 10년간 출현한 특수한 형태의 특허권 행사자를 지칭하기 위해 2001년 당시 Intel의 사내 변호사였던 Detkin이 최초로 사용한 용어다. 아이러니하게도 Detkin은 그 후 Patent Troll의 대표격인 Intellectual Ventures사를 설립했다.

Detkin 이후 Patent Troll은 특허를 실시함이 없이 실시료 내지 특허권 침해에 따른 배상금을 지급받으려는 주체를 지칭하는 용어로서 빈번히 사용돼 왔다. Detkin의 정의와 유사하게 Patent Troll을 '제품을 생산하기 위해 특허를 실제로 사용할 의도가 없음에도 특허권을 취득하는 개인 또는 법인'[1] 또는 '실시허락이나 기술을 제품화하는 것보다 합의금을

---

1 Mcdonough Ⅲ, J., The Myth of The Patent Troll: Alternative view of the function of Patent Dealers in an Idea Economy, 56 *Emory L. J.* (2007), p. 189.

받기 위해 특허를 이용하는 기업'[2] 등으로 정의하는 경우도 있다.

한편, Patent Troll이라는 부정적인 용어 사용 자체를 비판하는 견해가 있다. 첫째, 자신의 권리를 행사할 뿐인 특허권자들을 Patent Troll이라는 범주에 포함시켜 이해할 경우 그 특허권자들의 권리행사가 갖는 의미를 정확히 파악할 수 없다는 견해이다. 즉, 앞서 언급한 바와 같이 실제로 Troll이라는 용어는 '괴물' 이라는 부정적 의미를 가지고 있는데[3] 스스로 특허발명을 실시하지 않는다는 이유로 특허권자나 그의 행위를 일률적으로 그 자체에 부정적 의미가 내포된 Patent Troll이라는 용어로 규정한다면, 특허권자의 권리행사가 가질 수 있는 긍정적 기능, 예컨대 개인이나 중소기업의 정당한 특허권 행사를 보장하고 후속 발명을 촉진해 궁극적으로 특허제도의 목적을 실현하는 데 기여할 수 있다는 점 등이 간과될 수 있다는 것이다.

둘째, Patent Troll의 통용되는 정의에 따르더라도 Patent Troll은 그 개념 자체가 지나치게 광범위해, Patent Troll에 관한 논의를 통해 문제 삼고자 하는 일부 특허권자나 그의 행위들을 포섭하기에는 부적절하다는 견해다. 즉, Detkin의 정의에 따를 경우 새로운 기술을 개발했지만 한정된 자원이나 다양한 사업상 이유로 인해 특허를 실시하지 않는 발명가나 특허의 실시허락을 통해 수익을 얻고자 연구를 수행하는 대학들 또한 Patent Troll에 포섭되는 부당한 결과가 발생한다는 것이다.[4]

---

2 Magilocca, G., Blackberries and Barnyards: Patent Trolls and the Perils of Innovation, 82 *Notre Dame L. Rev.* (2007), p. 1810.

3 김기영, "Patent Troll에 대한 법적·제도적 대응방안 연구", *Law & Technology* 제4권 제4호 (2008), 48면.

4 Rantanen, J., Slaying the Troll: Litigation as an Effective Strategy against Patent Threats, 23 *Santa Clara Computer & High tech. L. J.* (2007), pp. 163~164; Mcdonough Ⅲ, J., *supra* note 1, p. 199.

〈표 2-1〉 미국 대학의 로열티 수입현황

단위: US 달러

기 간		2003~2007년
미국 대학 로열티 수입 합계		30억 5,400만
주요 대학	UC Systems(University of California의 연합체)	2억 5,600만
	New York 대학	2억 4,300만
	Columbia 대학	2억 7,600만
	Northwestern 대학	8,600만
	Univ. of Minnesota	1억 100만
	MIT	8,500만
	Stanford 대학	9,300만

자료: Association of Univ. Tech. Managers Survey, 2003, 2007.

실제로 〈표 2-1〉에서 보듯 미국의 주요 대학에서 특허권을 행사해 벌어들이는 로열티 수입은 규모면에서 상당하다.

셋째, 특허권을 실시하지 않으면서 마구잡이로 특허침해 주장(*frivolous claim*)을 한다는 점이 Patent Troll의 특성으로 제시되고 있으나, 그렇다고 해서 이와 같은 행위를 근거로 Patent Troll과 일반적 특허권자를 구분하는 것은 바람직하지 않다고 한다. 왜냐하면 특허권자는 그 동기에 관계없이 그 재산을 사용하거나 사용하지 아니할 권한을 지니고 있으며,[5] 많은 대기업들 또한 사용하지 않는 특허를 전략적 수단으로 보유하면서 경쟁자 등에 대한 특허실시 허락을 통해 상당한 수익을 올리고 있기 때문이다. 뿐만 아니라 Patent Troll의 특허침해 주장이 근거

---

5 Continental Paper Bag Co. v. Eastern Paper Bag Co., 210 U.S. 405, 429 (1908).

없는 것인지 여부는 법원의 판단을 통해 결정될 사항이며, 실제로 상당
수의 법원에서 이러한 특허에 대한 침해사실이 인정되고 있는 이상
Patent Troll의 특허주장을 근거 없다고 볼 수는 없다는 것이다. 6

이처럼 Patent Troll 개념이 갖는 문제점을 지적하는 견해들은 제품의
생산활동을 하지 않으면서 특허권의 행사를 통해 이익을 취득하는 기업
들에 대해 Patent Troll이라는 용어 대신 '비실시회사'(Non-Practicing
Entities, NPEs) 또는 '특허소송 및 실시허락회사'(Patent Litigation and
Licensing Companies, PLLs) 7 등 중립적 의미의 명칭을 활용하자고 주장
한다. 8

단순히 보유하는 특허의 실시 여부만을 기초로 당해 개인 또는 기업
이 Patent Troll에 해당하는지 여부를 결정한다면 Patent Troll에 관한 논
의를 통해 일정한 규제를 가하고자 하는 대상의 범위에 혼란을 초래할
수 있다. 이는 Patent Troll 개념에 대한 비판론이 지적하는 바와 같다.

이에 최근에는 Patent Troll을 "특허를 취득하고 다른 기업들을 상대
로 특허권을 주장하는 것을 주된 영업으로 하는 기업으로서 교차실시
허락(cross licensing) 등에 대해서는 전혀 관심을 보이지 아니하고 오직
금전적 이익만을 추구하는 기업"이라고 설명하는 새로운 정의가 이뤄
지기도 했으며, 9 Patent Troll을 유형화해 적정한 개념 정의를 모색하려

---

6 Gregory, J., The Troll Next Door, 6 *J. Marshall Rev. Intell. Prop. L.* (2007),
   pp. 298∼303.

7 Petersen, M., Strategies for defending international companies against US
   patent trolls, 4(2) *Journal of Intellectual Property Law & Practice* (2009),
   p. 109.

8 Mcdonough Ⅲ, J., *supra* note 1, pp. 200∼201.

9 Mcmahon, T. et al., Who is a Patent Troll? Not a Simple Answer, 7
   Sedona Conference Journal (2006), p. 161.

〈표 2-2〉Patent Troll의 4가지 유형

True Blue Trolls	발명가로부터 특허를 취득하고 제조하지 않는 회사
The Thinking Person's Trolls	대학과 같이 상품의 제조 및 판매를 위해서가 아니라 실시허락과 집행을 위해 발명을 하는 회사
Incidental Trolls	특허자산은 있으나 활용에 실패한 제조회사 및 생산과정이 중단된 후의 특허를 보유한 회사
Competitors	경쟁자를 표적으로 삼아 특허를 취득한 회사

는 시도 또한 전개되고 있다. 즉, Troll을 〈표 2-2〉의 4가지 유형으로 구분한 다음 그 중 비난 가능한 유형을 찾아내고자 하는 것이다.[10]

〈표 2-2〉같은 분류방법에 의할 때는 결국 첫 번째 유형에 해당하는 Troll만이 진정한 의미의 Patent Troll이라 할 수 있다. 그 특징은 ① 특허권 이외의 자산이라고 할 만한 것을 보유하지 않는 점, ② 제품의 생산활동을 하지 않는 점, ③ 특허 변호사들이 회사조직의 주축을 이룬다는 점, ④ 이미 존재하는 특허를 취득할 뿐 스스로 새로운 기술을 발명하는 일은 없다는 점 등이 열거될 수 있다.[11]

2) Patent Troll 개념의 정리

기본적으로 특허권자는 크게 혁신자(*innovators*), 생산자(*producers*) 그리고 지대추구자(*rent seekers*)로 분류될 수 있다. 이 3가지 범주는 상호배타적인 것이 아니며 특허권자는 이 중 일부 또는 3가지 유형 모두에 해당될 수 있는 것이다. 혁신자는 새로운 기술을 개발하고 그에 관

---

10 See Wallace Jr., J., *supra.* 제1장 note 3.
11 김기영, 앞의 논문(註 3), 53면.

한 특허를 얻는 주체를 의미하며, 개인 발명가이거나 대학 또는 기업일 수 있다. 생산자는 그들의 특허가 속해 있는 시장에서 그 특허를 실시하는 자다. 그들은 경쟁자를 상대로 특허를 주장해 경쟁상의 이점을 확보하거나 경쟁자에 의해 제기되는 특허소송에서 스스로를 방어하기 위해 특허를 취득한다. 지대추구자의 범주에는 특허실시를 통한 수익을 얻기 위해 특허를 이용하는 주체들이 포함되며, 전형적인 의미의 Patent Troll이나 비실시회사 등이 이에 속한다고 볼 수 있다.[12]

모든 특허권자들이 Patent Troll에 해당한다고 볼 수는 없으며 모든 지대추구 행위자들이 Patent Troll과 같은 행위를 하는 것은 아니다. 특허권자가 Patent Troll에 해당하는지 여부를 밝히기 위해서는 오히려 특허권자의 행위 중 특허와 관련이 없는 행위에 주목할 필요가 있다. 우선 Patent Troll에 해당하기 위해서는 기업이 특허를 실제로 실시할 의도를 가지고 있지 않아야 한다. 동시에 단순한 특허권 행사자와 달리 Patent Troll은 이미 존재하던 특허를 취득해 이를 이용해 새로운 제품을 개발한 기업을 대상으로 행사하는 특성을 갖는다. 나아가 Patent Troll은 특허의 실시를 강제하기 위해 소송을 위협수단으로 이용한다.[13]

Patent Troll은 혁신자나 생산자와는 구별돼야 한다. 널리 알려진 바와 같이 Patent Troll은 생산을 위한 방어 내지 공격 전략의 일환으로 특허를 취득하는 생산자와는 다르다. Patent Troll은 그들이 참여하지 않는 시장에 속해 있는 특허를 취득하는 결과, 생산자와 달리 특허침해로 인한 반소를 제기당할 염려가 없다.[14] 비록 생산자들이 반드시 특허를 실시하는 것은 아니나, 그들은 그들이 참여하는 시장에서 특허를 집행

---

12 Rantanen, J., *supra* note 4, pp. 164~165.

13 *Id.*, pp. 165~166.

14 *Id.*, pp. 167~168.

한다는 점에서 Patent Troll과는 다른 특성을 갖는다.[15]

　나아가 Patent Troll과 혁신자를 구별 짓는 기준은 그들의 특허와 그 특허의 기초가 되는 기술과의 관계에서 찾을 수 있다.[16] Patent Troll의 목표는 단순히 실시허락에 따른 수익을 창출해낼 수 있는 특허를 획득하는 것이며, 생산자에 의해 활용될 수 있는 새로운 기술을 개발하는

지대추구 행위 (rent seeking)

일반적으로 지대(rent)란 토지에 대한 임대료를 말한다. 여기서 말하는 지대는 경제적 지대(economic rent)를 의미하는데, 토지처럼 원천적으로 공급이 제한되거나 비탄력적이어서 공급이 원활하게 이뤄졌을 때의 가치 이상으로 보유자가 얻는 몫을 의미한다. 따라서 지대추구 행위란 경제주체들이 자기의 이익을 위해 비생산적 활동, 즉 로비, 약탈, 방어 등으로 시장을 교란시켜 정당한 가치 이상의 이익을 추구하려는 자원낭비, 즉 경제력 낭비현상을 의미한다.

　지대추구 이론은 1967년 고든 툴록(Gordon Tullock)의 논문에서 비롯됐다. 툴록 교수의 논문에서는 독점이나 관세부과에서 발생되는 생산자의 이윤은 그냥 주어지는 것이 아니라 기업들의 치열한 노력과 경쟁에 의해 얻어지는 것이기 때문에 또 다른 형태의 사회적 비용을 유발한다고 주장했다. 여기서 말하는 사회적 비용이란 독점설정 혹은 적당한 관세부과를 위해 기업들이 정부를 상대로 치열한 로비를 하면서 지불하는 유, 무형의 여러 가지 자원손실을 의미한다. 이러한 지대추구 현상은 후진국뿐만 아니라 선진국에서도 다양한 형태로 존재한다.

　결국, 지대추구 행위란 경제적 지대를 누리기 위해 개인이나 집단이 인위적으로 공급을 제한하거나 비탄력적으로 만드는 것이다. 흔히 정부의 보조금, 세제상의 우대 조치, 진입 규제 등의 정부정책이 동원된다. 만약 국가에서 정한 면허나 허가가 필요한 특종 직종이나 사업에서 일하는 사람들이 자신들의 직종이나 사업에 대해 진입장벽을 높이려 한다면, 이는 공급을 더 비탄력적으로 만들어 더 많은 경제적 지대를 추구하려는 의도로 볼 수 있다. 즉, 면허제나 허가제라는 규제를 통해 지대를 추구하는 것이다.

---

15 Rajkumar, V., The Effect of Patent Trolls on Innovation: A Multi-Juris
　　dictional Analysis, 1 *Indian Journal of Intellectual Property Law* (2008), p. 34.

16 Rantanen, J., *supra* note 4, p. 168.

것이 아니다. 다시 말해, Patent Troll은 특허의 기초가 되는 기술 자체가 갖는 가치에 대해서는 주목하지 않는다. 그러나 혁신자는 단순히 특허의 취득에만 관심이 있는 것이 아니라 가치 있는 기술의 창출을 모색한다.[17]

앞서 언급한 바와 같이 특정 기업은 혁신자, 생산자 또는 지대추구 행위자의 유형 모두에 해당할 수 있다. 그러나 그 기업이 제품을 생산하거나 혁신에 기여한다고 해서 Patent Troll에 해당하지 않는다고 할 수 없는 것이며, 자신이 참여하지 않거나 기술을 개발하지 않는 영역에서 특허를 취득하는 기업은 잠재적으로 Patent Troll에 해당한다고 볼 수 있다.[18]

Patent Troll 개념은 학계는 물론 정계, 나아가 일반 대중에서도 널리 사용되면서 특허권 행사의 정당성에 관한 논의의 중심이 돼 왔다. 비록 이들의 긍정적 기능을 강조하면서 Patent Troll 개념의 폐기를 주장하는 견해도 있으나 Patent Troll의 역기능, 예컨대 거래비용을 증가시키고 자원배분을 왜곡하며 궁극적으로는 소비자후생에 기여하지 못한다는 점과 특허권을 인정하는 특허제도의 근본 목적에 비추어 볼 때, Patent Troll의 행위를 일정부분 규제해야 할 필요성은 여전히 상존하고 있다.[19]

그러나 종전과 같이 Patent Troll을 하나의 도식적 개념으로 이해하는 것은 Patent Troll이 갖는 역기능을 순화하고 순기능은 제고할 수 있는 방향으로 규제대상의 범위를 설정하는 데 긍정적 기능을 하지 못한다.

---

17 Rajkumar, V., *supra* note 16, p. 33.

18 Rantanen, J., *supra* note 4, p. 169.

19 See Barker, D., Troll or No Troll? Policing Patent Usage with an Open Post-Grant Review, 9 *Duke L. & Tech. Rev* (2005).

최근에는 그간 제품의 생산 활동에 지속적으로 종사해 Patent Troll의 개념에 포섭되지 않았던 기업들조차도 자신의 사업과는 관계없는 특허를 취득해 그 실시를 통해 수익을 올리는 등 Patent Troll의 전략과 유사한 기법을 하나의 사업방식으로 활용하기도 한다. 이것 또한 종전 Patent Troll의 개념을 유지하기에는 어려운 이유 중 하나다. [20]

앞서 언급한 Patent Troll을 유형화하려는 시도와 Patent Troll의 특성들은 특정 행위자 또는 그 행위 자체가 Patent Troll로서 규제대상의 범위에 포함되는지 여부를 결정하는 데 유용한 기준으로 활용할 수 있다. 또한 그 외에도 문제가 된 특허와 관련된 행위자의 구체적 행위 및 그에 이르게 된 경위 역시 유용한 기준으로 고려돼야 한다. [21] [22]

무엇보다도 어떤 개인 또는 기업이 Patent Troll에 해당하는지 여부를 판단하기 위한 중요한 기준은 그가 해당 특허가 속해있는 시장에서 실제 영업 또는 행위를 하는가 여부다. 이에 더해 Patent Troll은 특허권 이외의 자산이라고 할 만한 것을 보유하지 않으며, 실제로 제품의 생산 활동을 하지 않고 해당 특허를 실제로 실시할 의도를 갖고 있지 않고, 단순한 특허권 행사자와 달리 이미 존재하는 특허를 취득할 뿐 스스로 새로운 기술을 발명하는 일이 없으며, 특허변호사들이 조직의 주축을 이루면서 특허의 실시를 강제하기 위해 소송을 위협수단으로 이용하는 점을 그 개념 내용으로 하고 있다고 보아야 한다.

---

20 최명석 · 박해찬, "Patent Troll에 관한 소고", *Law & Technology* 제3권 제5호 (2007), 150면 참조.

21 김기영, 앞의 논문(註 3), 53면 참조.

22 이와 관련해 특허괴물이라는 용어는 법률적인 관점에서 적절하지 아니하며, 규제의 필요성이 있는 행위만을 '투기적 특허 행사'로 지칭해야 한다는 견해가 있다(최승재, "미국에서의 특허법 개혁 논의와 시사점", *Law & Technology* 제4권 제3호 (2008), 33면 참조).

이렇게 파악한 Patent Troll의 개념이 그 역기능에 대한 법적 대응방안을 연구하는 데 가장 적절하다고 할 것이다.

2. Patent Troll의 등장배경

1) 미국에서의 Patent Troll의 등장

(1) 친 특허정책

1970년대 미국은 해외시장에서 치열한 무역경쟁에 직면하게 됨에 따라 1930년대에 이어 깊은 경제공황의 늪에 빠져들게 됐다. 정책적으로도 반독점법의 집행이 그 중요성을 더해감에 따라 상대적으로 특허정책에 대한 관심은 감소돼 갔다. 이로 인해 미국에서는 기술개발 및 연구에 대한 투자가 위축됐는데, 그에 대한 반성으로 미국 정부와 기업들이 해외에서의 경쟁력 확보를 위한 강력한 특허정책의 필요성을 인식하기 시작하게 됐으며, 1980년대에 들어와 친 특허(Pro-Patent) 정책의 실행에 나서게 됐다.[23]

이에 따라 특허의 독점적 성격을 부정적으로 인식해 가급적 이를 제약하고자 했던 종전의 자유시장주의적 접근은 변화하게 됐다.[24] 구체적으로 살펴보면 ① 미국 특허청(the United States Patent and Trademark Office, USPTO)의 예산이 확충되고 권한이 확대됐으며, ② 특허 재심사제도와 특허권 보호기간의 연장 등을 포함한 특허법의 개정이 시도됐

---

23 배진용, "특허권 관리회사의 현황과 적법성에 관한 연구", 《산업재산권》 제25호 (2008), 32면 참조.

24 최명석 · 박해찬, 앞의 논문(註21), 149면.

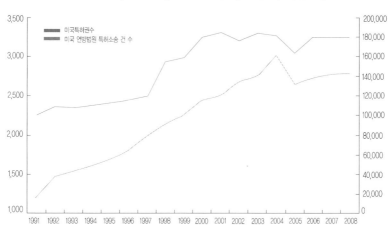

〈그림 2-1〉 미국 연방법원의 특허소송 건수 및 특허권 수

* 좌 세로축: 소송 건수, 우 세로축: 특허권 수, 연도: 매년 9월 기준.
자료: US Patent and Trademark Office: Performance & Accountability Report and US
 Courts Judicial Facts & Figures.

고, ③ 생명공학, 컴퓨터 소프트웨어 등과 같은 신기술을 포함할 수 있
도록 특허대상의 범위를 확대했으며, ④ 연방정부의 예산지원을 받은
대학과 공공기관의 특허출원을 허용해 산업부문으로 기술이전을 촉진
하는 Bayh-Dole법[25]을 제정했고, ⑤ 지적 재산권 분야와 관련된 적극
적 무역정책을 실시하는 등 친 특허정책을 전개했다. [26]

　〈그림 2-1〉에서 알 수 있듯이, 미국의 경우 특허권자들이 자신들의
특허권을 근거로 연방법원에 제기한 특허소송의 수가 지속적으로 증가
했다. 2008년에는 2,896건의 침해소송이 접수됐는데 이는 특허소송이
가장 기승을 부리던 2004년도에 비해 단지 179건이 모자라는 수치였다.

---

25 35 U. S. C. §§ 200-12 (2000).
26 김민희, "미국의 Pro-Patent 정책: 지난 20년간의 추진과정과 앞으로의 전망",
　《지식재산 21》 제 63호 (2000), 4면.

특허소송사건 수는 1991년 이래로 5.6%의 누적평균 증가율(CAGR, *Compound average growth rate*)을 보인다. 동시에, 미국 특허청에서 인정 된 특허권 수도 1991년 이래 3.5%의 증가율을 보이는데, 이는 새로운 특허에 근거해 제기되는 특허소송 건수 증가율의 약 3분의 2에 해당하 는 수치다.

(2) 연방순회항소법원(CAFC)의 설치

Patent Troll의 등장배경에는 특허법을 전담하는 미국 연방순회항소 법원의 설치도 한몫 거들었다. 종래 특허사건에 대해 항소심을 담당했 던 연방항소법원은 그 판단이 일관되지 못했다. 동 법원이 특허 관련 사건에 포함된 복잡한 기술적 논점들을 다룰 수 있는 능력을 갖추지 못 하고 있다는 비판이 제기됐다. 대부분의 판사들은 기술적 내용들에 대 한 배경지식을 갖추지 못했고 특허 관련 사건에 대한 열의를 보이지도 않았다. 뿐만 아니라 1970년대에 이르러 항소사건이 급속히 증가해 법 원의 항소심 부담이 증가되자 이 같은 부작용은 더욱 심각해졌다.

결국 미국 의회에서 이러한 문제를 논의하게 됐으며, 그 결과 1982 년 의회는 관세특허 항소법원(CCPA, *The Court of Customs and Patent*)과 배상청구법원(*The Court of Claims*)을 통합해 특허사건의 항소심에 대한 배타적 관할을 행사하는 '연방순회항소법원'(CAFC, *The Court of Appeals for the Federal Circuit*)의 설치를 내용으로 하는 '연방법원개혁법'(*The Federal Courts Improvement Act*)[27]을 통과시켰다. [28]

연방순회항소법원은 〈그림 2-2〉의 미국 연방 13개 항소법원 중 하나

---

27 28 U.S.C. §§1292(c), (d), 1295(1988).

28 See Chu, M., An Antitrust solution to the new wave of Predatory Patent Infringement Litigation, 33 *Wm. & Mary L. Rev.* (1992), pp. 1348~1350.

이다. Washington D. C에 본부를 두고 있다. 여타 항소법원과 마찬가지로 그 판결에 불복하려는 당사자는 연방대법원에 상고할 수 있다. 굳이 본부(*Headquarter*)라는 표현을 사용하는 이유는 연방순회항소법원이 때때로 D. C. 외 다른 지역에서도 개정되기 때문인데, 이 경우 타 연방항소법원이나 연방지방법원의 판사를 담당으로 지정할 수 있고 실제 그렇게 하는 경우도 많다. 본부가 D. C. 에 소재하지만, 우리나라와는 달리 여러 건물에 분산돼 있다. 〈그림 2-3〉은 그 중 하나인 The Howard T. Markey National Courts Building의 사진이며 그 외에 The Benjamin Ogle Tayloe House, The former Cosmos Club, The Cutts-

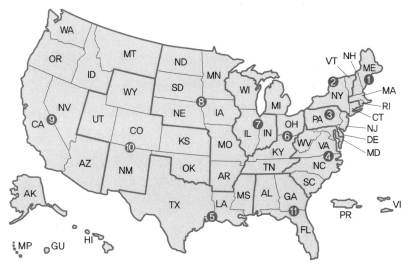

〈그림 2-2〉 미국의 13개 연방항소법원의 관할지역

* ①~⑪ 표시 1st~11th Circuit과 Washington D.C.소재 DC Circuit 및 Federal Circuit (CAFC).
① ME, NH, MA, RI, PR, ② VT, CT, NY, ③ PA, NJ, DE, VI, ④ WV, VA, NC, SC, ⑤ MS, LA, TX, ⑥ MI, OH, KY, TN, ⑦ WI, IL, IN, ⑧ ND, SD, NE, MN, IA, MO, AR, ⑨ WA, OR, MT, ID, CA, NV, AZ, AK, MP, GU, HI, ⑩ WY, UT, CO, NM, KS, OK, ⑪ AL, GA, FL

〈그림 2-3〉 연방순회항소법원

Madison House 등의 건물도 함께 사용하고 있다.

연방순회항소법원의 판사직은 모두 12자리인데 종신직이며 연방상원의 승인을 얻어 대통령이 임명한다. 다만 재판장(*Chief judge*)은 7년의 임기제이며 임기 중이라도 70세가 되면 재판장 직을 물러나도록 돼 있다. 재판장은 적어도 법정 활동경력 1년 이상의 65세 이하의 자격요건을 갖춰야 한다. 재판장이 임기 만료 등의 사유로 공석이 될 경우, 나머지 11인의 판사들 중 선임자 순대로 재판장 직을 맡도록 돼 있다. 〈표 2-3〉은 연방순회항소법원의 구성을 나타내고 있으며, 현재 판사직 12석 중 3석은 공석이다. 각 판사들은 한 명의 사법보좌관(*Judicial assistant*)과 네 명의 재판 연구관(*Law clerk*)을 고용할 수 있다. 이들 판사들은 실질적으로 종신직이지만 일정한 자격요건이 되면 스스로 선임판사(*Senior status*)로 전직할 수 있다. 선임판사는 여전히 법원에서 일할 자격이 주어지지만 현직 판사들에 비해 상당히 적은 양의 사건을 담당하게 된다. 선임판사들은 한 명의 사법보좌관과 한 명의 재판 연구관을 고용할 수 있다.

현재 공석으로 되어 있는 3석의 판사직은 〈표 2-4〉에서 보듯이 Barack Obama 대통령이 2010년 3월 이후 각 지명하였으며 현재 상원의 승인을 기다리는 중이다. 미국의 다른 사법기관과 마찬가지로 연방순회항소법원 역시 판사의 전문 분야, 정치 성향, 신념이 판결에 영향을 주기도 한다. 따라서 이들 판사 개개인의 성향과 배경을 어느 정도 이해할 필요가 있다.

지명자 Edward Carroll DuMont은 WilmerHale 로펌의 파트너 변호사이다. Obama 대통령은 2010년 4월 14일 그를 Paul Redmond Michel 판사의 후임으로 지명했으며 현재 상원 사법위원회의 청문회 절차를 앞두고 있다. DuMont은 캘리포니아 주에서 1962년에 출생하고 성장했으며 Yale대를 최우등 졸업하고 Stanford Law School에서 JD 학위를 취득했다. 그는 연방 제7항소법원의 Richard A. Posner 판사의 재판연구

〈표 2-3〉 2010. 7. 1.자 연방순회항소법원의 구성 (12석 중 3석 공석)

개원후 임명순	Title	성명	사무실	출생 연도	임기개시 (종신직)	지명자
24	Chief Judge	Randall Ray Rader	D.C.	1949	1990-현재	G.H.W. Bush
16	Circuit Judge	Pauline Newman	D.C.	1927	1984-현재	Reagan
22	Circuit Judge	Alan David Lourie	D.C.	1935	1990-현재	G.H.W. Bush
26	Circuit Judge	William Curtis Bryson	D.C.	1945	1994-현재	Clinton
27	Circuit Judge	Arthur J. Gajarsa	D.C.	1941	1997-현재	Clinton
28	Circuit Judge	Richard Linn	D.C.	1944	1999-현재	Clinton
29	Circuit Judge	Timothy B. Dyk	D.C.	1937	2000-현재	Clinton
30	Circuit Judge	Sharon Prost	D.C.	1951	2001-현재	G.W. Bush
31	Circuit Judge	Kimberly Ann Moore	D.C.	1968	2006-현재	G.W. Bush

〈표 2-4〉 2010. 7. 1.자 연방순회항소법원 공석 및 Obama 대통령에 의한 지명자

전임자	사직 이유	공석 개시일	지명자	지명일
Paul Redmond Michel	은퇴	2010.5.31.	Edward C. DuMont	2010.4.14.
Haldane Robert Mayer	Senior Judge	2010.6.30.	Jimmie V. Reyna	2010.9.29.
Alvin Anthony Schall	Senior judge	2009.10.5.	Kathleen M. O'Malley	2010.3.10.

관으로 1년간 생활했으며, Henry Luce 장학생으로 태국 방콕에서 1년간 로펌 근무를 했다. 만약 상원이 DuMont을 승인한다면 미국 역사상 최초로 동성연애자임을 공개한 연방항소법원의 판사가 탄생하게 된다. 그의 파트너는 Newton Kendig라고 한다.

　Jimmie V. Reyna는 Washington D.C. 소재 Williams Mullen 로펌의 파트너 변호사이다. Obama 대통령은 2010년 9월 29일 Haldane Robert Mayer 판사의 후임으로 그를 지명했다. Reyna는 1952년 11월 11일 뉴멕시코 주 Tucumcari 출생으로 뉴멕시코 법대에서 JD 학위를 받고 전미 히스패닉 변호사협회에서 활동했다. Reyna는 대학 1학년 재학 중 Dolores Ramirez와 결혼했으며 1986년 뉴멕시코를 떠나 메릴랜드 주 Rockville로 이사했는데 자폐증 증세가 있는 아들을 위한 특수시설 때문이었다고 한다.

　Kathleen McDonald O'Malley는 1956년 Drexel Hill, Pennsylvania 출생으로 Case Western Reserve대학 법대에서 JD 학위를 받았으며, 연방 제6항소법원의 Nathaniel R. Jones 판사의 재판연구관 생활을 했다. 이후 Jones Day, Reavis and Pogue 등의 로펌에서 변호사로, Porter, Wright, Morris & Arthur에서 파트너 변호사로 활동했다. 그녀는 오하이오 주검찰청 chief counsel로 4년간 공직 생활을 했으며, 1994년 10월 7일 Clinton 대통령에 의해 상원의 승인을 받아 John William Potter 판사의 후임으로 오하이오 주 북부 연방지방법원 판사로 임명됐다. Obama 대통령은 2010년 3월 10일 그녀를 Alvin Anthony Schall 판사의 후임으로 지명했다.

　연방순회항소법원은 지적 재산권 중에서도 상표권과 저작권에 한정된 사건은 관할하지 않으므로 전형적인 특허법원이라 칭할 수 있지만 특허와 관련된 사건만 다루는 것은 아니다. 즉, 지적 재산권 사건이 약

30%이며 나머지는 이와 무관한 사건이다.[29]

　미국의 특허소송 절차는 기본적으로 일반 민사소송 절차와 동일하다. 미국 특허청의 최종 거절사정에 대해 불복이 있는 자는 특허청 내 항고부에 항고할 수 있고, 항고부의 심결에 불복하는 경우 연방순회항소법원에 항소하거나 워싱턴 D. C. 의 컬럼비아지구 지방법원에 제소할 수 있다.[30]

　한편, 특허침해 소송은 특허의 유효성과 침해사실이 함께 제소돼야 하므로 특허무효소송과 같은 독립된 소송제도는 존재하지 않는다. 다만, 이해관계인은 당해 특허가 무효라든가 침해한 사실이 없음을 확인하기 위한 특허 무효 또는 특허 비침해 확인판결(declaratory judgement)을 항변사유로 연방지방법원에 제출할 수 있다. 특히 1971년도 판결(Blonder-Tongue Lab. v. University of Illinoise, 402 U. S. 313)에 따라 누구라도 종전의 사건에서 확인된 무효판결을 동일 특허권에 대한 침해사건에서 방어수단으로 주장할 수 있다. 특허침해에 대한 배상으로는 손해배상과 금지명령(Injunction)이 있는데, 피고에 의해 고의적 침해가 있을 경우 손해액의 3배까지 배상하도록 규정하고 있다.

　미국의 사법 체제상 연방대법원(The Supreme Court)의 판단을 받을 수 있는 사건 수는 매우 적다. 연방대법원의 심리를 받기 위해서는 연방대법원이 해당 사건의 하급법원에 'certiorari'라고 불리는 이송명령을 내려야 하는데 대부분의 사건은 이러한 이송명령이 거부되기 때문이다. 과거 우리나라 사법제도에서 존재했던 상고허가제와 그 취지가 유사한 제도다. 따라서 연방순회항소법원은 특허사건의 항소에 대한 사실상 최종적 판단을 담당하게 됐다. 연방순회항소법원은 특허침해

---

29 定塚誠, 지적재산권소송의 현상과 전망, NBL(제765호), 29면
30 35 U. S. C. A. §134, §141, §145

소송에서 반소(反訴)로서 독점금지법 위반소송이 제기된 경우에도 사건 전체에 대한 관할권을 보유하고 있었으며, 독점금지법 위반소송에서 반소로서 특허침해 소송이 제기된 경우에도 마찬가지였다. [31]

이와 같이 탄생한 연방순회항소법원은 특허의 유효성을 지지하면서 특허침해자 또는 잠재적 침해자에 대해 엄격한 입장을 취했으며 손해배상이나 변호사 비용의 지급을 명하는 데 있어서도 적극적 태도를 보였다. [32] 이러한 친 특허 판결경향은 특허 관련 소송의 증가를 불러오게 됐고 자연스럽게 특허의 시장가치 제고로 이어지게 됐다. [33]

(3) 부실특허의 양산

미국 특허청의 열악한 특허심사 환경은 부실특허를 양산함으로써 Patent Troll의 협상력을 증대시키는 수단의 증가를 초래하고 있다. 매년 3천 명의 심사관들이 35만 건 이상의 특허출원을 처리하고 있으며, 유효성에 대한 심사를 포함해 1개의 출원에 대해 평균적으로 17시간에서 25시간만을 투입하고 있다. [34] 미국 특허청은 2005년 978명의 심사관을 새로 고용하는 등 인력난을 해소하기 위해 노력하고 있으나, [35] 증

---

31 [Virginia Panel Corp. v. MAC Panel Corp., 133 F. 3d 860 (Fed. Cir. 1997); Aerojet-General Corp. v. Machine Tool Works, 895 F. 2d 736 (Fed. Cir. 1990)]. 나아가 연방순회항소법원의 관할권은 특허침해사건에 관한 본안 판단이 항소 제기 전에 이뤄진 결과 독점금지법 위반사건에 대한 항소만이 이뤄지는 경우에도 인정됐다 [Korody-Colyer Corp. v. General Motors Corp., 828 F. 2d 1572 (Fed. Cir. 1987)].

32 See Chu, M., *supra* note 30, p. 1351.

33 최명석·박해찬, 앞의 논문(註 21), 149면 참조.

34 Chan, J. & M. Fawcett, Footsteps of the Patent Troll, 10 *Intell. Prop. L. Bull.* (2006), p. 3.

가하는 특허출원의 수에 비해서는 여전히 인력이 부족한 상황이다. 실제로 미국 특허청은 특허출원 중 85%에서 97% 가량을 승인하고 있으며,[36] 그 결과 매년 권리내용이 모호하고 부실한 특허가 양산되고 있다. 미국 내 특허출원 건수는 1990년 17만 6천 건에서 2000년 31만 5천 건, 2009년 48만 3천 건으로 급증했다. 증가율 기준으로 미국 특허청에 제출된 특허출원과 등록된 특허의 수는 1990년부터 2000년 사이에 80%, 1980년을 기준으로 250%가 증가했다고 한다.[37]

부실특허는 선행기술에 비추어 보았을 때 부여돼서는 안 되는 넓은 청구 항을 갖는다. 이러한 청구 항은 Patent Troll로 하여금 광범위한 기업을 상대로 침해소송을 제기하는 것을 가능하게 하는 것으로, 그 범위가 넓고 모호할수록 비침해 주장 등을 통해 침해를 부정하기가 어려워진다. 이러한 특허는 그 유효성에 관한 의문이 있지만, 그 유효성을 다투는 과정은 단순히 비침해 주장을 하는 경우보다 표적이 된 기업에게 더 큰 부담이 된다.[38] 결국 부실특허는 Patent Troll의 입장에서는 강력한 무기가 되며, 그 상대방인 기업으로서는 그 유효성을 다투기 위해 상당한 비용을 부담하게 될 수밖에 없다.

---

35 Ohkuma, Y. et al., Patent Trolls in the US, Japan, Taiwan and Europe, 244 *Tokugikon* (2007), p. 81.

36 Luman Ⅲ, J., Dodson, C., No Longer a Myth-the Emergence of the Patent Troll: Stifling Innovation, Increasing Litigation, and Extorting Billions, 18(5) *Intell. Prop. & Tech. L. J.* (2006), p. 13.

37 Gregory, J., *supra* note 7, p. 295 참조.

38 See Chan, J. & M. Fawcett, *supra* note 36, p. 4.

(4) 특허권의 가치에 대한 재인식

미국의 친 특허 정책과 아울러 1980년대 이후에 발생했던 일련의 사건은 기업들이 특허권의 가치를 재인식하는 계기가 됐다. 자신이 보유하던 바코드 시스템에 관한 특허침해를 주장했던 제롬 러멜슨(Jerome Lemelson)으로 대표되는 '잠수함 특허'(*Submarine Patent*)에 관한 논란이나 정상적 활동을 영위하던 기업이 특허소송을 통해 수억 달러의 배상금을 지급하거나 심지어 파산의 위기에 처하게 되는 사례들을 통해,[39] 특허권이 단순히 제품을 생산, 판매하기 위한 수단이 아니라 그 자체로도 상당한 재산적 가치를 갖는 것이며 이를 적극적으로 행사할 경우 통상적 영업활동에 따른 수익 이상의 결과물을 창출해낼 수 있다는 것이 확인됐다.

이러한 인식하에서 2000년대 초반부터 발생하기 시작한 이른바 '닷컴(*dot com*) 산업'의 붕괴는 Patent Troll 탄생에 촉매제로 작용했다. 1990년대 후반 미국 실리콘밸리를 중심으로 성황을 이루었던 IT 기업들이 속속 도산하기에 이르자 이들 기업이 보유하던 특허들은 경매 등을 통해 시장에 나오게 됐고, 특허침해소송을 통한 투자이익의 실현 가능성을 점친 투기자본들이 이러한 특허들을 매집하면서 Patent Troll이 등장하기 위한 토양이 마련됐던 것이다.[40]

---

39 김민희, "미국에서의 Patent Troll에 관한 연구", 《지식재산21》 제 98호 (2007), 161~165면; 배진용, 앞의 논문(註 24), 35~36면 참조.
40 김기영, 앞의 논문(註 3), 49면.

〈표 2-5〉 미국의 특허거래 시장 규모

단위: 달러

연도	2003	2008	2009	2013(추정)
거래규모	3억	15억	8억	15억

* 2009년도는 세계 금융위기의 영향으로 일시적 특허거래 감소.
자료: Gartner (2009. 6.)

잠수함 특허 (Submarine Patent)

출원 후 심사를 지연시키다 갑자기 성립시키는 특허를 의미한다. 즉, 출원자가 특허명세서의 수정을 되풀이해 고의적으로 특허의 성립을 늦추고, 그 기술에 대한 특허가 출원돼 있다는 사실을 모르는 제3자가 이 기술을 이용한 제품을 생산하기를 기다려, 이 제품이 널리 보급된 시점에 갑자기 특허를 성립시킨 후, 특허권 침해를 이유로 막대한 로열티를 청구하는 것이다.

미국의 특허제도에는 출원 중인 특허안건을 공개하는 제도가 없다. 또한, 특허의 유효기간도 심사기간과 상관없이 특허 성립 시로부터 17년간으로 돼 있었다. 잠수함 특허는 이런 특허제도상 허점을 악용한 것으로, 국제적으로 문제가 됐다. 물밑에 숨어 있다가 갑자기 나타나 타격을 입힌다는 뜻에서 '서브머린(잠수함) 특허'라고 불리게 됐다. 또, 이러한 방법으로 막대한 이익을 얻은 미국의 발명가 제롬 러멜슨(Jerome Lemelson)의 이름을 따 'Lemelson 특허'라고도 한다. 러멜슨은 한국 전자업체에 대해서도 특허분쟁을 일으켜 수백억 원대의 로열티를 받은 것으로 알려져 있다.

미국 이외의 국가에서는 심사 중인 특허안건을 출원 후 일정기간을 거쳐 공개하거나 출원일로부터 유효기간을 계산하기 때문에 이와 같은 문제가 발생할 여지가 없다. 세계 각국의 비난을 받아 미국은 1995년에 특허제도를 개정해 유효기간을 출원일로부터 20년으로 규정했다. 그러나 이 법 개정 이전에 출원된 안건에 대해서는 특허성립일로부터 17년이라는 이전의 제도가 그대로 적용되기 때문에 앞으로도 잠수함특허로 인한 분규가 발생할 여지는 남아 있다.

(5) 특허침해소송의 특성

Patent Troll의 표적이 되는 기업의 입장에서 특허소송은 그 결과를 예측할 수 없으며 상당한 비용이 소요된다. 판사나 배심원들의 결정은 예측하기 어려우며 일관성을 찾기도 힘들다. 특허소송 평결 중 50% 가량은 항소심에서 파기되는데, 이러한 불확실성과 그에 따른 비용은 기업으로서는 감당하기 어려운 것일 수 있다.[41]

나아가 미국에서는 특허권자가 특허의 실시를 하지 않더라도 최소한의 실시료를 손해배상금으로 지급받을 수 있고, 법률전문가의 도움을 받지 않은 경우 고의로 특허권을 침해한 것으로 보아 징벌적 손해배상(*punitive damage*)이나 이른바 3배 배상(*treble damages*)이 명해질 수 있다. 또한 어떠한 상품에 대해 특허발명이 이바지하는 부분이 극히 적음에도 침해제품의 전체 가치를 기준으로 손해배상액을 정함으로써 다액의 손해배상이 쉽게 인정될 수 있다. 이러한 상황은 기업들로 하여금 특허침해소송을 제기한 특허권자들의 요구를 들어주는 방향으로 화해하게 만드는 요인으로 작용하고 있다.[42]

이와 더불어 미국의 경우 소송 당사자들이 스스로의 비용을 각자 부담한다는 점, 침해소송에서는 실효의 원칙(*laches*)[43]과 관련된 주장이 잘 받아들여지지 않는 점 또한 Patent Troll의 등장배경 중 하나로 제시

---

41 Chan, J. & M. Fawcett, *supra* note 36, p. 4.

42 김기영, 앞의 논문(註 3), 49~50면 참조.

43 실효의 원칙(*laches*)이란, 상당한 기간 동안 합리적인 이유 없이 권리행사를 해태하다가 권리의 주장이나 소 제기를 하는 것이 상대방의 기대(*prejudice*)를 침해하는 경우 그러한 권리행사는 허용될 수 없다는 형평법상의 원칙을 의미한다(Wooded Shores Property Owners Ass'n Inc. v. Mathews, 37 Ill. App. 3d 334, 345 N.E. 2d. 186, 189).

되고 있다.[44]

(6) 미국 국제무역위원회(ITC)의 소송절차

Patent Troll의 등장배경 중, 절차적인 면에서 주목할 만한 것은 미국 국제무역위원회(*International Trade Commission*, ITC)의 소송절차다. ITC는 ① 미국 통상법 조항 중 제201조에 따른 긴급수입 제한조치(*safeguard*)를 위한 조사, ② 과거 '수퍼301조'로 널리 알려진 제301조의 시장장벽, ③ 제332조 무역 및 관세 문제에 대한 일반적인 조사, ④ 제701조 상쇄관세, ⑤ 제731조 반덤핑조사의 피해(*injury*) 조사, ⑥ 제337조의 지적 재산권의 침해를 포함하는 불공정 무역 관행에 관련된 사건에 대한 판단 및 집행 권한 등을 갖고 있다.

많은 특허사건들이 ITC 절차를 밟고 있는데, 가장 큰 이유는 위 제337조 B항 규정 때문이다. 동 규정에 의하면 ITC는 미국의 국내산업에 의해 사용되는 특허나 등록 저작권을 침해한 상품에 대해 미국 국내로의 수입을 금지시킬 권한을 갖고 있다. 비록 ITC의 결정은 세관에서의 절차이며 법원의 판결과 달리 손해배상의 결정을 할 수 없으나, 미국 특허권 침해 상품의 수입 또는 수입 후 판매라는 337조 위반 행위에 대해, 해당 물품의 수입을 금지시키는 수입배제명령(*Exclusion Order*), 수입 등의 중지를 요청하는 중지명령(*Cease and Desist Order*), 그리고 수입되는 물품의 압류가 가능하다. 나아가 해당 제품을 수입하는 제3자의 행위까지 금지하는 일반배제명령(*General Exclusion Order*)도 할 수 있다. 따라서 외국에서 미국 국내로 수출을 함으로써 수익을 올리는 제조업체나 또는 그러한 제조업체에 부품을 공급하는 기업들로서는 미국

---

44 Rajkumar, V., *supra* note 16, p. 40.

국내로의 수입이 금지될 경우 회사의 생존을 위협받게 된다. Patent Troll은 이러한 ITC 소송절차를 이용해 표적 기업들에게 패소 시 부담감을 느끼게 함으로써 고액의 라이선싱을 요구하거나 로열티를 받아 수익을 추구한다.

행정법 판사(*Administrative Law Judge*, ALJ)는 위 조사과정에서 나온 증거 및 기록을 법적으로 세밀하게 분석하고, 사실인정을 통해 위반 문제에 관한 시비를 가려 개선명령 및 보증금에 대한 권고결정을 내린다. 결정문은 보통 100~200쪽 분량이며, 이의신청이 있는 경우 위원회의

〈표 2-6〉 ITC에 제소된 통상법 제337조 관련사건 현황

단위: 건 수

		총 사건 수	피고 사건 수	연 도					
				2004 이전	2005	2006	2007	2008	2009
1	삼성전자	17	12	1	1	1	2	2	5
2	HP	12	5	1			2	2	
3	Toshiba	9	4		1	1	1	1	
4	Nokia	7	5			1	1	1	2
5	RIM	5	5					1	4
6	Hitachi	6	6	3			1	2	
7	MEI	6	6				1	4	1
8	Sony	6	6	1		1	1	2	1
9	Sharp	6	4	1				2	1
10	LG전자 /LG 디스 플레이	6	4					3	1
11	Apple	6	4			1		1	2
12	Motorola	3	2				1	1	
13	Microsoft	3	–						
14	Intel	2	–						

결정에 의해 최종판단이 이뤄진다. ITC 위원회는 위와 같은 ALJ의 결정을 그대로 인용하거나 이에 대해 재심리, 수정, 파기할 수 있다. 위원회의 결정 이후에는 대통령의 재심리 기회가 있는데 60일 이내에 대통령은 위원회의 결정을 거절 또는 수정할 수 있고, 60일이 지나면 ITC의 결정이 확정된다. 대통령의 재심리 기간 동안은 비록 패소한 업체라고 하더라도 보증금을 내고 미국 국내로 해당 제품을 반입할 수 있다. 대통령의 거부권 행사가 없으면 당사자는 연방순회항소법원(CAFC)에 항소할 수 있다.

또한 ITC 소송은 단일 소송으로 다수의 피고를 상대로 제소할 수 있다. 연방지방법원의 대인 관할권 외에 국외 제조업자들의 상품에 대한 관할권을 가지며, 배심원이 관여하지 않고 지적 재산권에 대해 전문가가 판단한다는 점도 일반 소송절차와 다르다.

무엇보다 ITC 소송은 법원과는 달리 그 진행이 신속하다. 보통 12~15개월 내에 완결된다. 즉, 원고의 소(訴) 제기로 조사가 시작되고 증거수집, 증인신문, 증거물의 제출 등 디스커버리 절차가 개시되며, 통상 6~9개월 내에 2주간의 재판을 진행하고, 9~12개월 내에 ALJ의 결정이, 12~15개월 내에 ITC의 결정 및 명령이 나온다. 특히 디스커버리 요청에 응답하는 데 10일이 소요되고 전화 심리가 병행되며 일단 기일이 지정되면 연기되는 일이 거의 없다.

이러한 신속한 절차는 Patent Troll에게 비용의 회수와 수익창출을 조기에 가능하게 함으로써 특허소송을 제기할 매력을 안겨주었다. Patent Troll의 최종적인 수익전략은 결국 협상으로 종결할 것이냐 그렇지 않으면 소송으로 해결할 것이냐 양자택일의 문제다. 이때 소송 전략의 가장 큰 걸림돌이 바로 소송의 장기화다. 비교적 짧은 라이프사이클을 가진 특허분쟁에서 Patent Troll이 신속한 ITC 절차에 관심을 갖는

52

〈그림 2-4〉 로열티 수익의 연도별 현재 및 미래가치

IRR 15%, 백만 달러

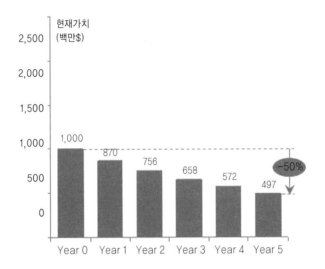

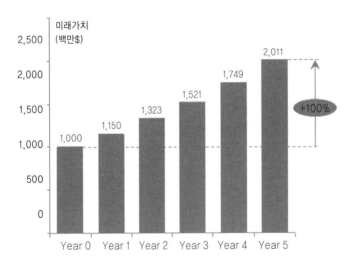

것은 당연하다. 실제로 ITC에 제소되는 사건의 90%는 특허침해와 관련돼 있으며, 55% 이상은 반도체 및 전자제품을 포함한 전기공학 기술과 관련돼 있다. 또 40% 정도가 ITC 결정 이후 법원에서 다투어지며, 소송의 50%는 원고가 승소하고 있다.

〈그림 2-4〉는 로열티 수익 10억 달러의 현재 및 미래 가치를 보여주고 있다. 상단 그래프는 Patent Troll에게 지급할 10억 달러의 로열티를 지급하는 시기를 늦출수록 현재가치가 낮아진다는 사실을 나타내고 있다. 일반적인 투자자의 기대치 범위 내에 있는 내부수익률(IRR, *Internal rate of return*) 15%를 사용해 계산하면, 소송이나 협상지연으로 5년 뒤에 10억 달러를 지급할 경우 그것의 현재가치는 원래의 절반 이하인 4억 9천 7백만 달러에 불과함을 알 수 있다. 하단 그래프는 현재가치 10억 달러의 수익창출을 위해서 요구되는 미래 로열티를 나타낸다. 즉, Patent Troll의 희망인 현재10억 달러의 수익을 올리기 위해서는 5년 뒤에는 그 두 배 이상인 20억 1천 1백만 달러를 받아야 가능하다는 것이다. 이와 같이 Patent Troll은 소송의 장기화에 상당히 민감하게 반응할 것이며, 단축 절차가 있다면 적극적으로 그에 편승할 것으로 기대된다.

2) 대한민국에서의 Patent Troll의 등장배경 및 활동

이미 살펴본 바와 같이 특히 미국에서 Patent Troll의 급속한 출현은 그 출현과 존속을 뒷받침할 만한 특유의 상황들, 즉 지속적으로 전개됐던 친 특허정책, 특허권자에게 다양한 이점을 제공하는 특허소송제도, 이른바 닷컴 기업들의 붕괴에 따른 특허의 양산 등이 배경으로 존재했기 때문이다. 그런데 법적, 제도적 환경이 상이한 우리나라에서도 Patent Troll이 출현해 미국에서와 같은 논의들을 촉발시킬 수 있을 것인지, Patent Troll에 관한 논의가 미국이라는 특수한 시장에 한정된 것은 아닌지에 대한 의문이 있을 수 있다.

실제로 유럽의 경우 기업들이 Patent Troll로부터 제소당하는 상황이 발생하기는 하나, 전반적으로 Patent Troll에 관한 논의가 활발하게 이뤄지고 있지는 않다. 유럽 전체를 관할하는 독립적인 특허법원이 존재하지 않은 상황에서 각국의 상이한 법제도에 따라 소송을 진행해야 한다는 것이 Patent Troll에게 부담으로 작용하는 것으로 보인다. 또 성공보수를 지급하는 조건으로 변호사를 고용하는 것이 허용되지 않는다는 점, 대부분의 국가가 패소자에게 소송비용을 부담하게 한다는 점, 소송에 따른 비용이 미국보다 상대적으로 저렴하다는 점 등 또한 그 원인으로 제시되고 있다.[45]

우리나라의 환경 역시 Patent Troll이 왕성하게 활동하기에는 불리한 상황이라는 의견이 있다. 첫째, 우리의 경우 미국에 비해 특허 또는 특허 관련 상품에 대한 전체적인 시장이 협소하다는 점을 지적한다.[46] 특허침해에 따른 손해를 배상하거나 Patent Troll과 협상을 통해 실시료를 지불하는 등 Patent Troll의 표적이 될 정도로 자력을 갖춘 기업이 많지 않을 뿐만 아니라 절대적인 기업 수도 적어 Patent Troll이 특허권 행사를 통한 수익을 확보하는 데 실질적인 어려움이 있을 수밖에 없다는 것이다.

둘째, 특허소송에 소요되는 비용이 상대적으로 저렴하다는 점 또한 Patent Troll의 협상력을 약화시키는 요인으로 작용한다는 것이다.[47]

---

45 See Ohkuma, Y. et al., *supra* note 37, pp. 85~86; Rajkumar, V., *supra* note 16, pp. 42~44.

46 김기영, 앞의 논문(註 3), 51면.

47 최명석, "한국의 Patent Troll, 그 현황과 전망", *Law & Technology* 제 3권 제 6

Patent Troll과 소송을 전개하려는 기업들이 적게는 수억 원, 많게는 수십억 원에 달하는 소송비용을 부담하게 되는 미국과 달리, 그 부담의 정도가 덜한 국내에서는 기업들이 큰 부담 없이 소송을 통한 분쟁의 종결을 시도하는 경우가 많기 때문에 Patent Troll 또한 상당한 위험을 부담할 수밖에 없는 것이다.

셋째, 이와 더불어 가처분 발령 여부에 대한 법원의 신중한 태도 또한 Patent Troll에게는 부담이 된다고 한다. 법원은 민사집행법 제 300조 제 2항에 따라 가처분을 명함에 있어 "계속하는 권리관계에 끼칠 현저한 손해를 피하거나 급박한 위험을 막기 위해, 또는 그 밖의 필요한 이유가 있는지 여부" 등을 살피게 되는데, 제품의 생산이나 연구개발에 종사하지 않고 있는 Patent Troll로서는 위와 같은 요건을 입증하는 것이 용이하지 않기 때문이다.[48]

넷째, 뿐만 아니라 손해배상액에서도 미국과 같은 고의적 침해에 대한 3배 배상과 같은 제도가 없는 우리로서는 특허침해가 인정된다 하더라도 법원에 의해 명해질 수 있는 배상액의 규모가 크지 않다는 점 역시 Patent Troll의 출현에 의문을 가지게 하는 요소 중 하나라고 할 수 있다.[49]

우리의 상황이 미국과 상이하며 오히려 Patent Troll의 출현을 어렵게 할 수 있는 요인을 내재하고 있음은 분명하다. 그러나 위와 같은 이유들만으로 국내에서 Patent Troll이 출현하기 어렵다는 견해는 이론에 지나지 않는다. 실제로 현재도 전 세계를 무대로 활동하는 Patent Troll이

호 (2007), 74면 참조.
48 박성수, "한국의 특허권 남용 규제", *Law & Technology* 제 3권 제 1호 (2007), 18면.
49 최명석, 앞의 논문(註 50), 75면 참조.

한국의 기업들을 상대로 다양한 요구를 하고 있으며 수시로 접촉하고 있는 실정이다. 글로벌 시장을 무대로 활동하는 Patent Troll들은 수익을 낼 수 있는 곳, 그곳이 바로 자신들의 활동영역이 된다.

우리나라도 1990년대 중반 이후 전자, 통신 등의 영역에 기반을 둔 수많은 벤처기업들이 설립돼 번창하다가 도태되기를 반복했다. 이러한 과정에서 시장을 선도하는 기술이 다수 개발돼 특허출원으로 이어지게 됐으며, 그렇게 창출된 특허들은 기업의 주요한 자산으로 인식되기에 이르렀다. 실례로 휴대전화의 한글입력방식과 관련해 문제가 됐던 이른바 '천지인' 사건이나 인터넷 도메인 선점 분쟁 등 무형자산의 시장가치를 인식할 수 있게 해 주었던 일련의 사건이 이어졌다. 그에 따라 보다 적극적인 특허권 행사를 통해 수익을 창출하려는 시도들이 이뤄지고 있으며, 최근에는 특허권을 투자대상으로 삼는 펀드까지 출현하고 있다.[50] 무엇보다 국내 전자산업의 급성장에 힘입어 동 업계에 종사하는 기업들의 수익이 급격히 향상됐다는 점은 Patent Troll에게 상당한 매력을 주고 있다. 이러한 현실에 비추어 보면, 특허권자들로부터 특허를 매입하는 진정한 의미의 Patent Troll들이 한국 시장을 주요 활동무대로 공개적으로 활보할 날도 멀지 않았다.[51]

또한 소송비용의 많고 적음은 Patent Troll의 활동에 대단한 영향을 미치지 못한다. 원고 입장에서는 소송비용이 저렴하다는 것은 오히려 장점이 된다. 특허침해의 소를 제기당한 피고의 입장에서는 소송비용

---

50 한국에서는 CJ자산운용이 한국전자통신연구원의 지식재산권을 이용해 'CJ베리타스 지적재산권 펀드'를 2007년 5월에 처음 출시해 특허중개인이 'Invention Capital'이라 불리는 일종의 사모펀드 형태로 자금을 유치함["국내 첫 엔터 펀드 · 골프장 펀드 만든 'Mr. 최초'", 〈조선일보〉(2009. 11. 19.)].

51 최명석, 앞의 논문(註 50), 75면.

의 많고 적음을 따지기보다 최종판결의 리스크에 더욱 주목한다. Patent Troll이 청구하는 금지행위가 미치는 영향 또는 손해배상 금액이 시장가치를 상회하는 상당한 리스크를 내재하기 때문에 소 제기 자체로 위협을 느끼는 것이다. 최종적인 손해배상금 산정에서도 미국과 같은 3배 배상제도가 허용되지는 않으나 침해자의 수, 사업규모, 침해된 특허권의 내용에 따라 그 청구액 및 인용액이 일반적인 손해배상 소송의 경우보다는 현저히 높은 수준에 이르게 될 가능성 또한 부정할 수 없다.

나아가 현재 법원이 가처분이나 금지청구를 신중하게 발령하는 것은 사실이다. 하지만 금지청구와 관련, 통상의 가처분과 달리 특허법 제126조는 그 발령에 있어 형평법상의 요소 등을 고려하지 않은 채 "특허권자 또는 전용실시권자는 자기의 권리를 침해한 자 또는 침해할 우려가 있는 자에 대해 그 침해의 금지 또는 예방을 청구할 수 있다"고 규정하고 있어 특허 및 발명자의 보호에 관한 법원의 태도에 따라 금지명령이 좀더 쉽게 발령될 가능성을 배제하기 어렵다.[52]

오히려 우리 특허법은 미국과 달리 특허권 침해행위에 대해 형사처벌을 부과하고 필요적 몰수를 명하는 규정을 두고 있는데, 이러한 규정은 Patent Troll의 입장에서는 상당히 매력적인 공격수단으로 여겨질 수 있다. 특허법 제225조 제1항은 "특허권 또는 전용실시권을 침해한 자는 7년 이하의 징역 또는 1억 원 이하의 벌금에 처한다"고 규정하고, 동조 제2항에서는 위 특허침해죄를 친고죄로 정하고 있다. 또 동법 제230조 제1호에 따라 법인의 대표자나 법인 또는 개인의 대리인, 사용인, 그 밖의 종업원이 그 법인 또는 개인의 업무에 관해 특허침해죄를

---

52 김기영, 앞의 논문(註 3), 51면.

범하는 경우 그 행위자가 처벌받는 외에 그 법인 또는 개인도 3억 원 이하의 벌금형을 부과받을 수 있다. 따라서 우리나라 기업을 상대로 특허권을 주장하는 Patent Troll로서는 고소의 제기 또는 그 취소를 협상조건으로 이용할 수 있게 되는 것이다.[53] 뿐만 아니라 특허법 제231조 제1항에서는 "침해행위를 조성한 물건 또는 그 침해행위로부터 생긴 물건은 이를 몰수하거나 피해자의 청구에 의해 그 물건을 피해자에게 교부할 것을 선고해야 한다"고 명시하고 있다. 따라서 특허침해 사실이 인정될 경우 특허를 침해한 제품은 물론 그 제품의 생산활동에 투여된 설비까지 몰수의 대상이 돼 기업에게는 상당한 부담으로 작용할 수 있을 것이다.[54]

유수의 Patent Troll들이 우리 기업들을 대상으로 활동을 전개하고 있다는 사실은 이제 엄연한 현실이다. 앞서 살펴본 바와 같이 InterDigital은 국내 기업들로부터 상당한 실시료를 획득한 바 있으며, Intellectual Ventures의 경우 우리나라에 지사를 설립한 뒤 특허 내지 특허출원을 위한 아이디어 매입에 적극 나서고 있다. 우리 기업들이 Patent Troll의 주요 표적이 돼 많은 소송을 제기당하는 현 상황은 이제 시작에 불과하기 때문에 적절한 대응책을 심각하게 논의할 필요가 있다.[55]

---

53 최명석, 앞의 논문(註 50), 75면 참조.
54 위의 논문, 75~76면 참조.
55 손수정, "특허사냥꾼(*Patent Troll*) 활동에 대응한 지식재산 정책과제", *STEPI Insight* 제27호 (2009).

3. Patent Troll의 수익 전략

1) 특허권의 취득

(1) 취득의 목표가 되는 IT산업 특허권

우선 Patent Troll은 경제적으로 가치 있는 특허권을 취득한다. Patent Troll에게 경제적으로 가치 있는 특허권의 특성은 다음과 같이 요약할 수 있다. 첫째, 경쟁이 이뤄지고 있는 분야에 존재하고 있는 특허권이다. Patent Troll은 경쟁하는 기업으로부터만 특허실시 허락에 따른 수익을 올릴 수 있기 때문이다. 둘째, Patent Troll이 소송에서 승소할 수 있는 가능성을 잠재적으로 증가시키기 위해, 여러 개의 표적기업을 상대로 주장할 수 있는 광범위한 특허권이어야 한다. 셋째, 최소 비용으로 취득할 수 있어야 한다.[56]

위와 같은 3가지 특성을 모두 갖는 특허권은 소프트웨어, 제약, 생명공학 등 첨단산업 분야에서 쉽게 발견할 수 있다. 이러한 분야에 속해 있는 기업들은 시장점유율을 확보하기 위해 연구개발에 많은 비용을 투자하고 있으며, 이를 통해 얻은 수익을 다시 새로운 제품의 개발을 위한 원천으로 쓰고 있다. Patent Troll의 특허권 주장은 이러한 순환구조에 개입함으로써, 해당 시장에서 활동하는 기업들의 시장점유율을 떨어뜨릴 수 있는 위협이 된다.[57]

다수의 첨단산업 분야에서 위와 같은 특성을 보유한 특허들이 창출되고 있음에도 불구하고, Patent Troll의 특허권 취득은 주로 IT 산업을

---

56 Mello, J., Technology Licensing and Patent Trolls, 12 *B. U. J. Sci. & Tech. L.* (2006), pp. 390~391.

57 *Id.*, p. 391.

대상으로 이뤄지고 있다. [58] 이는 제약이나 생명공학 분야와는 달리, IT 산업이 갖는 다음과 같은 특성에 기인한다.

첫째, IT 산업의 경우 진입장벽이 상대적으로 낮고, 단일제품에 수많은 특허들 또는 특허로 발전할 수 있는 기술들이 포함돼 있다. 둘째, 소규모 자본에 근거한 기업이 대부분인 IT 산업의 특성상 특허를 출원함에 있어 선행기술에 대한 검토가 면밀히 이뤄지지 않기 때문에, Patent Troll로서는 특허실시 협상에 나서기 위한 특허를 비교적 쉽게 확보할 수 있다. 셋째, 다른 산업 분야에 비해 IT 산업의 경우 그 발전 속도가 매우 빠르기 때문에 Patent Troll이 취득할 수 있는 특허가 다수 존재할 뿐만 아니라 개별적인 특허가 갖는 가치를 정확히 파악하기 어렵다는 점 또한 IT 산업분야에서 Patent Troll의 활동이 활발한 이유로서 지적될 수 있을 것이다. [59]

(2) 특허덤불의 형성

지속적인 혁신이 일반적으로 이뤄지는 산업분야의 경우, 혁신적인 상품이 탄생하기 위해서는 수많은 특허들의 조합이 필요하다. 이로 인해 하나의 기술에 여러 특허들이 중첩해 존재하는 이른바 '특허 덤불'(*Patent Thicket*) [60]이 형성되기도 한다.

Carl Shapiro 교수에 의하면 오늘날 우리의 기술혁신은 대부분의 경우 누적적 혁신(*cumulative innovation*)이고, 관련된 기술의 수가 많기 때문

---

58 Luman Ⅲ, J., Dodson, C., *supra* note 38, p. 13 참조.

59 See Ohkuma, Y. et al., *supra* note 37, p. 78.

60 Carl Shapiro, *Innovation Policy and Economy* 1, National Bureau of Economic Research Cambridge, Massachusetts, The MIT Press (2001) 119면.

특허덤불 (*Patent Thicket*)

특허덤불이란 UC Berkeley의 칼 샤피로(Carl Shapiro) 교수가 2001년 그의 저서 *Navigating the Patent Thicket : Cross Licenses, Patent Tools and Standard Setting*에서 최초로 사용한 용어로서, 새로운 기술을 상용화하기 위해 다수의 특허권자로부터 취득해야만 하는 다수 특허권의 중첩을 의미한다(an overlapping set of patent rights requiring that those seeking to commercialize new technology obtain licenses from multiple patentees).

에 특허덤불을 헤치고 항해해야 비로소 상품화할 수 있다고 한다. 따라서 특허덤불이 존재하는 경우 제품생산이나 새로운 기술을 개발하는데 기존의 중첩해 존재하는 특허를 피하기 어려워지므로 특허침해 발생의 가능성은 상당히 높아진다. 그 결과, 이미 제품 상업화에 상당한 비용을 투하한 혁신자를 상대로 특허권자가 초경쟁적(*supra-competitive*) 수준의 실시료를 부과하게 되는 '특허지체'(*patent hold-up*)[61] 현상이 발생한다.[62]

　　이러한 위험을 상쇄하기 위해 기업들은 자신을 상대로 특허침해를 주장하는 자가 생산과정을 통해 침해할 수 있는 다른 특허의 취득을 허

---

61 "hold-up"이란 두 당사자가 있는 게임에서 두 당사자가 서로 협력함으로써 파레토 개선(*Pareto improvement*)을 이룰 수 있음에도, 이러한 협력을 하지 않기로 의사결정을 하는 상황을 설명하기 위해 사용하는 용어다. 이들이 협력하지 않는 이유는 그와 같은 협력의 결과 상대방의 협상력이 증가해 상대방의 수익 증가와 자신의 수익 감소로 연결될 수 있기 때문이다(Joseph Farrell et al, Standard Setting, Patents and Hold-up, 74 *Antitrust Law Journal* (2007), pp. 603~604). 지적 재산권이 표준을 구성하는 여러 기술 중의 하나가 되고, 이 기술을 대체할 만한 기술이 없는 상황이 되면, 이러한 기술을 가지고 있는 특허권자는 라이선스를 거절함으로써 hold-up 행위를 할 수 있다.

62 Carl Shapiro, *supra*, note 63, 120면 이하.

락받거나, 일단 다른 특허를 취득한 다음 그를 상대로 반소를 제기한
뒤 특허실시에 관한 합의를 유도해낼 수 있는 '방어적 특허전략'을 취하
게 된다. 이러한 전략을 통해 기업들은 교차실시 허락(cross-licensing)
을 하거나 특허풀(patent pool)을 형성해, 특허지체에 따른 위험을 경감
시킬 수 있다. 63

그러나 전형적인 Patent Troll과 같이 특허권자가 아무것도 생산, 제
조하지 아니하는 경우, 이러한 전략에 따른 이점은 완전히 사라지게 된
다. 특허권자는 특허침해를 원인으로 하는 반소(反訴)로 인해 잃는 것
이 없기 때문이다. 64 이 경우 특허권자는 제품을 상업화하는 데 비용을
투자한 기업에 대해 우월한 위치에 서게 되며, 가능한 한 많은 실시료
를 확보하는 데 집중하게 된다. 65 이러한 과정을 통해 Patent Troll은 그
궁극적인 목적을 달성할 수 있게 된다.

2) 표적기업의 선정

일반적으로 Patent Troll은 특허침해 소송을 통해 가장 많은 피해를
입게 될 기업을 표적으로 선정한다. 표적기업은 적어도 다음에서 제시
되는 세 가지 범주 중 하나에 해당하게 된다. 소송에 따른 비용이나 부
담을 감당할 수 없는 기업이 첫 번째 범주에 속한다. 어떤 기업에게는
특허소송에 따른 비용이 도저히 부담할 수 없는 것일 수 있으며, 그러
한 소송을 제기당했다는 사실만으로도 투자자를 잃게 되는 기업이 있
을 수 있다. 이러한 기업들은 소송 자체가 Patent Troll에 대응하는 수단

63 Subramanian, S., *supra* 제1장 note 2, p. 183.
64 Luman Ⅲ, J., Dodson, C., *supra* note 38, p. 12.
65 Subramanian, S., *supra* 제1장 note 2, pp. 183~184.

이 될 수 없기 때문에, Patent Troll과의 합의를 시도할 것이다. [66]

두 번째는 Patent Troll이 승소할 경우 배상금을 지불할 수 없는 기업들이다. 이미 살펴본 바와 같이 표적이 된 기업은 특허침해 소송에서 패소할 경우 실제로 얻은 이익 이상의 금액을 Patent Troll에게 배상해야 할 위험에 처하게 된다. 이 유형에 속하는 기업들은 손해배상금을 지불하는 대신 실시료를 지불하는 방안을 선택하게 될 것이다. [67]

세 번째 범주에는 영구적 금지명령(permanent injunction)에 따른 사업상의 충격을 감당할 수 없는 기업들이 해당한다. 미국 특허법 제283조는 "관할권을 갖는 법원은 형평의 원칙에 따라, 특허에 의해 보호되는 권리의 침해를 방지하기 위해 법원이 합리적이라고 여기는 내용의 금지명령을 내릴 수 있다"고 규정하고 있는바, Patent Troll이 승소하는 경우 법원은 위 조항에 근거해 표적기업의 제품 생산을 중단시키는 영구적 금지명령을 내릴 수 있게 된다. 영구적 금지명령은 제품의 지속적인 판매를 통해 수익을 올리고 있는 표적기업에게 많은 문제를 일으키는 것이다. 나아가 금지명령의 존재로 인해 Patent Troll은 더 많은 실시료를 요구할 수 있게 돼 표적기업으로서는 금지명령에 따른 위험을 부담하기보다는 Patent Troll의 요구를 수락하는 경우가 많을 것이다. [68]

3) 특허침해의 주장

특허권을 취득한 Patent Troll은 수 개의 표적기업을 상대로 특허침해 사실을 알리게 된다. 통상적으로 Patent Troll의 침해상대방에 대한 최

---

66 최명석·박해찬, 앞의 논문(註 21), 154면.
67 Mello, J., *supra* note 59, pp. 392~393.
68 *Id.*, p. 393.

초 통지에는, 표적기업의 사업이 Patent Troll의 특허를 침해한다는 점과 그러한 행위를 중단해 줄 것을 요청하는 내용이 함께 포함된다.[69]

이와 같은 통지는 크게 두 가지 유형으로 구별될 수 있는데, 하나는 잠재적 침해자를 상대로 침해행위를 즉시 중지하지 않을 경우 법적 조치를 취할 것임을 밝히는 진정한 의미의 '중지(cease and desist) 통지'이며, 다른 하나는 수신인에게 발신인의 특허에 대해 알려 주면서 수신인으로 하여금 현재의 활동을 재검토해 보도록 권유하는 내용을 담은 '경고(notice) 통지'다. 위 통지들에서는 수신인에 대한 실시허락의 제안 또한 명시적 또는 묵시적으로 이뤄질 수 있다.[70]

그러나 최근에는 소송에 대한 명백한 위협을 담고 있는 진정한 중지 통지의 사용이 점차 감소하고 있는 실정이다. 이는 선언판결(declaratory judgment)과 관련된 미국의 법체계와 관련이 있다. 미국에서는 침해 주장의 상대방이 된 주체가 침해를 주장한 자를 상대로, 침해를 주장한 자의 소 제기를 기다릴 필요 없이, 침해주장과 관련한 쟁점들을 판결해 달라고 요청할 수 있다. 즉, 이해관계가 있는 당사자는 사실상의 분쟁(actual controversy)이 존재하는 한, 법원을 상대로 그 당사자의 권리 및 기타 법적 관계에 대해 선언하는 판결을 구할 수 있다.[71] 따라서 특허침해 주장의 상대방이 먼저 소를 제기하는 경우 관할의 선택 등 Patent Troll의 전략 실행에 차질을 가져올 수 있기 때문에 Patent Troll로서는 이러한 상황에 처하게 되는 것을 최대한 회피하려는 것이다.

---

69 Mello, J., *supra* note 59, p. 394.

70 Duff, G. et al., Patent Trolls (and other bad news) lurking in your mailbox: handling cease-and-desist letters in the USA, 3(7) *Journal of Intellectual Property Law & Practice* (2008), p. 442.

71 *Id.*, pp. 446~447.

4) 수익의 실현

미국의 경우 NPEs에게 지급된 손해배상금은 — 소비자물가지수 (CPI, *Consumer Price Index*)를 적용해 인플레이션율을 감안했을 때 — 1995년부터 2008년까지 14년간 440만 달러의 중간값을 기록했으며, 최저 연간 220만 달러, 최고 1천 60만 달러의 중간값을 기록했다.

이를 구체적으로 살펴보면 〈그림 2-5〉와 같다.

고액의 손해배상금이 계속해서 선고되자 회사의 경영진들은 특허권 경영의 리스크에 대해 심각하게 인식하게 됐고, 자신들의 특허권 행사를 통한 권리추구에도 힘을 기울이기 시작했다. 2005년 이래 적어도 손해배상금 1억 달러 이상의 판결이 10회 이상 미국 연방법원에서 이뤄졌으며, 이들 중 4개의 판결은 NPEs에 대한 것이었다. 이들 중 일부는 여전히 재판이 진행 중이지만 나머지는 연방법원의 항소심에서 그대로 유지됐다.

〈그림 2-5〉 1995년부터 2008년간 특허권자에게 인정된 손해배상금

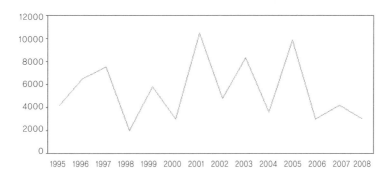

* 세로 축: 손해배상금, 단위: 1,000 달러, 가로 축: 연도.
자료: US Patent and Trademark Office: Performance & Accountability Report and US Courts Judicial Facts & Figures.

〈표 2-7〉 미국 법원에서 1억 달러 이상의 손해배상금이 인정된 사건

단위: 백만 달러

연도	원고	피고	해당기술	배상액	특허권 실행여부
2007	AlcatelLucent	Microsoft	MP3 technology	1,538	Yes
2008	Bruce N. Saffran M.D.	Boston Scientific Corp.	Drug-eluting stents	432	No
2008	Alcatel-Lucent	Microsoft	Date entry Technology	368	Yes
2006	Rambus	하이닉스	Memory Chips	307	No
2008	Medtronic	Boston Scientific	Ballon-dilation catheters	250	Yes
2007	DePuy Spine	Medtronic	Spinal implant devices	226	Yes
2007	C.R. Bard Inc	WL Gore & Associate	Vascular and stent-grafts	185	Yes
2008	Cornell University	Hewlett-Packard	Computer processor technology	184	No
2006	z4 Technologies Inc	Microsoft/ Autodesk	Anti-piracy software program	133	No
2005	Freedom Wireless, Inc	AT&T Wireless /Alltel	Prepaid wireless service	128	Yes

자료: US Patent and Trademark Office: Performance & Accountability Report and US Courts Judicial Facts & Figures.

5) Patent Troll의 협상력에 영향을 미치는 요인

(1) 소송과 관련된 요인

Patent Troll을 상대해야 하는 기업은 소송진행에 따른 비용이 큰 부담이 될 수 있다. 소가(訴價)가 100만 달러 미만인 경우 증거 조사비용 29만 달러를 포함해 평균적으로 50만 달러의 소송비용이, 소가(訴價)가 100만 달러에서 250만 달러 사이인 경우 증거 조사비용 100만 달러를 포함해 평균적으로 200만 달러의 소송비용이, 소가가 250만 달러 이상인 경우 증거조사비용 250만 달러를 포함해 평균적으로 400만 달러의 소송비용이 소요된다고 한다.[72] 대부분의 Patent Troll의 경우 성공보수를 지급하는 조건으로 변호사를 고용해 소송을 진행하는 까닭에 그 비용을 크게 염려하지 않아도 되는 반면, 기업으로서는 소송의 장기화에 따른 비용부담을 견디기 어렵기 때문에 Patent Troll과의 합의를 적극적으로 고려하게 되는 것이다.[73]

나아가 1985년 이래로 최근까지 연방순회항소법원은 특허침해 소송에서 특허가 침해됐고 특허가 유효하기만 하다면 자동적으로 영구적 금지명령을 내렸는데,[74] 이러한 명령이 내려지는 경우 관련된 제품의 생산 및 판매 자체를 전부 중단해야 하는 기업의 입장에서는 Patent Troll에 대한 대응수단으로 소송을 선택하기는 어렵다. 뿐만 아니라 어떠한 제품도 생산하지 않는 Patent Troll은 특허침해 소송에서 반소(反訴)의 상대방이 될 수 없기 때문에, 기업으로서는 Patent Troll의 요구

---

72 Luman Ⅲ, J., Dodson, C., *supra* note 38, p. 12.

73 최명석·박해찬, 앞의 논문(註 21), 154면.

74 정연덕, "특허괴물에 대한 법적 문제점", *Law & Technology* 제3권 제1호 (2007), 86면.

에 대항할 수 있는 협상력을 갖추기가 더욱 어렵다.

(2) 특허와 관련된 요인

특허에 관한 협상에서 Patent Troll이 기업보다 우위에 서게 되는 이유 중 하나는 문제된 특허를 다른 것으로 대체하는 것이 곤란하기 때문이다. IT 산업과 같은 첨단기술 분야에서 이뤄지는 발명은 수많은 다른 특허들과 함께 하나의 제품을 구성하게 된다. 제품이 완성되는 경우 제조자로서는 그 제품 전체를 다시 설계하지 않는 한 문제된 발명 내지 특허만을 따로 분리해낼 수는 없다. 따라서는 Patent Troll로서는 특히 중요하거나 가치 있는 특허를 보유하지 않고서도 특허에 관한 협상에서 유리한 지위를 점할 수 있는 것이다. [75]

나아가 Patent Troll이 취득한 특허들은 하나의 네트워크에 함께 연결돼 사용되는 경우 또는 공통적 산업표준이 존재하는 경우 더 유용하게 활용될 수 있는 것들이 많다. 이처럼 호환성이 요구되는 영역에서 이용되는 발명은 통용되는 표준에 부합하는 것이어야 한다. 그러나 그 표준에 부합하면서도 Patent Troll의 특허를 침해하지 않는 우회적인 발명을 고안해 내기란 쉬운 일이 아니다. [76] 흔히 '우회설계'(Design around) 라고 불리는, 특허권을 침해하지 않으면서 유사한 기능을 수행할 수 있도록 그 특허발명의 구성 일부 또는 전부를 변경하는 기술은 그 존재 여부를 차치하고서라도, 현실적으로 소요되는 막대한 비용 때문에 기업들로서는 시도하기가 쉽지 않다. 즉, 설계 변경, 생산 장비의 교체, 생산 프로세스의 변경을 위해 소요되는 비용 및 시간을 고려한다면 차라

---

75 Magilocca, G., *supra* note 2, pp. 1828~1829.
76 See *Id.*, p. 1830.

리 Patent Troll의 과다한 로열티 요구를 수용하는 편이 낮다고 생각할 수 있기 때문이다.

또한 하나의 제품을 구성하는 수많은 특허가 존재하는 상황에서 Patent Troll이 보유하는 특허의 가치를 정확히 평가하기가 어렵다는 점 역시 기업들로서는 불리한 요인이다. 특허가치에 대한 정확한 평가를 할 수 없다면 그에 따른 손해배상금의 규모나 앞으로 지급해야 할 로열티 또는 라이선스 비용에 대한 예측이 불가능하게 된다. 따라서 기업들로서는 결과를 예측하기 어려운 소송을 진행하기보다 초기에 Patent Troll과 협상을 모색하는 방향으로 나아가게 되는 것이다.

4. Patent Troll의 현황

1) 지적 재산권 거래시장의 진화

글로벌 시장에서 지적 재산권, 즉 IPR(*Intellectual Property Rights* · 이하 흔히 사용하는 'IP'로 표현)의 거래규모가 날로 성장하고 있다. 〈그림 2-6〉과 같이 2003년 IP 거래시장의 규모는 3억 달러 내외인 것으로 추정됐으나 이후 지속적으로 급성장해 2008년에는 약 15억 달러, 추정 규모는 약 10억 내지 20억 달러에 이르렀다. 같은 기간 연평균 성장률은 누적으로 40%에 이른다. 다만 2009년도의 거래규모가 비정상적으로 위축된 이유는 2008년 이후 글로벌 경제위기로 인한 것으로 전반적인 트렌드와는 다소 거리가 있다.

이와 같은 상황에서 향후 IP 시장이 어떤 방향으로 진화할 것인지 이론적으로 크게 3가지 전망이 가능하다. 첫째, 시장침체 전망이다. 시

장이 침체될 것으로 예상하는 이유는 우선 외부요인 측면에서 지적 재
산권의 행사가 현저히 약화될 것이라는 데 기인한다. 즉, Patent Troll
에 불리한 판례가 지속적으로 선고되고, 미국을 시작으로 이들에게 불
리한 내용의 특허법 개정이 이뤄질 것이라는 예상이다. 수요측면에서
는 시장 참여자들의 구매수요가 감소할 것이라고 예상한다. Patent
Troll의 경우 특허권 행사를 통한 기대수익이 낮아져 매입물량이 감축
되고, 기업의 경우 적극적으로 특허를 매입할 필요성을 느끼지 못하게
된다는 것이다. 공급 측면에서는 IP 시장의 주요 공급자로 재정위기의
기업 정도가 지속적으로 역할을 하게 될 뿐이고, 위와 같이 상대적으로
감소된 수요로 인해 건전한 기업 및 기타 IP 공급자의 공급유인이 축소
된다는 견해다.

〈그림 2-6〉 세계 IP 거래시장의 규모 추정

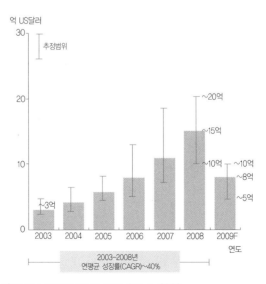

자료: The Boston Consulting Group, 2009.

〈표 2-8〉 글로벌 IP시장에서 특허 포트폴리오의 등급 분류

단위: US달러

등급	연간 거래 건수	건당 거래 가격	예상 로열티
특급	2~3	2천 5백만~1억	5억 이상
상급	10~20	5백만~1천 5백만	5천만~3억
중급	40~60	3백만	5백만~3천만
하급	미미함	미미함	적음

자료: BCG, IP brokers Interview, 2009.

　둘째, 현 추세대로 양질의 특허 확보를 위한 경쟁이 지속된다는 전망이다. 그 이유를 살펴보면 우선 외부요인 측면에서는 위 시장침체 전망과 동일하다. 글로벌 시장에서 장기적으로 지적 재산권의 행사력이 다소 약화될 것이라는 견해는 위와 동일하다. 수요 측면에서는 대형 소송형 NPEs와 같은 Patent Troll들이 공격적으로 IP 매입을 추진하고, 기업들은 적극적으로 방어목적의 특허를 매입한다고 전망한다. 특히 대형 Patent Troll들은 특허매입 전략을 '양'에서 '질'로 변화시키면서 고품질의 특허매입을 강화할 것으로 본다. 소형 Patent Troll은 계속해 중, 하급 특허 매입에 전력한다. 공급 측면에서는 재정적으로 위기에 처한 기업뿐만 아니라 기업, 연구소 등도 적극적으로 특허 매각에 참여한다고 전망한다.
　셋째, 시장이 고성장한다는 전망이다. 이러한 견해는 외부 요인에 대한 인식에 그 차이가 있다. 즉, 향후 한층 더 지적 재산권 행사의 권한이 강화될 것으로 전망한다. ITC가 Patent Troll들의 수입, 판매금지 처분의 창구로 활발하게 작동할 것으로 예상하면서, 법원도 이들에게 유리한 판결을 하는 경향으로 그 방향이 선회한다는 것이다. 수요 측면에서 대형 소송형 Patent Troll들이 다수 등장해 특허를 매입하게 될 뿐

〈그림 2-7〉 2013년 IP시장 규모전망

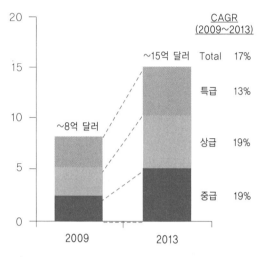

자료: Boston Consulting Group, 2009.

만 아니라, 재무적 투자기관이 스스로 또는 Patent Troll들과 합작해 IP 에 대한 투자규모를 확대하고, 기업들도 적극적으로 특허 매입 활동을 추진한다고 예상한다. 공급 측면에서는 기업, 연구소 등이 적극적으로 특허를 매각하고, 이 과정에서 특허 브로커들이 활발히 시장에 참여하 며 선순환적으로 IP 가격상승을 견인하게 된다는 견해다.

검토해보면 위 3가지 전망 중 두 번째 견해가 가장 유력하다. 일단 외 부요인 측면에서 살펴보면 지적 재산권의 행사는 다소 약화된다고 보는 것이 타당하다. 왜냐하면 뒤에서 설명하는 바와 같이 최근 판례는 지속 적으로 지적 재산권의 행사를 약화시키는 경향을 보이고 있으며, 특허 법 개정 논의 역시 같은 방향으로 진행되고 있기 때문이다. 반면에 수요 측면에서는 대형 Patent Troll들이 양질의 특허 확보를 위해 지속적으로 노력할 것으로 예상된다. 실례로 Intellectual Ventures는 IIF2(*Invention*

Investment II)라는 펀드를 조성해 본격적으로 상급 이상의 특허 매입을 추진하고 있는데, 최근 1천만 내지 5천만 달러 규모의 특허 매입에 집중하고 있다고 한다. 이에 따라 Patent Troll을 방어하기 위한 기업들의 적극적인 특허 매입도 증가하고 있다. 전문가들은 기업들이 특허 매입에 강한 관심을 갖고 있다는 점을 여러 매체를 통해 언급하고 있으며, 그 결과 기업들을 위한 방어적 특허 매입자의 영향력도 점차 확대되고 있다. 방어적 특허 매입자들은 기업들로부터 합리적인 범위 내에서 기금을 지원받아 특허를 매입해 Patent Troll의 공격을 받는 회원사를 위해 교차실시 허락(*cross licensing*), 소송지원 등의 방법으로 방어활동을 하고 있다. 예를 들어 RPX(*Rational Patent Exchange*)도 그 중 하나다. 공급 측면에서도 기업, 연구소 등의 전략적이고 공격적인 특허 매각이 추진되고 있다. 대형 NPEs 또는 기업들도 보유하고 있는 특허의 효율적 관리를 위해 불필요한 하급 특허를 대량으로 시장에 내놓고 있는 실정이다.

그리하여 2013년까지 IP 시장의 거래 규모는 15억 달러에 이를 것으로 전망되고 누적 성장률은 2009년 이후 17%에 이를 것이다. 특히 중급 이상의 지적 재산권의 성장이 두드러져, 가격 면에서 특급·상급 특허는 약 15%, 중급 특허는 10% 이상 상승할 것으로 예상된다.

2) 비실시회사의 유형

앞서 언급한 대로 NPEs(Non-Practicing Entities)는 보유 특허를 활용해 관련시장에서 제품을 생산하거나 서비스를 제공하지 않으면서, 라이선스 협상 및 소송을 통해 특허권만을 행사하는 특허보유자를 말한다. 이러한 NPEs는 앞서 정의한 Patent Troll과 상당 부분 중복되는 부분이 있는데, 아래와 같이 이들의 유형 중 대다수의 일반 기업 및 연구

〈표 2-9〉 NPEs의 유형

수집형	공격적 수집자	Intellectual Ventures
	방어적 수집자	RPX, AST, OIN
소송형	포트폴리오 형	AcaciaResearch, AltitudeCapital, Rembrandt, Mosaid, Interdigital
	특화형	Rates Tech, Cygnus, Lemelson
일반 기업	재무적 부실 기업	Qimonda, Infineon, Freescale, AMD, Motorola, Kodak, NEC, Spansion, Nortel
	공격적 licenser	IBM, Qualcomm, Intel, Broadcom, Rambus
연구소, R&D센터		MIT, Cornell, Stanford, 정부지원 연구소

소를 제외하고는 Patent Troll의 범주에 포함되는 경우가 많기 때문이다.

첫째, 다량의 특허를 확보한 후 이를 이용해 기업을 상대로 라이선스를 제공하는 이른바 수집형 NPEs(*Aggregator NPEs*)다. 여기에는 공격적 수집자와 방어적 수집자가 있다. 전자는 전형적인 Patent Troll의 요소를 지니고 있으며, 후자는 이러한 Patent Troll에 대항하기 위해 특허를 수집하는 기업 간 협력모델이다. 이들은 Patent Troll의 공격에 대비해 방어전략을 마련하려는 회원사를 확보해 이들로부터 자금 또는 특허를 지원받아 활동하고 있다.

둘째, 소송형 NPEs로서 선별적으로 특허를 확보해 주로 소송을 통해 특허권을 행사하고 있다. 역시 대부분 Patent Troll의 범주에 들어간다. 이들은 초창기 NPEs의 형태로서, 상장사도 있으며 현재까지 가장 많은 소송을 제기했다. 규모는 중, 소형 등 다양하다.

셋째, 일반기업으로서 자체개발 혹은 매입한 특허에 대한 라이선스를 제공해 수익을 추구하기도 하며, 방어 및 수익 추구를 위해 NPEs에 잠재적으로 특허를 제공하는 유형이다. 이 중에는 기존 사업의 악화로 인한 재무적 부실기업도 있으며 기존의 사업과 병행해 공격적인 수익

사업을 펼치는 공격적 기업도 있다.

넷째, 기업과 NPEs를 대상으로 특허권을 행사하거나 라이선스를 제공하는 연구소, R&D센터가 있다.

3) Intellectual Ventures

(1) 개요 및 조직

Intellectual Ventures사는 2000년 Microsoft의 기술담당 최고책임자였던 네이선 미어볼드(Nathan Myhrvold)와 소프트웨어 개발을 담당하던 에드워드 정(Edward Jung)이 설립했으며, 인텔에서 근무하던 Peter Detkin과 미국 워싱턴 주 시애틀에 근거한 로펌 퍼킨스 코이(Perkins Coie)[77]에서 일하던 그레고리 고더(Gregory Gorder)가 공동 설립자로 참여했다.[78] 현재 Intellectual Ventures에는 지적 재산권 전문가, 특허변호사, 재무 전문가 등을 포함해 컴퓨터공학, 생명공학, 의학, 물리학, 수학, 원자력공학 등 다양한 분야에 기반을 둔 600명 이상의 인력이 근무하고 있다.[79]

---

77 Perkins Coie is an international law firm based in Seattle, Washington. It is noted for its intellectual property etc., and for its political law group, which Chambers regularly ranks first in the United States. The firm is counsel of record for the Democratic National Committee, and other political clients include nearly all Democratic members of the United States Congress, as well as several Presidential campaigns, including those of John Kerry and Barack Obama. Notable living alumni of the firm include, among others, current White House Counsel Robert Bauer. In 2009, President Obama appointed Robert Bauer, the Chair of the firm's Political Law Group, to become his White House Counsel.

78 http://en. wikipedia. org/wiki/Intellectual_Ventures

본사는 미국 워싱턴 주 벨뷰(Bellevue)에 위치해 있으며, 2007년 9월 싱가포르에 아시아 지사를 설립한 것을 비롯, 2008년 초에는 한국, 일본, 중국, 인도에도 지사를 설립했으며,[80] 2009년 5월에는 벨뷰에 전자, 생화학 분야 등의 연구시설을 갖춘 'Intellectual Ventures Laboratory'를 설립해 운영하고 있다.[81]

현재 Intellectual Ventures사의 구조는 〈그림 2-8〉과 같이 알려져 있다. 공개되지는 않았으나 최근 '특허판매'(Patent Sales) 부서를 맡은 돈 메리노(Don Merino)가 중요한 역할을 담당하고 있으며 그에게 상당한 역할이 주어졌다고 한다.

위 각 부서는 각각 담당하는 역할과 책임이 있다. 연구개발연구소(R&D Lab)는 내부적인 R&D를 담당하면서 혁신(innovation) 세미나를 운영한다. In-licensing 부서는 아시아 국가와 미국에 있는 발명가, 연구소, 대학을 대상으로 특허를 매입하고 있다. Acquisitions & PE와 Licensing & BD는 합병 매입의 대상을 발굴하고 그 가치를 평가하며, 또한 사업 파트너가 될 수 있는 개인 또는 기업, 특허권자로부터 어느 정도의 수익을 기대할 수 있는지 분석한다.

그 발굴과 분석의 대상이 다양하기는 하지만 Intellectual Ventures의 조직도상 〈표 2-10〉과 같이 8개 그룹으로 나누어져 있다. 이들 8개 기술분야는 팀 중심으로 내부 역량을 강화하며 소규모의 특허 매각 프로그램을 통해 수익창출 방안을 개선해 나가고 있다.

---

79 http://www.intellectualventures.com/docs/ IVfactSheetGeneral Oct 09 final pdf참조(2010. 2. 26. 최종 방문).

80 http://www.intven.kr/partner.aspx 참조(2010. 2. 26. 최종 방문).

81 http://www.intven.com/inv_main.aspx 참조(2010. 2. 26. 최종 방문).

〈그림 2-8〉 2009년 현재 Intellectual Ventures사의 조직도

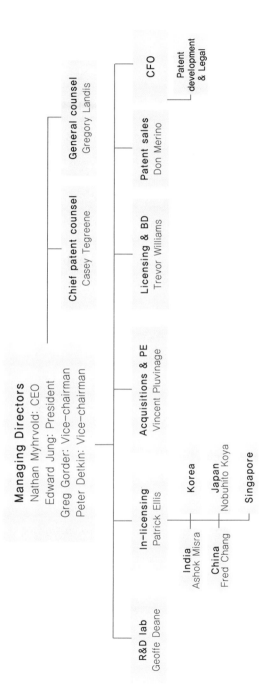

Managing Directors
Nathan Myhrvold: CEO
Edward Jung: President
Greg Gorder: Vice-chairman
Peter Detkin: Vice-chairman

R&D lab
Geoffe Deane

In-licensing
Patrick Ellis

India
Ashok Misra

China
Fred Chang

Korea

Japan
Nobuhito Koya

Singapore

Acquisitions & PE
Vincent Pluvinage

Chief patent counsel
Casey Tegreene

Licensing & BD
Trevor Williams

General counsel
Gregory Landis

Patent sales
Don Merino

CFO

Patent development & Legal

자료: Linked In: Expert interviews, IAM profile, "Intellectual Ventures Takes Indirect Route to Court", Zusha Elinson(Sept. 2009), IV press releases, WSJ.

〈표 2-10〉
Intellectual Ventures의 Acqusitions & PE와 Licensing & BD 대상 그룹

Computer	Semiconductors	Networking
Medi Tech	CE(Consumer Electronics)	Wireless
Software	LCD	

자료: Linked In; Expert interviews, IAM profile, "Intellectual Ventures Takes Indirect Route to Court", Zusha Elinson (Sep. 2009), IV press releases, *WSJ*.

CFO는 Intellectual Ventures 내의 비즈니스 그룹의 역할과 기능을 제대로 수행할 수 있도록 관리하는 업무를 맡고 있는데, CFO 산하에 양적 분석 부서(*qualitative analytics*)를 외부 개방형 직위로 두고 있다고 한다.

위와 같은 조직구도에 대한 고찰은 향후 Intellectual Ventures가 잠재적으로 어떤 방향으로 수익을 추구하려는지에 대한 암시를 받을 수 있는 좋은 수단이라고 생각한다. 추후 Intellectual Ventures의 조직 구도에 변화가 있다면 이들의 수익 추구의 방향이 어떤 식으로 변화된 것인지 알 수 있기 때문이다.

(2) 사업 현황

Intellectual Ventures는 '발명기업'(*invention company*)이라고 자칭하면서, 사업목적은 효율적이고 역동적인 '발명경제'(*invention economy*) 내지 '발명시장'(*invention market*)을 창출하는 데 있다고 주장한다.[82] 일반 기업들뿐만 아니라 공기업, 비영리단체, 대학, 연구기관 등과 업무제휴 내지 협력관계를 구축해 활동기반을 넓혀가고 있다. Intellectual Ventures는 직접 발명을 하기보다 주로 외부에서 특허나 특허의 기초가

---

82 http://www.intven.com/about.aspx 참조(2010. 2. 26. 최종 방문).

될 수 있는 아이디어를 적극 매입하는 방법으로 사업을 전개하고 있다. [83]

　글로벌 기업, 개인 및 기관 투자자, 벤처캐피탈 펀드 등 다양한 주체들이 Intellectual Ventures에 투자자로 참여하고 있으며 Microsoft와 Intel, Sony, Nokia, Apple, Google, eBay 또한 Intellectual Ventures의 주요 투자자인 것으로 알려져 있다. [84] Intellectual Ventures는 투자자들로부터 50억 달러 이상의 투자를 받아 2만 건 이상의 특허권을 매입했을 뿐만 아니라 내부적으로도 2천 건 이상의 발명을 개발해 보유 중인 것으로 파악되고 있다. [85] Intellectual Ventures는 소프트웨어와 반도체, 무선통신, 가전, 네트워킹, 레이저, 생명공학, 의료설비 분야 등에서 발명 포트폴리오를 구축하는 데 초점을 맞추고 있다. [86] 실제로 Intellectual Ventures는 광대역 네트워크에 관한 특허, 메모리칩 및 그 설계에 관련된 특허 등 다수의 원천기술 관련 특허를 보유하는 것으로 알려져 있다. [87]

　Intellectual Ventures는 자신들의 연구개발 성과를 상품화하거나 지속적인 연구개발을 위한 투자를 실시하는 데 초점을 두고 있다고 하면서, 소(訴)를 제기해 라이선스 대금을 받는 것은 그들의 주된 관심사가 아니라고 주장하고 있다. [88] 그러나 실제로 Intellectual Ventures는 전

---

83 *Id.*

84 Kellner, T., "Patent Stalker", Forbes.com, 14 November 2005

85 http://en.wikipedia.org/wiki/Intellectual_Ventures 참조(2010. 2. 26. 최종 방문).

86 http://www.intven.com/about.aspx 참조(2010. 2. 26. 최종 방문).

87 Kellner, T., *supra* note 94.

88 실제로 아직까지는 Intellectual Ventures가 특허 관련 소송을 제기한 바는 없다. 그러나 어느 정도 포트폴리오를 구축하고 난 이후에는 Intellectual Ven-

세계에서 특허매입, 실시료 협상 등의 활동을 전개하고 있으며, 나아가 자신의 존재를 감추기 위해 수많은 자회사를 동원해 위와 같은 활동을 공동으로 진행하고 있다. Intellectual Ventures의 자회사로 추측할 뿐 확인하기 쉽지 않은 회사들이 많이 있는 반면, 그 존재가 알려진 자회사도 많다. 즉, Ben Franklin Patent Holding, Searete LLC, Orange Computer, Purple Mountain Server, Maquis Techtrix 등이 그것이다.

(3) 활동 전략 및 사례

Intellectual Ventures는 기본적으로 다음과 같은 과정을 거쳐 수익을 창출한다. 먼저 내부적 과정을 통해 기존의 발명가에 의해 제공된 아이디어나 생명공학, 나노기술, 컴퓨터공학 등 다양한 분야에서 새로운 아이디어를 수집한 뒤 그 아이디어들이 갖는 가치를 평가한다. 수집된 아이디어 중 유망한 것으로 평가되는 아이디어가 존재하는 경우, 이를 구체화해 특허로 출원한다. 이와 동시에 그 아이디어와 함께 포트폴리오를 구성할 수 있는 특허를 물색해, 이를 특허권자로부터 매입하거나 전용실시권을 허락받아 향후 특허 포트폴리오를 구축할 수 있는 기반을 마련한 뒤, 포트폴리오가 구축되면 이를 이용한 실시료 협상 등을 통해 수익을 실현한다.[89]

Intellectual Ventures는 2008년 8월 기준으로 국내에서 100여 명의 발명가들과 협력관계를 유지하고 있다고 밝혔다.[90] 구체적으로 Intel-

---

tures 또한 다른 Patent Troll과 마찬가지로 소송을 통해 수익의 실현에 나설 것이라는 전망이 지배적이다(최명석·박해찬, 앞의 논문(註 21), 159면; Kellner, T., *supra* note 94 참조).

89 배진용, 앞의 논문(註 24), 63~64면; 나성곤, "지재권 괴물의 동향보고", 〈산업기술시장 이슈리포트〉(2008), 21면 참조.

lectual Ventures는 2008년쯤부터 국내 주요 대학 교수진을 상대로 상당한 금액의 연구개발비를 지원하고 발명에 대한 해외 특허출원을 무료로 대행해 주는 등의 조건을 내세워 특허 아이디어 협약 체결을 진행하고 있으며, 이를 통해 특허출원이 가능한 아이디어 260여 건을 취득했다. 뿐만 아니라 2009년경 삼성전자와 LG전자가 자신들이 보유한 휴대전화 관련 특허 10건을 침해하고 있음을 이유로 경고장을 발송해 연간 수천억 원대의 사용료를 요구하기도 했다. [91]

〈표 2-11〉에서 알 수 있듯이 Intellectual Ventures는 펀드 규모면에서 세계 최대이며 IP세계에서 이른바 '800파운드 게릴라'라는 별칭을 갖고 있을 정도로 대단한 위력을 갖고 있다. 위 Intellectual Ventures는 현재 4개의 펀드를 운영하고 있는데 그 합계 금액이 50억 달러에 이르며 그 중 23억 달러를 이미 투자했다. IIF1 펀드를 운영하면서 투자자들에게 10억 달러를 배당해 투자자들로 하여금 IIF2 펀드에도 많은 관심을 갖게 했다. 그런데 이들 펀드의 성공 여부는 아직 불투명하다. 왜냐하면 IIF1 및 IIF2에서 25%의 내부투자수익률(IRR, *Internal ratio of return*)을 창출하기 위해서는 향후 60억~80억 달러의 라이선싱 수익을 내야하며, 이를 위해 요구되는 최고 연간 수익은 14억 달러에 이르기 때문이다. 참고로 특허를 이용해 좋은 성과를 내고 있는 IBM의 라이선싱 수익이 2008년 10억 달러 정도였다.

Intellectual Ventures가 이를 능가하기 위해서는 상당한 노력과 시간을 들여야 할 것이다. Intellectual Ventures가 향후 장기적으로 안정적인 수익을 올리기 위해서는 〈그림 2-9〉와 같은 수익구조를 달성해야 할 것이다.

---

90 http://www.intven.kr/partner.aspx 참조(2010. 2. 26. 최종 방문).
91 "'특허 괴물' 대한민국 공격", 《조선일보》(2009. 7. 17.).

Intellectual Ventures의 정상적 수익구조는 향후 5년 내에 최고 14억 달러로 최대 수익을 낸 다음 이후 5년간 안정적으로 총 59억 달러의 수익을 유지하면 기존의 비용 등을 고려해 IRR 25%를 유지할 수 있다. 그런데 Intellectual Ventures 수익 구조 특성상 초기 수익의 상당 부분을 펀드 설립자를 포함한 운영자가 취득하게 되고, 일정 시점이 지난 이후

〈표 2-11〉
Intellectual Ventures가 운영하는 펀드 및 그 구조에 대한 2009년도 추정치

단위: 달러

펀드	ISF Invention Science I	IIF 1 Invention investment I	IIF 2 Invention investment II	IDF Invention Development	합계 추정
투자 시기	2001~2002	2003~2008	2007~2008	2007~2008	
Business Model	인터넷 검색 Ideation lab	특허 취득	특허 취득	[아시아 시장] 특허 매입, 특허 수익	
Financial investors	Bill Gates IV설립자들	Charles Rivers 1~2개 금융기관 등(주로 전략적 투자가)	Charles Rivers 연금기관(주로 기관투자가)	미확인	
Strategic investors	미확인 (IIF1의 일부일 것으로 추정)	Microsoft Nokia, Sony Yahoo, Apple Intel, Verizon Google, Cisco, nVidia, eBay SAP 등	미확인 (IIF 1의 후발 전략적 투자자인 Verizon 등일 것으로 추정)	미확인	
펀드 금액	3억3천만	20억	21억	5억2천만	50억
투자 금액	1억6천만	15억	5억6천만	9천만	23억
Licensing	미확인	10억	0	0	10억

자료: Expert interviews, IAM profile, "Intellectual Ventures Takes Indirect Route to Court", Zusha Elinson (Sept 2009), IV press releases, *WSJ*.

에는 금융투자자 또는 전략적 투자자의 수익이 상대적으로 늘어나게
돼 있으므로, Intellectual Ventures 운영자들은 초기에 대량 수익을 내
기 위해 상당히 적극적이고 공격적인 수익화 전략을 사용할 것으로 예
상된다.

IIF1 및 IIF2를 이용한 투자는 이미 진행되고 있는 상태이므로 일단
Intellectual Ventures의 생존가능성은 비교적 높을 것으로 보인다. 그러
나 이들의 영향력은 생존 여부보다는 추가적인 발전 가능성에 더욱 의
존한다. 추가적인 투자자 유치 여부는 Intellectual Ventures의 라이선싱
프로그램의 성패에 달려있다.

〈그림 2-9〉 IV의 연간 25%의 IRR을 유지하기 위한 수익구조

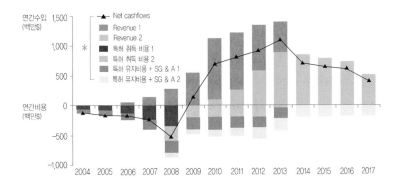

* SG&A includes 2% management fee; patent maintenance calculated on weighted
  average of portfolio and filing costs are per patent filing cost with USPTO office
  average market costs.
자료: IAM IV profile; Newsweek; The Recorder; Fortune; Economist; expert inter-
     views; Stanford University Technology Office; BCG IP analysis of portfolio

4) Acacia Research

(1) 개요 및 현황

Acacia Research사는 1995년 설립된 회사로 미국 캘리포니아 주 로스 앤젤레스에 위치하고 있으며 나스닥(NASDAQ)에 상장돼 있다. 2005년 2,700만 달러를 투자해 미국 일리노이 주 소재 특허보유 전문기업인 Global Patent Holdings를 인수하기도 했으며,[92] 2009년 960만 달러를 투자하는 등 매년 특허를 매입하는 데 상당한 비용을 들이는 것으로 알려져 있다.

Acacia Research는 650건 이상의 실시허락계약을 체결했으며, 52건의 특허 포트폴리오를 이용한 매출을 기록했다. 현재 Acacia Research의 자회사들은 현재 광고, 에너지, 자동차, 인터넷, 의학, 컴퓨터, 보안, 가전, 반도체, 데이터베이스, 소프트웨어, 디지털 영상, 무선통신 등의 영역에서 140건 이상의 특허 포트폴리오를 보유하고 있다. Acacia Research의 매출은 2008년 4,822만 달러, 2009년에는 이보다 40% 증가한 6,734만 달러를 기록했다.[93]

(2) 활동 전략 및 사례

Acacia Research는 실패한 벤처기업을 인수해 그 기업이 보유하던 특허 포트폴리오를 분석한 뒤 활용 가능한 특허를 선별, 이를 이용해 실시료를 확보하는 전략을 취한다고 알려져 있다. 구체적으로는 전개될

---

92 최명석·박해찬, 앞의 논문(註 21), 157면.

93 http://www.marketwatch.com/story/acacia-research-reports-fourth-quarter-and-record-year-end-financial-results-2010-02-18? reflink=MW_news_stmp 참조(2010. 2. 26. 최종 방문).

협상에서 유리한 지위를 차지하기 위해 향후 자신들과 실시허락계약을 체결할 가능성이 높은 회사들에게 관련 특허소송에 대한 판결문, 소장, 의견서 등이 포함된 CD를 보낸 뒤 그 자료들을 검토할 수 있는 시간으로 6개월의 기한을 주는 방법을 사용한다고 한다.[94]

Acacia Research에게 실시료를 지급하는 기업들 중에는 Dell, GE, HP, IBM, Intel, Microsoft, Nokia, Siemens, Sony 등 유수의 글로벌 기업들이 포함돼 있으며,[95] 삼성전자와 LG전자 또한 최근 Acacia Research와 쌍방향TV, 이미지 구현, 영상증폭 및 동조 등과 관련된 분야들의 특허에 대한 실시허락 계약을 체결한 바 있다.[96] 그 외에도 Acacia Research는 실시료를 확보하기 위한 다수의 소송을 진행 중이며, 전 세계적으로 지속적인 특허출원 활동을 전개해 활동기반을 넓혀가고 있다.[97]

5) InterDigital

(1) 개 요

InterDigital사는 1972년 셔윈 세릭존(Sherwin Seligsohn)에 의해 설립된 회사로 미국 펜실베이니아 주 필라델피아 외곽에 있는 초대형 쇼핑몰 King of Prussia에 본사를 두고 있으며, 미국 뉴욕 주와 캐나다 퀘벡 주 등지에 연구개발센터를 두고 있다.[98] InterDigital의 설립 당시 명칭

---

94 나성곤, 앞의 논문(註 99), 34면 참조.

95 http://www.acaciaresearch.com/docs/AcaciaFactSheet.pdf 참조(2010. 2. 26. 최종 방문).

96 최명석·박해찬, 앞의 논문(註 21), 157면.

97 배진용, 앞의 논문(註 24), 55면 이하 참조.

은 'International Mobile Machines Corporation'이었는데, 1981년 기업 공개를 거쳐 1992년 CDMA 기술을 보유하던 'SCS Mobilecom/Telecom'을 전략적으로 인수하면서 회사명을 'InterDigital Communications Corporation'으로 변경했다.[99] 현재 InterDigital에는 약 250명의 직원이 근무하고 있는 것으로 알려져 있다.

(2) 사업 현황

InterDigital은 TDMA, CDMA, WCDMA 등 무선통신 분야에서 강력한 특허 포트폴리오를 구축하고 있다. InterDigital은 전 세계에 걸친 3천 건 이상의 특허와 진행 중인 9천 건 가량의 특허출원을 바탕으로, Seamless Handover, 조인트 디텍션과 간섭 소거(*Joint Detection and Interference Cancellation*), 기본 시스템 구조(*Fundamental System Architecture*), 대역폭 조절 기능(*Bandwidth on Demand*), 파워 컨트롤(*Power Control*), 패킷 데이터(*Packet Data*), 전역 파일럿 채널(*Global Pilot Channel*) 등의 핵심 기술을 포괄하는 포트폴리오를 보유하고 있다.[100] Apple, NEC, Sharp, RIM, Ericsson, Nokia 등이 포함된 40여 개의 무선장비 제조업체들이 이미 InterDigital과 실시허락계약을 체결한 바 있다.[101]

---

98 http://www.interdigital.com/about_interdigital 참조(2010. 2. 26. 최종 방문).

99 나성곤, 앞의 논문(註 99), 24~25면 참조.

100 *Id.*

101 http://www.interdigital.com/patents/category/patent_licensing(2010. 2. 26. 최종 방문).

(3) 활동 전략 및 사례

InterDigital 또한 발명가로부터 특허를 매입하거나 특허를 보유하는 기업을 인수하는 방법으로 특허권을 확보한 뒤 포트폴리오를 구성해 기업들과 협상에 나서는 전략을 취하고 있다. InterDigital의 특징 중 하나는 무선통신과 관련된 일련의 기술표준화 작업에도 적극적으로 참여한다는 것이다.[102] 실제로 InterDigital은 2G, 3G, 무선랜 등 분야의 기술표준 채택과정에서 주요한 역할을 했으며 유럽 통신표준화기구인 ETSI(European Telecommunications Standards Institute)에도 상당한 수의 특허를 신고해 놓고 있는데, 이는 자사가 보유하는 기술이 산업표준으로 채택되도록 함으로써 향후 통신시장에서 유리한 지위를 점하기 위한 전략이다.

2005년 12월 InterDigital은 Nokia로부터 시작해 Panasonic, 삼성전자와의 이동통신 관련 특허소송에서 차례로 승소해 Nokia로부터는 2억 5천 300만 달러, 삼성전자로부터는 670만 달러의 실시료를 지급받기로 하는 합의를 이끌어냈다. 이 소송에서 승소한 것을 계기로 InterDigital은 LG전자, 팬택 등 국내기업을 대상으로 특허소송을 제기할 것임을 경고했고, 이에 LG전자는 InterDigital과의 싸움에서 승산이 없다고 판단해 2006년부터 2008년까지 매년 9,500만 달러씩 총 2억 8,500만 달러의 실시료를 지급하기로 하는 계약을 체결했다.[103]

위와 같은 성과를 올리기 전 InterDigital은 1996년 3월 이미 '원거리 가입자군을 위한 무선전화 시스템'이라는 특허를 시작으로 2007년 7월까지 1,092건의 특허를 국내에 출원했고, 이 중 277건이 특허로 등록

---

102 http://www.interdigital.com/about_interdigital/category/business_model 참조(2010. 2. 26. 최종 방문).

103 김기영, 앞의 논문(註 3), 52면.

됐는데, 이 중 130건이 2006년 한 해에 등록된 것이었다. InterDigital이 출원한 대부분의 특허는 무선통신 네트워크, CDMA, 안테나 등에 관한 것이었는데,[104] 우리나라의 상대적으로 취약한 특허방어 환경과 활성화된 통신시장 상황을 고려하면 무선통신을 주력 분야로 하는 InterDigital이 우리나라 기업들을 상대로 공격한 것은 당연한 결과다.

6) 기타 Patent Troll

(1) Ocean Tomo

2003년에 설립돼 미국 일리노이 주 시카고에 위치한 회사로 특허 포트폴리오를 운영·판매하고, 특허 컨설팅을 제공하고 있다. 이 회사는 2006년 4월 430여 개의 특허를 상품으로 해 이틀에 걸쳐 실시간 경매를 개최했다. 이는 사상 최초로 특허권만을 대상으로 한 경매로 평가받고 있으며, 그 후로도 이러한 경매는 계속 실시되고 있다. 또한 Ocean Tomo는 특허에 투자하는 펀드를 구성하는 한편, 특허를 보유하는 기업에 자금지원을 하고 그 특허를 담보로 제공받는 구조의 금융상품을 개발해 이를 시장에 제공하고 있다.[105]

(2) Forgent Networks

미국 텍사스 주 오스틴에 위치한 회사로, 1985년 '비디오텔레콤' (Video Telecom)이라는 이름으로 설립됐으나, 2001년 주력 사업을 소프트웨어 분야로 변경하면서 지금의 명칭을 도입했다. 이 회사는 1997

---

104 배진용, 앞의 논문(註 24), 39면.
105 최명석·박해찬, 앞의 논문(註 21), 159면 참조.

년 Compression Labs라는 회사를 인수해 디지털 비디오 이미지 압축에
사용되는 기술 특허를 보유하게 됐다.[106] 그 후 2002년 7월 이 회사는
디지털 비디오 압축기술 분야에서 표준으로 사용되고 있는 JPEG이 위
특허를 침해한다고 주장했는데, 이를 통해 Nokia, Adobe, Microsoft,
Sony 등으로부터 3년간 1억 달러 이상의 수익을 올릴 수 있었다.[107]

5. Patent Troll 관련 주요소송 사례

아래에서는 Patent Troll과 관련된 주요 사례를 살펴본다. 〈표 2-1
2〉는 2005년부터 최근까지 Patent Troll이 제기한 특허소송의 연도별
추이를 정리한 것이다.

〈표 2-12〉 Patent Troll의 소 제기 건수

순위	피소 회사	2005년	2006년	2007년	2008년	2009년	합계
1	삼성전자	10	8	15	14	22	69
2	Apple	3	3	12	13	21	52
3	Sony	7	5	10	12	17	51
4	Dell	3	8	10	8	17	46
5	Microsoft	5	6	12	13	10	46
6	Motorola	6	4	12	14	9	45
7	HP	3	5	10	11	13	42
8	AT&T	2	6	17	10	7	42
9	Nokia	7	3	10	9	11	40
10	LG	7	3	12	9	8	39

자료: PatentFreedom, 홈페이지 〈https://www.patentfreedom.com/research. html〉.

---

106 배진용, 앞의 논문(註 24), 51~52면 참조.
107 정연덕, 앞의 논문(註 79), 84면.

1) NTP, Inc. v. Research In Motion, Ltd.

캐나다 온타리오에 근거한 Research In Motion, Ltd. (이하 'RIM') 은 이메일, 인터넷, 전화통화 등을 위한 통합 휴대용 단말기인 블랙베리 (BlackBerry)를 개발한 회사다. RIM은 2005년 한해 13억 5천만 달러의 매출액을 기록했으며, 당시 200만 명에 가까운 사람들이 RIM의 블랙베리를 사용하고 있었다.

RIM은 2000년 당시로서는 업계에 전혀 알려진 바 없었던 NTP, Inc. 로부터 블랙베리가 그들의 특허권을 침해한다는 내용의 통지를 받았다. NTP는 엔지니어인 Tom Campana Jr.와 특허 변호사인 Donald Stout가 공동 설립한 회사로서, 전자메일 시스템에 관한 특허를 자산으로 보유하는 기업이었다. 그런데 NTP는 그 주소지가 설립자인 Donald Stout의 주소로 돼 있고, 설립자를 제외한 다른 직원이 존재하지 않았으며, 특허를 제외한 다른 자산이 없는 등 그 실체가 모호한 회사였다.

이러한 이유에서인지 RIM은, NTP의 다른 표적이었던 Good Technology나 Nokia가 NTP의 요구를 받아들여 실시허락 계약을 체결한 것과는 달리, NTP의 요청에 별다른 대응을 하지 아니한 채 활발한 영업활동을 전개했다. 결국 NTP는 자사가 보유하던 전자메일의 무선 교신과 관련된 특허를 RIM이 침해한다고 주장하면서, 2001년 11월 13일 버지니아 주 리치먼드 동부지방법원에 소송을 제기하기에 이르렀다. 특허침해 소송이 제기되자 RIM은 약식판결(*summary judgement*)[108]을 얻기 위해 여러 건의 이의(*Motion*) 신청을 했으나 위 지방법원은 RIM의 신청을 모두 기각했다.

---

108 사법연수원, 미국민사법 (2009), 51~52면 참조.

Summary Judgement

중요한 사실관계에 관해 다툼이 없어 배심에 의한 사실문제에 대한 판단이 필요 없고 법률적인 판단 문제만 남은 경우 법원이 직권 또는 당사자의 신청에 의해 정식재판절차를 거치지 않고 내리는 재판을 뜻한다.

그 후 특허침해 여부를 밝히기 위한 치열한 공방이 계속됐고, 결국 배심원단은 2002년 11월 21일 RIM의 악의적 침해를 인정해 약 2,311만 달러의 손해배상을 판결했다.[109] 1심 법원은 2003년 8월 5일 손해배상액을 증액해 약 5,370만 달러의 배상과 RIM에 대해 위 특허의 존속기간이 만료되는 2012년까지 블랙베리의 제조, 사용, 수입을 금지하는 영구적 중지명령을 내렸다.[110] 다만, 위 중지명령은 항소가 계속되는 기간 중에는 발효가 유보돼 있었다.

이에 RIM은 불복, 항소했다. 항소심이 계속 중이던 2005년 3월 RIM과 NTP는 합의금 450만 달러에 분쟁을 종결하기로 하는 합의에 이르렀으나 곧 파기됐다. 그 후 항소심이 계속돼 연방순회항소법원은 1심 판결의 내용 대부분을 그대로 받아들이게 됐고,[111] 이에 RIM은 2005년 12월 9일 상고를 신청했다. 그러나 연방대법원은 2006년 1월 23일 상고허가신청을 기각하면서 사건을 다시 지방법원으로 환송했다.[112]

결국 심리가 계속되던 2006년 3월 3일 RIM은 NTP와 차후에 별도의 실시료를 지급하지 않는 것을 조건으로 해 일시불로 6억 1,250만 달러

---

109 No. 3:01CF767(E. D. Va., 2002).
110 2003 WL 23100881(E. D. Va., 2003).
111 418 F.3d 1282(Fed. Cir. (Va.), 2005).
112 546 U.S. 1157(2006).

를 NTP에 지급하는 내용의 합의를 체결했다.

2) Eolas Technologies, Inc. v. Microsoft Corp.

Eolas Technologies, Inc. (이하 'Eolas')는 웹 브라우징 기술과 관련해 특허 포트폴리오를 보유하던 캘리포니아 대학의 Michael Doyle 교수에 의해 설립된 일종의 대학 벤처기업이었다. 반면 Microsoft는 1975년 Bill Gates와 Paul Allen이 설립한 저명한 소프트웨어 개발 전문회사로, 2005년 한 해에만 400억 달러의 매출을 기록한 글로벌 기업이었다.

1999년 2월 Eolas는 Microsoft의 인터넷 익스플로러 프로그램이 위 특허를 침해한다고 주장하며 일리노이 주 북부지방법원에 소송을 제기했다. Microsoft는 인터넷 익스플로러 프로그램이 포함된 마스터 디스크를 해외 컴퓨터 제조업체에 수출하고 이를 수입한 업체들은 마스터 디스크에 저장된 프로그램을 각 컴퓨터 하드 드라이브에 탑재한 다음 완성품 컴퓨터를 소비자에게 판매했는데, Microsoft가 공급하던 마스터 디스크 자체는 특허권을 직접적으로 침해하지는 않는 것이었다.

그런데 미국 특허법 271 (f) 의 규정에 의하면, 특허발명의 '구성요소' 전체 또는 대부분을, 전체적으로 결합되지 않은 상태 또는 부분적으로 결합되지 않은 상태로, 미국 내에서 또는 외국으로 '제공'하면서 그 구성요소들이 외국에서 특허 발명의 방식에 따라 결합되도록 유도하는 행위도 당해 특허권의 침해로 간주하고 있다. 따라서 위와 같은 소프트웨어 코드가 저장된 마스터 디스크를 해외 제조업체에 수출한 행위가 위 271조 (f) 항의 침해행위에 해당하는지 여부가 핵심 쟁점이었다.

1심 법원은 소프트웨어 코드도 디스크와 같은 물체와 결합해 특허된 발명을 구성할 수 있다고 판단하면서 Microsoft에 5억 2, 100만 달러의 배상을 명함과 동시에 항소가 계속되는 기간 중에는 발효를 유보한 중지명령을 내렸다.[113] 연방순회항소법원은 1심 법원의 판단 내용 중 선행기술과 관련된 일부 판단을 파기하면서도 위 소프트웨어 코드가 제271조(f)항의 구성물(*component*)이 될 수 있다는 점은 인용했다.[114]

3) MercExchange, L.L.C. v. eBay Inc. [115]

위 사건에서 연방대법원은 그간 Patent Troll의 강력한 무기가 돼 왔던 영구적 금지명령의 자동적인 발령에 대해 제한을 가했다. 즉, 연방대법원은 특허소송에서 영구적 금지명령의 발령여부를 결정함에 있어서도 일반 사건에 적용되는 형평법 원리(*the principles of equity*)에 따른 전통적인 4가지 요건, 즉 ① 원고가 회복 불가능한 손해를 입을 가능성이 있는지 여부 ② 법률적 구제방법의 적합성 여부 ③ 원고, 피고가 부담하게 될 어려움의 형평성 ④ 금지명령이 공공의 이익(*public interest*)에 부합하는지 여부 등을 검토해야 하고, 위 요건들이 모두 충족되는 경우에 한해 영구적 금지명령을 내려야 한다고 판결했던 것이다.

위 판결이 내려진 이후 영구적 금지명령의 발령여부가 다투어진 사례들이 하급심에 있었다. 먼저 In Paice LLC v. Toyota Motor Corp. 사건[116]에서 법원은 Patent Troll로 추정되는 원고의 경우 금지명령이 내려지지 않더라도 회복 불가능한 손해를 입게 될 것 같지 않고 금전배상이 적절한 구제수단이라거나 형평을 유지한 것으로 보이지도 아니한다는

---

113 US PAT 5838906, 1998 WL 1437917 (U.S. PTO Utility).
114 No. 99 C 0626, 2000 WL 1898853 (N. D. Ill. Dec. 29, 2000).
115 이 사건에 관하여는 이 책 제4장 제2절 1)(4) 이하에서 자세히 설명함.
116 No. 2:04-CV-211-DF, 2006 WL 2385139(E.D. Tex. Aug. 16, 2006).

이유로 원고의 금지명령 신청을 받아들이지 아니했다. 그러나 원고와 피고가 경쟁관계에 있었던 TiVo Inc. v. Echostar Communications Corp. 사건[117]에서는 피고의 특허권 침해가 인정돼 금지명령이 발령됐다.

한편 z4 Technologies, Inc. v. Microsoft Corp. 사건[118]에서 원고는 Microsoft에 의한 특허침해를 주장하면서 영구적 금지명령을 신청했으나, 금지명령이 발령되지 않는 경우 회복불가능한 손해가 발생할 것임을 입증하지 못했고, 특허를 침해한다고 주장되는 부분이 Microsoft의 소프트웨어 중 일부만을 구성하는 것이며, 금전배상이 적절한 구제수단이라는 점이 밝혀지지 아니했을 뿐만 아니라, 금지명령이 내려지는 경우 공공의 이익에 부합되지 않을 수 있다는 이유로 위 신청은 받아들여지지 아니했다.

결국 위 eBay 사건의 판결은 특허침해자와 경쟁관계에 있는 기업과는 달리, Patent Troll이 영구적 금지명령을 얻는 것을 어렵게 함으로써 Patent Troll의 활동을 위축시키는 요인으로 작용할 것으로 예상된다.

---

117 No. 2:04 CV 1 DF, 2006 WL 2398681(E.D. Tex. Aug. 17, 2006).
118 434 F.Supp. 2d 437(E.D. Tex. 2006).

3장

Patent Troll
규제의 필요성

1. Patent Troll의 권리행사의 특수성

우리나라의 특허법은 설정등록에 의해 발생한 특허권이 설정등록이 있는 날부터 특허출원일 후 20년이 되는 날까지로 존속된다고 규정하면서,[1] 특허권자가 자기의 권리를 침해한 자 또는 침해할 우려가 있는 자에 대해 그 침해의 금지 또는 예방을 청구할 수 있음을 명시하고 있다.[2] 미국 또한 특허법 제154조〔35 U. S. C. §154 (a) (1)〕에서 특허권자에게 다른 사람에 의한 제조, 사용, 판매 등을 배제할 권리를 부여하고 있다. 이처럼 특허권자에게 금지청구권을 부여하고, 그 권한을 행사할 수 있는 자격을 특별히 제한하지 아니한 특허법의 문언에 비추어 볼 경우, Patent Troll에 의한 특허권의 행사는 동법에 근거한 것으로 일견 적법해 보인다.

특허제도는 특허권이라는 배타적 지위를 부여함으로써 보다 많은 발명을 유인·장려하고, 종국적으로는 과학·기술 나아가 경제 전체의 발전을 도모하기 위한 인센티브를 제공하는 법제도인 것으로 설명되고 있다.[3] 특허권이 존재하지 않는다면 대부분의 인력과 자본이 비밀유지나 타인의 발명을 모방하는 일에 투입될 것이기 때문에 인력과 자본이 극히 비효율적으로 배분되는 결과가 초래된다. 따라서 특허권이라고 하는 경제적 인센티브를 통해 장기적으로 발명을 유도, 동태적 효율성을 도모하자는 것이다.[4] 특허가 기본적으로 독점을 허락해 공중의 지

---

1 특허법 제 87조 제 1항, 제 88조 제 1항.

2 특허법 제 126조 제 1항.

3 정상조, 《지적재산권법》, 홍문사 (2004), 13~14면 참조.

35 U.S.C. § 154(a)(1)

"Every patent shall contain a short title of the invention and a grant to the patentee ⋯ the right to exclude others from making, using, offering for sale, or selling the invention throughout the United States or importing the invention into the United States, and ⋯ "

식 접근권을 제한하는 성격을 지님에도 불구하고 특허제도의 존립이 정당화될 수 있었던 것은, 특허제도가 천명하는 혁신의 창출과 확산이라는 기능 덕분이었다.[5]

그간 Patent Troll 및 이들의 비즈니스 행태에 대해 이뤄진 적지 않은 비판과 Patent Troll의 권리행사를 제한해야 한다는 주장들은, Patent Troll에 의한 특허권의 행사가 위와 같이 특허제도가 예정하는 기능에 부합하지 않는다는 것을 전제하고 있다. 즉, 원래 특허권은 실제로 발명을 한 주체에게 인센티브를 부여하기 위한 것으로, 그 보호대상이 되는 발명을 고안해 낸 발명주체에 의해 실시되는 것을 내정하는 것인데,[6] Patent Troll은 특허권을 행사하는 자일 뿐 실제로 발명을 통해 기술의 발전을 가져오는 자가 아니므로 Patent Troll의 권리행사를 다른 특허권자와 마찬가지로 제한 없이 허용하는 것은 타당하지 않다는 것이다.

이처럼 Patent Troll에 의한 특허권 행사가 특허법이 그 목적을 실현하기 위해 예정하는 형태와는 본질적으로 다르다는 인식하에, 최근에

---

4 위의 책, 10~11면 참조.

5 한국지식재산연구원, 〈선진 특허강국의 기술지주회사에 대한 국내 기업들의 대응방안과 특허정책 연구〉, 특허청 (2008), 35면 참조.

6 위의 책, 37면 참조.

는 Patent Troll의 권리행사를 제한하기 위한 구체적 방법에 관한 논의
들이 전개되고 있다. Patent Troll에 대한 규제수단을 논의하기에 앞서,
Patent Troll이 갖는 기능을 명확히 파악해 그에 대한 규제를 해야 하는
지에 대한 고민이 필요한 이유다.

2. Patent Troll의 순기능

1) 소규모 발명가의 보호

Patent Troll이 갖는 긍정적 기능으로, 개인발명가나 중소기업 등 이
른바 '소규모 발명가(small inventors)의 보호'를 제시하는 견해들은, 현
재의 특허제도가 대기업 등 막대한 자본을 바탕으로 한 대규모 발명가
에게 유리하게 구성돼 있다고 주장한다. 즉, 현 상황에서는 소규모 발
명가가 제품을 생산할 수 있는 제조회사를 찾거나 생산에 필요한 자본
을 조달하는 것이 쉽지 않기 때문에, 소규모 발명가로서는 소송을 제기
하는 것 이외에는 특허를 실시하거나 특허를 침해받음이 없이 발명을
개발할 수 있는 마땅한 대안이 없다는 것이다.[7]

우선 특허를 등록하는 데에만 평균 2년에서 3년의 시간이 소요되며,
등록을 마친 이후에도 특허침해가 이뤄지고 있는 경우라면 침해자를
식별해 손해배상소송을 제기해야 하는데, 복잡한 산업구조 속에서 침
해자를 식별해내는 것 자체가 쉬운 일이 아니다.

설령 식별에 성공해 소(訴)를 제기했다 하더라도 소송 중 상대방이

---

7 Detkin, P., Leveling the Patent Playing Field, 6 *J. Marshall Rev. Intell. Prop.*
L. (2007), p. 635.

특허의 유효성을 문제 삼는 경우 충분한 법률적 조언을 받기 어려운 소규모 발명가로서는 그 항변에 대해 적절한 대응을 하지 못할 수도 있다. 뿐만 아니라 특허에 대한 재심사(re-examination)[8] 청구가 이뤄지는 경우에는 소송에 소요되는 수 년에 걸친 기간 이외에도 별도로 상당한 시일 및 그에 수반하는 노력이 요구될 수 있다.

특허권자로서는 분쟁이 계속되는 와중에도 특허를 침해한 자 내지 그 유효성을 다투는 자와의 협상을 지속적으로 전개해야 한다는 점 등을 고려해 보면, 현행 특허법 체계 내에서 발명 그 자체와 그 발명을 성공적으로 자산화(monetization)하는 것 사이에는 상당한 격차가 존재한다. 따라서 소규모 발명가가 스스로 자신의 권리를 실현하기에는 현실적인 어려움이 있는 것이다.[9]

물론 특허를 실시하기 위한 다른 방법이 없는 것은 아니다. 예컨대, 광범위한 영역을 포괄하는 다수의 특허들로 조합된 특허 포트폴리오를 구성해 이를 실시허락하는 방법, 특정 사업 분야에 한해 적용될 수 있는 특허 포트폴리오를 구성해 이를 실시허락하는 방법, 동일한 사업을 영위하는 기업들과 특허풀을 구성하는 방법이 있을 수 있다. 그러나 이러한 방안들 중 어느 것도 소규모 발명가가 이용하기에는 부적절하다. 소규모 발명가는 소수의 특허를 가지고 있을 뿐이며 특허풀을 구성할 수 있을 만큼의 제품생산능력을 보유하고 있지 않기 때문이다.[10] 결국

---

8 미국법상 특허 재심사 제도는 우리나라의 특허무효심판과 유사한 제도다. 다만 우리나라 법제에서는 일반 민사법원이 특허의 유효, 무효를 판단할 수 없는 데 반해, 미국에서는 민사법원이 특허의 유효, 무효를 곧바로 결정해서 침해소송 등에 반영시킬 수 있다.

9 See Detkin, *supra* note 7, pp. 637~640.

10 See *Id.*, pp. 640~641.

많은 장애가 예상됨에도 불구하고, 특허실시를 위해 소규모 발명가에게 주어진 유일한 선택은 소송이 될 수밖에 없다는 것이다.

위와 같은 상황 속에서 Patent Troll의 출현은 대규모 발명가에 치우쳐 있는 특허제도의 균형을 잡는 데 도움이 될 수 있다고 주장한다. 즉, Patent Troll은 소규모 발명가의 특허가 갖는 가치를 재인식해 소규모 발명가와 그의 특허를 이용하려는 기업들을 연결해 줌으로써, 소규모 발명가에게 자신의 발명을 상업화할 수 있는 기회를 부여한다는 것이다. 또한 Patent Troll은 특허의 집적을 통해 증대된 협상력과 충분한 재원을 보유하기 때문에 특허를 활용하려는 기업과의 협상에 적극적으로 임할 수 있으므로, 특허권자의 권리를 보호함은 물론 특허권자와 기업 양자가 모두 만족할 수 있는 대안을 찾아내는 데에도 유용할 수 있다고 한다.[11]

2) 특허가치의 극대화

Patent Troll은 주장되지 않고 있는 특허를 발굴한 뒤 그 특허의 실시에 대한 정당한 보상을 요구함으로써 특허가 갖고 있는 가치를 현실화 내지 극대화하는 기능을 한다. 수많은 특허들이 출원돼 등록되고 있지만 대다수의 특허들이 집행되지 않는 이른바 휴면특허의 상태로 존속하고 있다. 특허의 집행이 이뤄지지 않는 이유에 관계없이, 기업들은 특허권자의 특허를 침해한 채 제품생산에 임하고 있음에도 불구하고 그 실시에 따른 비용은 전혀 부담하지 않는다. 이런 상황에서 권리자를 대신해 특허권을 주장하는 Patent Troll의 존재는 시장에서 특허가 갖는 경

---

11 See *Id.*, p. 637.

제적 가치를 정확히 인식할 수 있게 한다. 이는 결국 앞서 살펴본 바 있
는 소규모 발명가의 보호와도 관련이 있는 것으로, 정당한 특허권 주장
에 따라 부담해야 할 실시료를 일종의 세금 또는 부담하지 않아도 됐을
비용으로 인식하는 기업들의 태도는 타당하지 않다는 것이다.

　Patent Troll의 긍정적 기능을 강조하는 견해들은 부실특허의 문제와
Patent Troll이 갖는 역기능의 문제는 서로 구별돼야 하는 것이라고 주
장한다. Patent Troll을 비판하는 입장에서는 부실특허의 양산에 따른
문제점을 Patent Troll의 책임으로 돌리고 있으나, 이는 전혀 사실이 아
니라는 것이다.

　사실 부실특허는 특허출원을 심사하는 특허청의 인력 및 예산부족에
기인해 발생하는 것으로, Patent Troll의 출현과는 무관하게 존재해 온
문제점이다. 위와 같은 견해들은 부실특허를 행사하는 자라면 누구라
도 특허제도를 악용한다고 비판받을 수 있는 것임에도 불구하고 유독
Patent Troll에 대해서만 부실특허를 활용한다고 비판하는 것은 온당치
못하다는 점을 지적한다.[12]

3) 특허시장의 활성화

(1) 특허시장의 형성

　기본적으로 시장은 시장참여자들 간 상품의 교환을 촉진하고 그에
따른 비용을 감소시키는 기능을 한다. 시장이 정상적으로 기능함에 따
라 참여자 상호 간 이익이 되는 교환이 촉진되며 사회의 관점에서는 적
절한 자원배분이 이뤄지게 되는 것이다. 자본주의하에서 매매가 이뤄

---

12 See Mcdonough Ⅲ, J., *supra* 제 2장 note 1, p. 202.

질 수 있는 거의 모든 것들은 상품이 돼 그것을 거래하는 시장이 형성
될 수 있다. 특허 또한 양도 내지 실시허락의 대상이 될 수 있다는 점을
고려할 때 특허시장의 존재 또한 상정할 수 있을 것이다.

그런데 특허는 다른 재화들과는 달리 비경합적(*nonrival*) 특성을 갖
는다. 특허 내용이 되는 기술은 그 원형을 해함이 없이 다양한 시간과
장소에서 사용될 수 있기 때문에, 그 기술을 이용하고자 하는 자는 특
허권자가 침해를 인식하지 못하는 상황에서도 쉽게 이를 활용할 수 있
다. 이러한 문제점을 해결하고자 특허제도는 특허권에 타인의 사용을
배제할 수 있는 배타적 권한을 부여하는 것이다.[13]

이러한 권한을 실현하기 위한 유일한 방법은 소송을 제기하는 것이
며, 적어도 소송에 대한 상당한 위협이 존재해야만 잠재적 침해자가 특
허권자로부터 실시허락을 받을 유인이 존재하게 된다. 그러나 대규모
사업자와 개인 또는 소규모 사업자 사이에 이뤄지는 거래에서는 이러
한 위협이 거의 존재하지 아니한다. 개인과 중소기업 등 소규모 발명가
는 소송을 제기하고 유지하기에 충분한 재원을 갖추고 있지 못하기 때
문에, 그들의 존재는 소송에 대한 위협으로서 기능하지 못한다. 이는
결국 잠재적 침해자들이 특허시장에 참여할 유인을 줄이게 돼 궁극적
으로는 특허시장의 실패를 가져오게 된다. 그 결과, 기업들은 아무런
대가 없이 기술을 이용하게 될 것이고, 발명가에게 경제적 보상이 돌아
가지 않게 됨에 따라 결국에는 사회 전체에서 혁신이 저해되는 효과가
발생하게 된다는 것이다.[14]

특허시장에서 Patent Troll은 발명가들이 제공하지 못하는 소송의 위
협이라는 요소를 시장에 제공하는 역할을 한다. 발명가와 달리 Patent

---

13 See *Id.*, pp. 205~206.
14 See *Id.*, pp. 209~210.

Troll들은 실제로 소송을 제기할 수 있는 충분한 재원을 보유하기 때문에 소송에 대한 실질적 위협이 돼, 잠재적 침해자들을 특허시장에 참여하도록 하는 유인으로서 기능하게 된다.[15] 그에 따라 특허시장은 형성, 유지돼 시장의 기능을 통해 지속적인 혁신은 물론 자원의 최적배분을 달성할 수 있게 되는 것이다.

(2) 특허의 거래촉진 및 시장투명성 확보

Patent Troll은 참여자들 간 교환을 중개해 특허에 유동성을 부여한다.[16] 특허는 본래 즉시 금전으로 전환할 수 없는 비유동적인 재화에 해당한다. Patent Troll이 존재하지 않는 경우, 특허를 통해 수익을 올리고자 하는 특허권자는 특허를 실시할 수 있는 기업을, 새로운 기술을 활용해 제품을 생산하고자 하는 기업은 특허권자를 직접 물색해야 하는데, 이는 상당한 비용이 소요되는 일이다. 그러나 특허권자와 특허를 상품화하려는 기업을 연결하는 기능을 가진 Patent Troll이 시장에 출현하는 경우, 시장은 Patent Troll을 거래의 구심점으로 해 집중화돼 시장참여자들 간 특허 거래는 더욱 촉진된다.[17]

나아가 Patent Troll은 특허시장의 중개인으로서 시장참여자들 간 정보비대칭을 해소하는 역할을 한다. Patent Troll은 다수의 거래를 통해 얻은 경험과 전문성을 바탕으로, 수집한 정보를 활용해 특허의 유효성, 청구항의 범위, 선행기술, 산업에서의 활용도 등을 판단하고 그에

---

15 *Id.*, pp. 211~212.

16 Rubin, S., Defending the Patent Troll: Why these Allegedly Nefarious Companies are Actually Beneficial to Innovation, *The Journal of Private Equity* (2007), pp. 62~63.

17 Mcdonough III, J., *supra* 제 2장 note 1, pp. 213~214.

대한 위험을 평가해 시장참여자들에게 특허시장에 관한 정보를 제공한
다. 뿐만 아니라 Patent Troll은 발명가로부터 특허를 직접 매입한 뒤 이
를 관리하면서 적절한 실시권자를 발견하는 경우 실시허락을 해주는
방법으로, 발명가와 실시권자의 위험을 줄이는 대신 스스로 위험을 부
담한다. 정보비대칭의 해소와 위험의 분산은 결국 시장의 투명성 제고
로 이어지게 되는데,[18] 이 또한 Patent Troll이 갖는 순기능 중 하나에
해당하는 것이다.

3. Patent Troll의 역기능

1) 혁신의 저해

(1) 연구개발의 부재

Patent Troll에 대해 이뤄지고 있는 비판 중 하나는 Patent Troll이 특
허권 취득의 전제가 되는 연구개발행위에 종사하지 아니한다는 것이
다. Patent Troll 개념의 사용에 반대하는 사람들은 Patent Troll의 행위
가 연구결과를 출원한 뒤 특허의 실시허락을 통해 수익을 올리는 대학
의 행위와 다를 바 없다고 주장하나, 이는 사실이 아니다. 대학은 특허
권 행사를 통한 수익을 이용해 지속적인 연구개발을 실시하고 있으며,
이는 다시 새로운 기술의 발명으로 이어져 궁극적으로는 그에 따른 수
익이 사회로 환원되는 선순환의 구조를 이루고 있기 때문이다.

이에 반해 Patent Troll은 스스로는 연구개발에 임하지 아니하면서
도, 실제로 새로운 발명을 창출하기 위한 노력을 전개하는 기업들을 상

18 *Id.*, pp. 214~215.

대로 특허권을 행사해 그에 따른 수익을 취득한다. 이는 혁신을 창출해
내기 위해 존재하는 특허제도에 귀속돼야 할 이익을 Patent Troll이라는
주체에 이전시키는 것으로, 특허권 행사가 없었다면 사회가 누릴 수 있
었던 이익을 감소시키는 것이다.[19]

(2) 신기술의 부재

Patent Troll의 기본적인 전략은 이미 출원돼 있거나 등록돼 있는 특허
를 취득하는 것에서 시작한다. 만약 특허침해가 이미 발생하는 상황이
라면 Patent Troll은 즉시 그 특허를 행사해 실시허락 등을 통한 수익의
확보에 나설 것이고, 관련 산업 분야의 발전이 미비해 취득한 특허가 아
직 활용되지 않는 상황이라면 산업이 성숙해 특허의 대상이 되는 기술
이 이용되는 것을 기다려 특허권의 행사에 나서게 될 것이다.

이러한 Patent Troll의 전략은 결국 Patent Troll에 의한 권리행사가 기
술의 발전이나 산업발전에는 아무런 기여를 하지 못할 것임을 시사한
다. 특허권의 내용이 되는 기술은 이미 산업분야에서 널리 사용되는 것
이므로, Patent Troll에 의한 특허권의 행사는 사회에 새로운 기술을 소
개하는 데 아무런 기여를 하지 못하기 때문이다. 결국 Patent Troll은 타
인이 독자적으로 개발한 발명에 대한 권리를 취득해 주장하는 데 불과
한 것이다. 이는 특허를 통해 가치 있는 기술을 사회에 제공하는 대학
을 포함한 대부분의 발명가들과 Patent Troll을 구분지어 주는 특성일
뿐만 아니라 Patent Troll에 대한 규제의 근거가 될 수 있는 것이다.[20]

---

19 See Helm, J., "Why Pharmaceutical Firms Support Patent Trolls: The
Disparate Impact of eBay v. Mercexchange on Innovation" *Mich. Telecom.
Tech. L. Rev.* (2006), pp. 334~335.

20 Lemley, M., Are Universities Patent Trolls?, 18 Fordham *Intell. prop.*

2) 부당한 협상력의 행사

(1) 특허제도와 특허권

특허제도가 특허권이라는 독점적이고 배타적인 권리를 발명가에게 부여하는 것은 발명에 대한 유인을 제공해 지속적 혁신을 도모하는 데 그 목적이 있다.[21] 즉, 특허권이라는 경제적 인센티브를 통해 장기적으로 발명을 유도함으로써 동태적 효율성을 도모하는 것이 특허권의 경제적 기능이다.[22] 나아가 특허권은 발명가에 대한 경제적 유인으로 기능하는 것일 뿐만 아니라 혁신에 대한 보상에 해당하기도 하는 것이다.[23]

발명가들이 특허권이 지니는 가치를 예측할 수 있다면, 그들은 혁신을 달성하기 위한 최적의 투자를 실시해 사회적 비용을 최소화하고 사회적 편익을 극대화하는 데 기여할 수 있을 것이다. 이처럼 특허제도에 의해 발명가는 경제적 인센티브의 획득을 목적으로 발명에 임하게 되고 누적된 발명이 혁신을 창출하게 되는 결과, 결국 이러한 흐름을 통해 경제 전체의 발전과 공공의 이익증진이라는 특허제도와 특허권의 궁극적 목적이 달성되는 것이다.

(2) Patent Troll의 협상력

Patent Troll의 긍정적인 기능을 강조하는 견해들은 특허권을 행사하

---

media & ent. L. J. (2008), pp. 629~630.

21 오승한, "특허·저작권법의 기본목적과 정책에 대한 경제적 분석 및 독점금지법의 경쟁정책과의 비교", 《상사판례연구》제 18집 제 3권 (2005), 252~257면 참조.

22 정상조, 앞의 책(註 3), 11면 참조.

23 Helm, J., *supra* note 19, p. 337.

는 자들이 모두 연구개발에 종사해 적극적으로 혁신에 기여하는 것은 아니며, Patent Troll 또한 새로운 발명을 유도해 혁신에 기여하는 측면이 있음을 주장한다. 그러나 문제는 Patent Troll이 가질 수 있는 긍정적 기능에 비해 그에게 부여된 협상력(*bargaining power*)이 합리적 수준을 넘어선 것이라는 데 있다.[24] 이미 살펴본 바와 같이 Patent Troll의 사회에 대한 기여 수준은 일반적인 특허권자의 그것에 비해 현저히 낮다. Patent Troll은 연구개발에 종사하지도 않으며, 사회에 새로운 기술을 제공하지도 못하기 때문이다.

현실적으로 Patent Troll은 기업들의 사업 일부를 구성하는 특허권을 이용해 실제로 연구개발에 종사하며 발명과 혁신의 창출에 기여하는 기업들의 사업 전부를 위협하고 있다. 비록 MercExchange, L. L. C. v. eBay Inc. 판결로 인해 Patent Troll이 법원으로부터 영구적 중지명령을 받을 수 있는 개연성이 상당히 감소한 것은 사실이지만 여전히 그 가능성은 남아 있으며, 징벌적 배상이나 침해 제품의 전체 가치를 기준으로 손해배상이 명해지는 경우 기업의 존속 자체가 위태로워질 수도 있기 때문이다.

그 결과, Patent Troll은 특허권이 지닌 가치 이상의 것을 기업을 상대로 요구하고 획득할 수 있게 된다. Patent Troll이 특허침해 주장을 전개하면서 그 대가로 고려하는 것은 특허 그 자체의 가치가 아니라 상대방 기업의 사업 전체가 되기 때문이다. Patent Troll의 특허권 행사 결과에 따라 사업 자체를 중단하게 될 수도 있는 기업들로서는 Patent Troll의 요구에 응할 수밖에 없다. 이 경우 기업들이 지불해야 하는 대가는 발명가가 그 특허를 창출하기 위해 소모한 비용 내지 그 특허가 기업의

---

24 See *Id.*, p. 336.

사업에서 차지하는 비중을 뛰어넘는 것일 것이다. 이러한 Patent Troll
의 행위는 결국 부당한 지대(地代) 추구행위에 다름이 아니며 그에 따른
어떠한 사회적 편익의 증가도 존재하지 않는 것이다. [25]

3) 비용의 증가

(1) 산업적 측면

Patent Troll은 사업 운영에 쓰이는 비용을 증가시킴으로써 산업 전반
에 비효율을 초래하며, 이러한 모습은 특히 첨단산업 분야에서 두드러
지게 나타난다. 시장에서 Patent Troll이 존재함에 따라, 기업들은 자신
이 생산하는 제품의 기술과 관련된 다른 기업들의 특허나 출원 중인 특
허의 내용을 검색하는 데 비용을 소모하게 될 것이다. [26] 나아가 기업들
은 특허소송에 따른 위협을 회피하고자 Patent Troll과 동일한 사업방식
을 취하거나 관련 특허를 경쟁적으로 매입할 수 있다. [27]

위와 같은 활동들은 결국 사업의 운영을 위한 비용의 증가로 이어진
다. 뿐만 아니라 한정된 자원을 특허침해에 따른 책임을 예방하는 데
투입함에 따라, 사업의 성장과 새로운 기술의 개발에 활용될 수 있는
자원은 줄어드는 결과가 발생한다. [28] 이는 Patent Troll의 존재로 인해
시장에 상존하게 되는 불확실성과 맞물려 상품이나 용역 공급의 감소

---

25 See *Id.*, p. 337.

26 정연덕, 앞의 논문(제 2장 註 79) 83면.

27 Mcfeely, D., An Argument for Restricting the Patent Rights of Those
Who Misuse the U. S. Patent System to Earn Money through Litigation,
40 *Ariz. St. L. J.* (2008), p. 306.

28 Rajkumar, V., *supra* 제 2장 note 16, p. 36.

를 야기할 수 있으며, 궁극적으로는 혁신의 저해라는 결과까지 초래할 수 있는 것이다. [29]

(2) 사회·경제적 측면

Patent Troll은 사회적인 측면에서 볼 때 두 가지 문제점을 야기할 수 있다. 먼저 Patent Troll의 활동은 발명의 성과에 대한 사회의 접근을 제한한다. Patent Troll은 이미 시장에서 상품과 용역을 공급하는 기업들을 상대로 중지명령이나 소송을 제기하면서도 그 상품이나 용역을 대체할 만한 다른 재화들은 공급하지 않는다. 따라서 소비자들의 효용을 해하게 된다. 뿐만 아니라 기업들은 소송에 따른 위험으로 인해 새로운 상품이나 용역을 공급하는 것을 꺼리게 되며, 소송비용을 부담해야 하기 때문에 새로운 상품이나 용역의 개발에 대한 자원의 투입을 감소시킬 수도 있다. 이는 결국 새로운 상품과 용역에 대한 사회의 접근이 제한되는 결과로 이어지게 되는 것이다. [30]

나아가 Patent Troll의 존재로 인해 증가하게 된 사업의 운영비용은 소비자들에게 전가된다. 비용이 늘어남에 따라 기업들은 상품이나 용역의 가격을 인상하게 될 것이고, 이로 인해 사회는 소송에 따른 직접적인 비용이나 특허의 실시허락에 따른 실시료뿐만 아니라 가격인상의 형태로 전가되는 운영비용까지 부담하게 되는 것이다. [31]

---

29 See Mcfeely, D., *supra* note 27, pp. 306~307.

30 *Id.*, p. 307.

31 *Id.*

4) 사회적 편익의 감소

Patent Troll이 스스로 특허를 실시하지 않는다는 점을 들어 Patent Troll에 대해 비판적 입장을 견지하는 견해들에 대해 Patent Troll의 옹호론자들은, 특허권은 적극적인 실시권이 아닌 부정형의 금지권이므로 특허권자는 특허권을 실시할 의무가 없으며 특허권자 스스로 특허를 실시하지 않으면서 타인의 실시를 금지한다는 이유를 들어 Patent Troll을 비판하는 것은 아무런 근거가 없는 것이라고 주장한다. [32]

그러나 특허제도를 인정하는 정책적 이유가 혁신의 추구라는 점을 고려하면, 기술을 공개하기만 할 뿐 특허를 실시하지 않는 Patent Troll의 활동은 사회적 편익의 감소를 가져오는 것이므로 적절한 규제를 받아야 한다. [33] 비록 특허권자가 그 발명을 실시하기 위해 적극적 요건을 필요로 하는 것은 아니지만, 배타적 특허권을 행사하는 특허권자의 권한은 생산적 용도에 대한 특허의 이용과 발명에 따른 성과를 가능한 신속하게 사회에 제공할 것을 전제로 하는 것이기 때문에, [34] 발명을 공개하기만 하면서 이를 상업화하거나 다른 방법을 통해 사회 전체가 누릴 수는 없도록 하는 Patent Troll의 행태는 정당화될 수 없다.

나아가 미국 연방대법원은 "의회가 생산적인 노력을 통해 새로운 제품과 제조과정을 경제계에 도입하고 고용의 증가와 시민들의 더 나은 삶을 창출함으로써 사회에 긍정적 효과를 가져 올 발명가에게 유인으로서 기능할 수 있는 배타적 특허권을 허락함으로써, 과학과 실용학문의 진보를 촉진하기 위한 헌법적 목적을 구체화했다"고 밝힌 바 있

---

32 Mcdonough Ⅲ, J., *supra* 제 2장 note 1, p. 221.

33 See Mcfeely, D., *supra* note 27, p. 298.

34 *Id.*, p. 304.

다. 35 즉, 특허권자가 발명을 공개하는 것뿐만 아니라 '새로운 제품과 제조과정을 경제계에 도입'하는 것이 사회적 편익을 극대화하는 것임을 강조하면서, 사회가 특허권자에 대한 배타적 권한을 인정해 동일한 발명에 따른 이익을 향유할 권리를 포기한 것 또한 특허권자가 특허를 실시해 사회적 편익을 추구할 것임을 전제한 것으로 보아야 한다는 것이다. 결국 발명을 공개할 뿐 특허를 실시하지 않는 Patent Troll의 행위는 사회적 편익을 감소시킬 뿐이다. 36

4. 규제의 필요성

통일된 개념 정의가 아직 존재하지 아니함에도 불구하고 Patent Troll 이라는 용어는 사회 전반에서 널리 활용되고 있다. Patent Troll 개념 자체의 사용에 반대하는 견해가 존재한다는 것은, 오히려 그 개념의 광범위한 이용을 반증하는 것이라 할 것이다. 이처럼 일반에서 Patent Troll 이라는 명칭이 통용될 수 있었던 것은 그 용어가 비록 구체적 논증과정을 거치지 못했다고 하더라도 논의의 대상이 되고 있는 특허권자의 권리행사가 갖는 특성 내지 문제점을 직관적으로 적절히 지적했기 때문이다.

이상에서 살펴본 바와 같이 Patent Troll에 대해서는 그것이 갖는 순기능을 강조하는 견해와 역기능을 강조하는 견해가 병존하고 있다. 한편에서는 Patent Troll이라는 개념의 사용에 반대하면서 특허를 실시하지 않는 특허권자가 담당할 수 있는 새로운 역할을 제시하는 반면, 다

35 Kewannee Oil Co. v. Bicron Corp., 416 U.S. 470(1974).
36 Mcfeely, D., *supra* note 27, pp. 298~304.

른 한편에서는 Patent Troll의 역기능을 강조하면서 그 권한을 제한하고자 입법, 사법 등 전방위적 노력을 기울이고 있다.

이러한 논의를 통해 우리가 추구해야 할 방향은 Patent Troll 그 자체가 정당한 것인지 여부에 대한 이분법적 판단을 내리는 것이 아니라, Patent Troll이 법제도의 목적이나 사회 전체의 이익을 실현하는 데 기여하지 못하고 도리어 해가 되는 측면이 있는지 여부를 검토하고, 이를 시정할 수 있는 구체적 규제방안을 제시하는 것이라 할 수 있다.

앞서 살펴본 Patent Troll의 순기능을 강조하는 주장은 Patent Troll의 활동으로 인한 종국적인 사회적 편익의 감소, 소비자 후생의 저해에 대한 검토가 다소 부족한 것으로 생각된다. Patent Troll이 소규모 발명가를 보호해 발명을 촉진하는 기능을 담당한다고 하나, Patent Troll이 특허권 행사를 통해 얻는 막대한 수익 중 실제 발명가에게 귀속되는 것은 극히 일부분에 불과하다. 또한 발명이 촉진되는 측면이 있다 하더라도 그 발명은 이미 산업분야에서 활용되고 있는 기술을 대상으로 하는 것일 텐데 그러한 발명이 과연 혁신에 기여할 수 있는 발명에 해당하는 것인지도 의문이다. 나아가 Patent Troll의 존재로 인해 기업의 비용이 증가하게 됨은 분명하며, 늘어난 비용이 소비자에게 전가될 위험성 또한 크다.

오히려 Patent Troll은 특허제도가 특허권자에게 부여한 독점적이고 배타적인 권한의 행사를 정당화할 수 있는 요소들을 갖추고 있지 못하다는 논리가 Patent Troll에 대한 규제의 필요성을 적절히 지적하는 것으로 생각된다. Patent Troll을 옹호하는 근거로 제시되고 있는 특허가치의 극대화라는 요인의 경우, Patent Troll이 특허권에 통상적으로 부여된 권한 이상의 협상력을 바탕으로 수익을 실현하고 있음을 비추어 볼 때 Patent Troll의 순기능으로 보기는 어려울 것이다.

  결론적으로 말해, Patent Troll의 순기능으로 주장되기도 하는 경쟁
촉진은 실제로 그 순기능과 역기능을 비교해 보면 경쟁제한적 역기능
이 훨씬 강하기 때문에 특허제도의 목적인 혁신의 촉진을 저해하며, 종
국적으로 사회적 편익을 감소시킨다. 이와 같은 관점에서 Patent Troll
의 경쟁제한적 역기능에 대응하기 위한 규제방안들을 검토해야 할 필
요성이 있다.

4장

Patent Troll의
특허법에 의한
규제 시도와 한계

1. 특허법적 대응방안에 관한 논의

Patent Troll에 의한 권리행사가 빈번해짐에 따라 Patent Troll의 표적이 된 기업들이 채택할 수 있는 대응방안들에 대한 논의 또한 Patent Troll에 대한 비판만큼이나 다양한 측면에서 이뤄지고 있다.

먼저 특허침해의 발생을 예방하기 위해 기업들이 취할 수 있는 사전예방활동의 중요성이 강조되고 있다. 예방활동의 내용으로는 첫째, 제품을 개발하거나 새로운 용역을 제공하고자 하는 기업들은 사전에 관련기술이나 특허의 존부를 철저히 검색해야 하며 둘째, 그 과정에서 쟁점이 될 수 있는 기술 또는 특허를 발견하게 된 경우 그 유효성에 대한 판단을 거쳐 실시허락계약을 체결하고 셋째, 제3자에 의한 특허침해주장이 제기되는 경우를 대비해 특허권자가 실시권을 보유한 기업을 보호한다는 내용의 면책조항을 계약의 내용으로 포함시켜야 하며 넷째, Patent Troll로부터 특허침해사실을 알리는 통지를 받게 된 기업은 문제된 제품과 관련해 면책조항의 유무를 살핀 뒤 특허 변호사들에게 자문을 구해 특허침해 주장에 대항할 수 있는 방안을 모색해야 한다는 것이다.[1]

전문가의 조언에 따라 적절한 사전예방활동이 이뤄지는 경우 특허침해 자체가 발생하지 않게 돼 Patent Troll의 권리행사가 차단되고, 설령 특허침해주장이 이뤄진다 하더라도 그에 따른 피해를 최소화할 수 있다. 분쟁을 대비한 기업의 사전적 대응은 Patent Troll에 대한 주요한

---

1 최명석·박해찬, 앞의 논문(제2장 註 21), 155~156면 참조.

대응수단 중 하나가 될 수 있을 것이다.

그러나 사전예방활동만으로는 Patent Troll의 특허권 침해주장에 대응하기에 역부족이다. 다양한 영역에 기초한 특허들이 양산되고 있는 상황에서 기업들이 스스로 검색할 수 있는 기술이나 특허의 범위는 제한될 수밖에 없다. 설령 특허침해 주장의 근거가 될 수 있는 기술을 발견하게 된다고 하더라도 소송을 통해 법원의 판단을 받기 전에는 그 기술의 이용이 특허침해에 해당하는 것인지 여부를 알기 어려운 경우가 많다. 수많은 발명과 특허들이 하나의 제품을 구성하는 첨단기술 분야의 경우 그 기술의 이용을 회피하는 것 자체도 쉽지 않다. 법적, 제도적 규제 및 대응방안의 연구가 필요한 것도 이와 같은 이유에서이다.

Patent Troll의 특허침해 주장에 대한 대응에 관한 논의는 다양한 영역에서 전개되고 있다. 학계에서는 Patent Troll의 권리행사에 대한 규제로 기능할 수 있는 다양한 법리·제도들이 새롭게 제안되거나 재조명을 받고 있으며, 기업들 또한 공동대응을 통해 Patent Troll에 대항할 수 있는 방안을 모색하고 있다. 이러한 논의들은 주로 종래 특허권의 보호를 위해 특허권자에게 허락됐던 권한들을 축소시키는 것과 관련이 있다.

그 출발은 특허법을 근거로 시작됐다. 미국 연방대법원과 연방순회 항소법원은 특허권자의 권리행사를 제한하는 판결들을 선고했으며 이에 기초해 특허권도 남용할 경우 보호받지 못한다는 특허권 남용(*patent misuse*)의 법리를 발전시켰다. 나아가 미국 의회는 Patent Troll의 활동을 규제하기 위한 특허법 개정도 장기간 시도하고 있다. 이와 같이 특허법에 근거한 Patent Troll에 대한 규제 노력과 시도는 긍정적으로 평가되지만, 결과적으로 사회 전체의 효용을 증가시킬 수 있을지 여부는 확신하기 어렵다. 아래에서는 특허법적 대응방안의 중요한 내용들을 살펴본다.

2. 미국의 특허법에 의한 규제 시도

1) 특허권 남용 법리에 의한 규제

(1) 특허권 남용 법리의 의의 및 등장배경

미국의 특허권 남용(濫用) 법리는 특허권자가 특허권의 적법한 보호 범위를 확장하는 부당한 방법으로 특허권을 이용해, "새롭고 유용한 발명을 한 발명자에 대해 배타적 권리를 부여함으로써 과학과 실용학문의 발전을 촉진한다"고 하는 공공정책(*public policy*)에 반하는 결과를 가져오는 경우, 법원은 그러한 상태가 해소될 때까지 특허침해에 대한 구제를 중지할 수 있다는 이론으로, 판례법상 발전된 것이다.[2]

이는 특허침해 주장에 대항하기 위해 주장하는 자가 특허권 남용에 해당한다는 사실을 적극적으로 주장·입증해야 하는 적극적 항변(*affirmative defense*)으로서, 형평법상 '오염된 손의 법리'(*unclean hands doctrine*)에 근거한 것이다.[3]

특허권의 남용이 인정되는 경우 특허권자는 침해자를 상대로 특허권

---

2 김기영, 앞의 논문(제 2장 註 3), 54면.

3 오염된 손의 법리(*unclean hands doctrine*)란, 구제받을 수 있었던 원고가 그 쟁점과 관련해 부적절하게(*improperly*) 행동한 결과 원고에게 제재를 가해야 할 공공의 이익(*public interest*)이 피고의 불법행위를 저지해야 할 필요성을 능가하는 경우, 원고의 구제는 허용될 수 없다는 이론이다(White, K., A Rule for Determining when Patent Misuse should be Applied, 11 *Fordham Intell. prop. media & ent. L. J.* (2001), p. 676).

을 행사할 수 없게 된다. 따라서 특허권자에 의한 손해배상 청구나 중
지명령 신청은, 그 남용이 제거(purged)되지 않는 한, 받아들여질 수
없다. 그러나 남용으로 인해 특허권 자체가 무효로 되는 것은 아니기
때문에 남용이 제거되는 경우 특허권자는 다시 특허권을 행사할 수 있
다. 특허권자는 실시허락 계약에서 문제되는 조건을 철회하거나 이를
주장하지 않음으로써 남용행위를 중지할 수 있고, 이러한 중지는 침해
소송의 계속 중에도 가능한 것으로 해석되고 있다.[4]

19세기 후반에서 20세기 초반 사이 부당한 거래제한 등 기타 경쟁제한
행위를 규제하는 법률들이 정립됐지만, 이 시기 미국에서는 특허권자들
이 독점금지법의 적용을 피하기 위한 수단으로 특허법을 이용한다는 주
장이 제기됐다. 실제로 특허권자들은 독점금지법의 규제대상이 되는 시
장효과를 낳는 계약을 체결하거나 발명의 이용에 있어 일정한 제한을 부
과함으로써 독점금지법에 의해 금지되는 행위들, 예컨대 시장의 독점
화, 가격고정 행위, 끼워팔기(tying) 등을 하고 있었다. 그러나 이들은
특허법이 발명의 이용과 관련해서는 어떠한 제한의 부과나 계약의 체결
도 허용한다고 주장하면서 독점금지법의 적용을 피하고 있었다.[5]

이러한 현상이 계속되자 독점을 허용하는 법체계와 독점을 규제하는
법체계가 조화될 수 있는 것인지, 조화될 수 없다면 어떤 법체계가 우위
에 있는 것으로 보아야 하는지에 대한 의문이 제기되기에 이르렀다. 일
부 초기 판례들은 특허에 기초한 권리와 사적 계약에 의해 보장된 권리
를 구분함으로써 이러한 문제에 대한 해결책을 제시하고자 했다. 이러

---

4 이문지, "특허권의 남용에 관한 미국의 판례법: 쟁점의 정리와 대안의 제시",
〈경영법률〉 제14집 제2호 (2004), 7~8면 참조.

5 See Feldman, R., The Insufficiency of Antitrust Analysis for Patent Misuse,
55 *Hastings L. J.*, (2004), p. 403.

독점금지법 v. 공정거래법 v. 반독점법 v. 경쟁법 (v. 독점규제법)

경쟁제한 행위의 규제에 관한 글을 읽다보면 위와 같이 대동소이하면서도 다양한 용어를 접하게 되어 다소 당혹스러운 경우가 있다. 위 용어를 다수의 논문이나 단행본을 참조해 나름대로 정리해 보면, 이들은 모두 경쟁제한적 행위 규제에 관한 법령을 지칭하는데, "공정거래법"은 우리나라의 "독점규제및공정거래에관한법률"을 약칭한 것이고, "반독점법"은 미국의 "Anti-trust law"를 번역한 것이며, "경쟁법"은 유럽연합의 "EU Competition Law"를 직역한 것이다.

한편, 미국의 "Anti-trust law"라는 표현은 특정 법률을 가리키는 것이 아니라 관련된 다수의 법령을 통칭하는 용어다. 즉, 1890년 제정된 The Sherman Antitrust Act, 1914년의 The Clayton Antitrust Act, 1936년의 Robinson-Patman Price Discrimination Act, 1976년의 Hart-Scott-Rodino Antitrust Improvements Act 등을 포괄하는 개념이다. 일각에서는 이러한 "Anti-trust law" 또는 "반독점법"이라는 용어 대신, "독점금지법"이라는 표현을 사용하기도 하는데, 굳이 그 이유를 찾자면 "Anti-trust law"를 번역한 "반독점법"은 지나친 직역이므로 "독점금지법"이라는 표현이 훨씬 자연스럽기 때문이라고 한다.

마찬가지로 "EU경쟁법"도 실은 유럽연합의 기능에 관한 조약(Treaty on the Functioning of European Union)의 제101조(경쟁제한적 협정·협조적 행위의 규제), 제102조(시장지배적 지위의 남용행위의 규제), 유럽연합 이사회 규칙 2004년 제139호(기업결합 규제) 등을 포괄해 지칭하는 용어다.

이 책에서는 우리나라 법제를 특정하여 설명할 경우에는 "공정거래법" 용어를 사용하되, 미국이나 유럽연합 국가들, 나아가 우리나라 등 3자를 포괄하여 경쟁제한적 행위를 규제하는 법령을 지칭하는 경우 "독점금지법"이라는 용어를 사용하기로 한다. 왜냐하면 이 책에서 설명하려는 경쟁제한 행위 유형에 대한 규제는 각 국의 법제에 공통적으로 내재돼 있는 것이므로 굳이 지역별로 용어를 바꿔가면서 사용하는 것이 오히려 난삽할 뿐만 아니라, 각 국의 경쟁 관련법을 일괄해 가리키는 표현으로 "독점금지법"이라는 용어가 비교적 적절하다고 생각되기 때문이다.

참고로 우리나라의 "독점규제및공정거래에관한법률"을 약칭해 "독점규제법"이라는 표현을 사용하는 경우도 있으나, 대부분 "공정거래법"을 공식 사용하므로 이 책에서는 달리 언급하지 않기로 한다.

한 입장에서는 특허법에 의한 권리의 경우 특허법에 따른 심사의 대상
이 될 뿐 독점금지법에 따른 심사의 대상이 되지 않는다고 보았다. 반면
계약에 기초한 권리의 경우 그 계약이 부당한 거래제한을 구성하는 것
인지 여부를 포함해 그 내용 전체가 심사의 대상이 된다고 해석했다. [6]

당시 연방대법원은 특허권에 기초한 권리가 문제되는 경우뿐만 아니
라 계약에 기초한 다툼이 문제되는 사안에까지 독점금지법에 따른 항
변을 제기하는 것을 거의 허용하지 않고 있었다. [7] 나아가 특허법 자체
에서는 특허권자의 행위에 대해 별다른 제한을 두지 않고 있었으며, 이
시기에 선고된 판결들 또한 특허권의 권리범위를 넓게 인정하는 것들
이었다. 특허권은 타인이 발명을 제작, 이용, 판매하는 것을 배제할 권
한을 부여하는 것이기 때문에 특허권자는 특허의 대상이 된 발명을 시
장에서 완전히 봉쇄(withhold)할 수 있는 권한을 갖는다. 발명을 완전
히 제거할 수 있는 권한에는 다른 사람이 발명을 이용하고자 하는 경우
그 이용에 제한을 가할 수 있는 권한이 당연히 포함된다는 것이 당시
법원의 일반적인 태도였다. [8]

이처럼 특허권자의 권리행사가 아무런 제한 없이 인정받게 되자, 과
연 이러한 경향이 특허법의 근본적 목적에 비추어 볼 때 타당한 것인지
에 대한 의문이 제기됐다. 특허권 행사로부터 실시권자의 이익이 전혀
보호받지 못하는 현실 또한 이러한 의문에 힘을 더했다. 특허권의 정당
한 행사범위에 관한 논란은 연방대법원이 Motion Picture Patents Co. v.
Universal Film Mfg. Co. 사건[9]을 심리하게 됐을 때 극에 달했다. [10]

---

6 Id., pp. 403~404.

7 Henry v. A. B. Dick Co., 224 U. S. 1 (1912).

8 SeeFeldman, R., supra note 5, pp. 404~405.

9 243 U. S. 502 (1917).

(2) 특허권 남용 법리의 형성

① Motion Picture Patents Co. v. Universal Film Mfg. Co.

• 사실관계 •

Motion Picture Patents Co. v. Universal Film Mfg. Co. 사건에서 영사기에 관한 특허권을 보유하던 특허권자는 영사기에 자신이 제작한 필름만을 사용해야 한다는 판매 후 조건(post-sale restriction)을 부가해 영사기를 제조, 판매했다. 그러나 영사기와 달리 필름에 대한 특허권은 만료된 상태였다. 항소심은 이러한 특허권자의 행위가 끼워팔기(tying)에 해당돼 클레이튼법에 위반되는 것이라고 판시하면서 그러한 제한은 특허침해소송을 통해 집행될 수 없다고 판단했다.[11]

Clayton act §3

끼워팔기를 금지한 조항으로, 요지는 경쟁제한효과를 초래할 우려가 있다면 하나의 상품을 다른 상품에 끼워파는 것은 금지될 뿐 아니라, 이는 특허상품과 비특허상품 간의 끼워팔기에도 마찬가지로 적용된다는 것이다.

(It shall be unlawful for any person engaged in commerce, in the course of such commerce, to lease or make a sale or contract for sale of goods, wares, merchandise, machinery, supplies, or other commodities, whether patented or unpatented, for use, consumption, or resale within the United States or any Territory thereof or the District of Columbia or any insular possession or other place under the jurisdiction of the United States, or fix a price charged therefor, or discount from, or rebate upon, such price, on the condition, agreement, or understanding that the lessee or purchaser thereof shall not use or deal in the goods, wares, merchandise, machinery, supplies, or other commodities of a competitor or competitors of the lessor or seller, where the

---

10 이문지, 앞의 논문(註 4), 10~11면 참조.

11 235 F. 398 (C.A.2, 1916).

commodities of a competitor or competitors of the lessor or seller, where the effect of such lease, sale, or contract for sale or such condition, agreement, or understanding may be to substantially lessen competition or tend to create a monopoly in any line of commerce).

• 연방대법원의 판단 • 12

이에 대해 연방대법원은 독점금지법이 아니라 특허법이 사건을 분석하기 위한 기초가 돼야 한다고 제안하면서 "특허법은 단지 특허권자가 발명하고 특허의 청구범위에 기재한 것에 대해서만 독점권을 보장한다"라고 판단했다. 즉, 특허의 대상이 되는 발명에 포함되지 않는 제품까지 통제하려는 시도는 특허법에 의해 허가된 범위를 벗어난 것이라는 취지였다.

이는 특허권의 경우 타인이 발명을 제작, 이용, 판매하는 것을 배제할 권한을 부여하는 것이기 때문에 특허권자는 특허의 대상이 된 발명을 시장에서 완전히 제거(withhold)할 수 있는 권한을 갖는다는 기존의 관념을 부인하는 것이었다. 13

이러한 전제하에 연방대법원은 이 사건에서 특허권자가 부가한 제한이 허용된다면 "사유재산의 보호보다 법이 더 중점을 두고 있는 공공의 이익(public interest)에 심각한 피해를 야기할 수 있다"고 판시하면서 위와 같은 제한은 무효라고 판단했다. 이로써 특허권자의 행위가 특허침해 소송을 통해 특허법과 특허정책을 기준으로 평가되고 다투어질 수 있는 방법을 제시했다.

위 판결은 특허법의 입법취지에 입각한 특허권 남용의 법리를 확립했

12 243 U. S. 502 (1917).

13 Feldman, R., *supra* note 5, p. 407.

을 뿐만 아니라 특허권자가 특허권에 의해 독점을 확장하는 행위, 특히 끼워팔기를 강력하게 규제하는 계기가 된 것으로 평가받고 있다.[14]

② Morton Salt Co. v. G. S. Suppiger Co.

• 사실관계 •

Morton Salt Co. v. G. S. Suppiger Co. 사건에서 특허권자인 원고 모튼 솔트(Morton Salt)는 통조림 제조업 분야에서 유용하게 사용되던 소금침전기계에 대한 특허를 보유하고 있었다. 원고는 소금침전기계를 임대해주면서 자신이 생산하던 소금정제를 함께 매입해 사용할 것을 요구했는데, 위 정제는 특허의 대상인 소금침전기계에 사용하도록 특별히 고안된 것이었으나 특허를 받은 것은 아니었다.

한편 피고는 원고로부터 실시허락을 받지 아니한 채 소금침전기계를 생산하고 있었는데, 원고는 피고가 자신의 특허권을 침해한다고 주장하면서 소를 제기했다. 이에 대해 1심에서는 특허권자가 특허받은 기계의 임대와 특허받지 않은 소금정제를 끼워팔기한 것으로 보아 소송을 기각(dismissal)했으나,[15] 항소심에서는 특허권자가 클레이튼법을 위반했다는 증거 없이 약식판결을 명할 수는 없다고 보아 1심 판결을 파기했다.[16]

• 연방대법원의 판단 •[17]

위 사안에 대해 연방대법원은, 특허권의 남용 여부는 특허권자가 클

---

14 이문지, 앞의 논문(註 4), 4면.
15 31 F. Supp. 876 (D. C. Ill, 1940).
16 117 F. 2d 968 (C. A. 7, 1941).
17 314 U. S. 488 (1942).

레이튼법을 위반했는지 여부에 따라 결정되는 것이 아니라 특허가 그에 허락된 범위 이상의 권리를 보장받기 위해 사용돼 공공정책(public policy)에 반하게 되는 결과가 발생하게 되는 경우 형평법 원리에 따라 그러한 독점권을 보호하는 데 협력해야 하는 것인지 여부에 달려 있다고 판단했다.

연방대법원은 "특허는 그 특허가 허락하는 범위에 포함되지 않는 독점에 대한 면책을 제공하는 것은 아니기 때문에 특허권자가 특허받지 아니한 제품의 판매에 있어 경쟁을 억제하기 위해 특허를 사용하는 경우, 형평법 원리에 의하면 침해행위라고 주장된 행위를 제한하는 데 협력할 수 없다"고 판시해 원고의 주장을 기각한 1심의 손을 들어줬다.

나아가 연방대법원은 특허권자의 경우 독점금지법 위반을 피하기 위해 특허권에 의한 보호를 주장할 수 없는 것이기 때문에, 본건에서 특허권자의 특허침해 주장이 공공정책에 반하는 것으로 인정된 이상 원고의 행위가 클레이튼법에 위반된 것인지 여부는 결정할 필요가 없다고 설명했다. 실제로 본건에서는 관련시장의 획정이나 원고의 시장점유율, 소금정제의 판매량 등에 대한 언급이 전혀 이뤄지지 않았다. 오히려 특허침해소송에서 피고는 특허권자를 상대로 남용의 항변을 주장할 적격(standing)이 있고, 그러한 주장을 함에 있어 특허권자의 남용행위로 자신이 직접적인 손해를 입었다는 점을 입증해야 하는 것도 아님이 지적됐다.

구체적으로 본건에서는 피고가 소금시장을 독점하려는 특허권자의 시도를 문제삼았는데, 만약 소금시장에 참여하는 자가 아니라 소금침전기계를 제작하고 있을 뿐인 피고가 독점금지법 위반 소송에서 위와 같은 주장을 했다면 이는 적격이 없는 자에 의해 제기한 주장으로 여겨졌을 것이다. 하지만 연방대법원은 특허침해소송에서 피고에게 그러한 주장을 할 수 있는 적격을 부여해 특허권 남용이 독점금지법보다 더 넓은 범위에서 적용될 수 있는 것임을 보여주었다.

결국 위 판결은 특허권 남용을 인정하는 데 독점금지법 위반이 요구되는 것은 아님을 선언한 것으로 평가되고 있다.[18]

③ Mercoid Corp. v. Mid-Continent Inv. Co.

• 사실관계 •

Mid-Continent는 가정용 난방장치에 대한 특허권을 보유하고 있었으며, 그에 대한 실시권을 보유하던 Honeywell은 위 난방장치를 구성하는 부품 중 하나인 연소 스위치를 제조해 판매했다. 그런데 위 스위치에 별도로 특허권이 부여되지는 않았다. Mercoid가 동일한 스위치를 제조, 판매하자 특허권자인 Mid-Continent는 기여침해(contributory infringement)[19]가 발생했음을 이유로 Mercoid를 상대로 소를 제기했다. 이에 Mercoid는 Mid-Continent가 끼워팔기를 하고 있음을 이유로 특허권 남용의 항변을 했는데, 항소심은 이를 받아들이지 아니했다.[20]

• 연방대법원의 판단 •

연방대법원은 "특허권자는 특허의 대상이 되는 발명의 범위에 포함되지 아니하는 제품에 관한 제한된 독점을 보호하기 위해 특허권을 이용할 수는 없다"고 판시하면서, 끼워팔기의 부상품(tied product)이 문제

---

18 See Feldman, R., *supra* note 5, pp. 409~411.

19 미국 특허법상 '기여침해'란 우리 특허법의 간접침해에 유사한 것으로서 특허권 침해 이외에는 다른 용도가 없는 물품(Non-staple goods)을 판매, 판매의 청약, 수입하는 행위를 의미한다(조영선, 《특허법》(개정판), 박영사 (2009), 364 면).

20 133 F. 2d 803 (C. A. 7, 1942).

된 특허의 구성요소이고 달리 상당한 비침해적 사용(*substantial non-fringing use*)이 없는 경우에도 특허권 남용의 법리가 적용된다고 보아, Mercoid에 의한 기여침해가 문제될 수 있음에도 불구하고 Mid-Continent가 위 스위치 시장을 지배하기 위해 특허권을 남용했다고 판단했다.[21]

④ Transparent-Wrap Mach. Corp. v. Stokes & Smith Co.

Transparent-Wrap Mach. Corp. v. Stokes & Smith Co. 사건[22]에서는 특허권의 남용과 독점금지법의 관계에 대한 보다 분명한 정의가 이뤄졌다. 연방대법원은 특허권자가 특허받지 아니한 제품까지 구매하도록 요구하는 것은 비단 독점금지법 위반으로 인정되는 경우에만 제한되는 것이 아니며, 그러한 요구가 독점금지법을 위반하는 정도에 이르지 않았다고 하더라도 이는 특허권 남용으로서 규제될 수 있다고 판단했다. 즉, 특허권의 효력을 확장하고자 하는 어떠한 시도도 특허권이 부여되지 않은 제품의 시장에 경쟁제한적 영향을 가질 것이기 때문에, 이러한 시도는 미연에 방지될 필요가 있다는 것이었다.

⑤ 1952년 특허법 개정

앞서 살펴본 Mercoid 판결로 인해 특허권의 남용이 인정되는 범위가 확장되자, 의회는 1952년 특허법 개정을 통해 특허권 남용 법리의 활용을 제한하고자 했다.

추가된 미국특허법 제271조 (c)항에서는 기여침해가 인정되는 요건

---

21 320 U. S. 661(1944).
22 329 U. S. 637, 641 (1947).

을 규정했으며, 동조 (d) 항에서는 특허에 대한 침해 또는 기여침해에 대한 구제를 청구할 수 있는 특허권자가 각 호에서 정하는 행위, 즉 (i) 특허권자의 동의 없이 타인에 의해 행해진다면 특허에 대한 기여침해를 구성하게 되는 행위로부터 수익을 얻는 행위, (ii) 특허권자의 동의 없이 타인에 의해 행해진다면 특허에 대한 기여침해를 구성하게 되는 행위를 다른 사람이 할 수 있도록 특허권을 실시허락하는 행위, (iii) 침해 또는 기여침해에 대항해 특허권을 집행하는 행위 등에 임했다고 해도, 그에 대한 구제가 부정되거나 그가 특허권의 남용 또는 특허권의 불법적인 확장을 하는 것으로 간주되지 않을 것임을 명시했다. [23]

1952년 특허법 개정은 특허권 남용의 법리가 적용될 수 있는 상황이나 남용 여부를 판단할 수 있는 기준을 적극적으로 제시한 것은 아니었으며 단지 특허권 남용 법리의 적용범위를 제한하고자 한 것으로, [24] 기여침해를 구성하는 경우라면 설령 이로 인해 수익을 올리든 그러한 행위에 대해 실시를 허락하든 특허권의 남용이 아님을 분명히 함으로써 Mercoid 사건에서 연방대법원의 판단을 정면으로 뒤집는 입법적 조치였던 것으로 해석되고 있다. [25]

(3) 특허권 남용 법리의 전개

① Windsurfing International Inc. v. AMF, Inc.

특허법이 개정된 이후에도 1980년대 초반까지 법원은 특허법 내지

---

23 35 U. S. C. §271 (c) & (d) (1), (2), (3).

24 홍봉규, "우리나라에서의 지적 재산권 남용에 대한 독점규제법의 적용: 미국의 판례를 중심으로", 〈산업재산권〉 제 22호 (2007), 214~215면 참조.

25 조원희, "미국특허법상 특허권 남용의 법리: 공정거래법 위반과의 관계를 중심으로", 〈저스티스〉 제 104호 (2008), 105면.

특허정책에 근거해 특허권자가 특허권에 허락된 기간 또는 범위의 부당한 확장을 시도한 것인지 여부를 기준으로 특허권 남용 여부를 결정해 왔다. [26] 그러나 1986년 Windsurfing International Inc. v. AMF, Inc. 사건[27]에서 연방순회항소법원은 특허권 남용 여부를 결정함에 있어 독점금지법상 기준을 도입했는데, 연방순회항소법원의 이러한 결정은 특허권 남용과 독점금지법 위반 사이의 관계에 대해 상당한 논란이 발생하게 된 결정적 계기가 됐다.

위 사건에서 1심은 실시허락 계약을 하면서 특허권자인 Windsurfing이 실시권자에게 제시한 조건, 즉 실시권자가 특허권자의 상표인 'Windsurfer'의 유효성을 인정하고 그 사용을 금지한 것이 특허권의 남용을 구성한다고 판시했다. [28]

그러나 연방순회항소법원의 마키(Markey) 판사는 "특허권 남용의 법리는 특허침해 소송에서 적극적 항변에 해당하는 것으로 … 침해주장의 상대방은 특허권자가 특허에 허락된 물리적 또는 시간적 범위 (physical or temporal scope)를 부당하게 확장함으로써 반(反)경쟁적 효과 (anticompetitive effect)를 야기했다는 사실을 입증해야 한다"고 판시하면서 1심의 판단을 파기했다. [29] 덧붙여 마키 판사는 "연방대법원에 의해 당연히 반경쟁적(per se anticompetitive)인 것으로 판단된 바 없는 실시허락의 조건에 대한 남용의 항변이 인용되기 위해서는, 실시의 전반적인 효과가 적절하게 정의된 관련시장에서 불법적으로 경쟁을 제한하는 경향이 있음이 인정돼야 한다"고 판단했다.

---

26 See Zenith Radio v. Hazeltine Research Inc., 395 U.S. 100 (1969).
27 782 F. 2d 995 (C. A. Fed. (N. Y.), 1986).
28 613 F. Supp. 933 (D. C. N. Y., 1985).
29 782 F. 2d 995 (C. A. Fed. (N. Y.), 1986).

특허 논란이 됐던 것은 마키 판사가 특허권의 남용이 인정되기 위해서는 특허권자가 특허에 허락된 물리적 또는 시간적 범위(*physical or temporal scope*)를 부당하게 확장함으로써 반(反)경쟁적 효과를 야기했다는 사실이 입증돼야 한다는 설시를 하면서 그 근거로 제시한 Blonder-Tongue Laboratories, Inc. v. University of Illinois Foundation 판결에는 '물리적 또는 시간적 범위'에 관한 언급만이 있을 뿐 '반경쟁적 효과'를 특허권 남용의 요건으로 요구하는 내용은 없었다는 점이다. 30

연방순회항소법원은 특허권의 남용이 인정되기 위해서는 특허권자의 행동이 특허에 부여된 기간 또는 범위를 확장시키는 것이어야 할 뿐만 아니라 반경쟁적 효과를 창출해야 한다고 밝힘으로써, 특허정책을 기준으로 특허권 남용 여부를 결정해야 한다는 연방대법원의 판시내용을 반독점이론에 기초한 기준과 뒤섞이게 만들었던 것이다. 31

이 사건에서 연방순회항소법원은 반독점에 기초한 분석의 경우 연방대법원이 이전에 당연 남용(*per se misuse*) 32으로 선언한 적이 없는 행위에 대해서만 적용된다고 판단해, 연방대법원의 판단에 저촉되는 것을 최대한 피하려고 했다. 이러한 판단으로 인해 이 사건 판결이 연방대법원의 선례와 명시적으로 충돌하는 일은 피할 수 있었으나, 이는 기존

---

30 Blonder-Tongue Laboratories, Inc. v. University of Illinois Foundation 402 U. S. 313 (1971). 위 판결에서 Windsurfing 판결의 설시내용과 관련해 언급된 내용은 다음과 같다. "One obvious manifestation of this principle [that patent 'monopolies are kept within their legitimate scope] has been the series of decisions in which the Court has condemned attempts to broaden the physical or temporal scope of the patent monopoly."

31 Feldman, R., *supra* note 5, p. 418.

32 당연남용이란 일정한 특허권 남용행위들(가격 고정, 끼워팔기 등)에 대해 당연위법의 원칙을 적용하는 것을 말한다.

연방대법원 판결의 의미를 남용 이론에 대한 일반적 원칙을 판단한 선례에서 유사한 유형의 행위에 한해 적용될 수 있을 뿐인 선례로 제한하는 것이었다. [33]

② Senza-Gel Corp. v. Seiffhart

연방순회항소법원이 특허권 남용을 인정한 유일한 사건인 Senza-Gel Corp. v. Seiffhart 사건에서 연방순회항소법원은 끼워팔기와 관련해 시장지배력이나 반경쟁적 효과에 대한 입증이 요구되지 않는다고 본 하급심의 판단에 동의하면서, "특허권 남용의 항변에 근거해 약식판결을 내린 것은 독점금지법 위반을 근거로 반소에서 약식판결을 기각한 것과 모순되는 것이 아니다"라고 판단했다. [34]

이러한 입장은 특허권 남용이 인정되기 위해서는 반경쟁적 효과가 요구된다고 한 위 Windsurfing 사건의 판단과는 상이한 것이었는데, Windsurfing 사건과 이 사건을 담당했던 마키 판사는 본건 판결에서 "특허권의 남용에 관한 연방대법원 판결의 이론에 대해 의문이 존재하는 것은 사실이나, 우리는 의회나 연방대법원 스스로에 의해 달리 결정되지 않는 한 기존의 연방대법원의 입장을 따를 것이다"라고 설명했다.

③ 1988년 미국 특허법 개정

Senza-Gel 판결에도 불구하고, Windsurfing 판결로 인해 촉발된 특허권의 남용에 독점금지법의 기준을 적용할 수 있는 것인지에 관한 논의는 그치지 않았다. 나아가 특허권 남용이 그 본래 의도와 달리 지나

---

33 Feldman, R., *supra* note 5, p. 419.

34 803 F. 2d 661 (C. A. Fed., 1986).

치게 광범위하게 적용되고 있다는 주장이 계속되자 1988년 상원에서는 특허권의 실시, 행사 또는 불행사가 독점금지법에 위반되는 것이 아닌 한 특허권의 남용은 인정될 수 없다는 취지의 법안을 통과시켰다. 그러나 하원은 이를 받아들이지 아니했고 이후 상원과 하원 간 논의를 계속한 결과, 법안은 반독점이론을 특허권 남용 전반에 적용하는 것에서 끼워팔기에 한해 제한적으로 적용하는 것으로 변경돼 통과됐다.

1988년 개정으로 특허법 제 271조 (d) 항 (4) 호와 (5) 호가 신설됐다. 이미 살펴본 바와 같이 위 (d) 항에서는 특허권자가 일정한 행위를 해도 그에 대한 구제가 부정되거나 그가 특허권의 남용 또는 특허권의 불법적인 확장을 하는 것으로 간주되지 않을 것임을 규정했는데, 위 개정에 따라 그러한 행위의 유형에 (iv) 실시허락이나 특허에 대한 권리의 사용을 거부하는 행위, (v) 상황에 따라 그 특허권자가 실시허락하거나 판매하는 특허 또는 특허받은 제품의 관련시장에서 시장지배력 (*market power*) 을 가지고 있지 않다면, 그 특허에 대한 권리의 실시허락이나 특허받은 제품의 판매가 다른 특허에 대한 권리의 실시허락 또는 별개 제품의 구매를 조건으로 하는 행위 등이 추가됐다. [35]

이 중 특히 (5) 호의 내용은 끼워팔기에 따른 특허권의 남용이 문제되는 경우 특허권자의 특허침해 주장이 공공정책에 반하는 것으로 인정된다면 특허권자의 행위가 클레이튼법에 위반된 것인지 여부는 결정할 필요가 없다고 본 연방대법원의 Morton Salt 판결을 입법을 통해 번복한 것이다. 위 조항에서는 시장지배력을 고려하도록 요구하면서도 그러한 시장지배력의 정의에 관해서는 아무런 규정을 두지 않고 있다. 이는 결과적으로 법원으로 하여금 독점금지법의 해석·집행에서와 마찬

---

35 35 U. S. C. §271 (d) (4), (5).

가지로 시장에서의 지위를 분석하도록 요구하는 것으로 해석된다.[36]

그러나 끼워팔기를 제외한 다른 행위로 인해 특허권의 남용이 문제되는 경우 그에 적용돼야 할 법리에는 변함이 없었기 때문에, 특허권자의 행위가 남용에 해당하는지 여부를 판단하기 위한 기준으로서 특허정책의 기능은 여전히 유효한 것이었다.[37]

④ Mallinckrodt, Inc. v. Medipart, Inc.

• 사실관계 •

폐질환의 진단과 치료에 사용되는 방사능 치료기기에 대해 특허권을 보유하던 Mallinckrodt가 위 치료기기를 제조해 병원에 판매하면서 '1회 한정사용'(*Single Use Only*)의 조건을 부가했다. 그러나 일부 병원들은 위와 같은 조건을 준수하지 아니한 채 사용한 치료기기를 Medipart로 보냈고, Medipart는 이미 사용된 치료기기를 받아 그 치료기기를 다시 사용할 수 있게 재조정(*recondition*)했다. 이에 Mallinckrodt은 Medipart에 의한 특허침해와 침해유도(*inducement to infringe*)를 주장하면서 Medipart를 상대로 특허침해 소송을 제기했다.

위 소송에서 Mallinckrodt는 그러한 조건의 부가가 특허권의 본래적 범위를 확장시키는 것은 아니며, 위생과 안전을 위해 부가된 것이기 때문에 합리적인 것으로서 공공정책에 위반되는 것이 아니라고 주장했다.

• 법원의 판단 •

연방순회항소법원은 특허권자가 부가한 조건의 유효성을 인정하면

---

36 정상조 · 최성근, 《경쟁질서의 유지와 지적 소유권법》, 한국법제연구원 (1992), 25면.

37 See Feldman, R. , *supra* note 5, p. 421.

서, 그러한 조건을 부가하는 것이 특허권 남용행위나 독점금지법 위반 행위에 해당되는 것은 아니라고 판단했다. 동시에 법원은 위 Windsurfing 판결을 인용하며 "특허권 남용을 판단하기 위한 적절한 기준은, 특허권자가 허락된 특허의 범위를 넘어 합리의 원칙(*the rule of reason*)[38]에 따라 정당화될 수 없는 반(反)경쟁적 효과를 갖는 행위로 나아갔는지 여부가 돼야 한다고 설명했다.[39]

• 평 가 •

연방순회항소법원의 판단내용에 대해 많은 비판이 제기됐다. 먼저 이미 살펴본 바와 같이 끼워팔기의 경우 특허권 남용으로 인정되기 위해서는 특허법 제271조 (d)항에 따라 시장지배력이 요구되는 것은 사실이나, 끼워팔기 이외의 행위가 특허권 남용에 해당하는지 여부를 결정하기 위한 기준은 공공정책 내지 특허정책이 돼야 한다는 것이 연방대법원의 입장이다. 이러한 입장이 여전히 유효한 선례로서 기능하고 있고, 연방순회항소법원 스스로도 Senza-Gel 판결을 통해 특허권 남용의 요건으로서 반경쟁적 효과를 요구했던 Windsurfing 판결을 사실상 번복했음에도 불구하고 위 판결을 근거로 제시하면서 남용을 판단하기 위한 기준으로 독점금지법상 합리의 원칙을 제시하는 것은, 특허권 남용에 관한 특허법 및 연방대법원의 선례와 모순된다는 것이다.[40]

나아가 합리의 원칙은 어떠한 행위가 경쟁에 미치는 영향을 고려하

---

38 합리의 원칙이란 특정한 행위의 존재만으로는 위법성이 인정되지 않고 그 행위로 인한 효과를 평가해 부당성이 추가로 입증되는 경우에 비로소 위법성이 인정된다는 원칙을 의미한다(임영철, 《공정거래법:해설과 논점》(개정판), 법문사 (2008), 4면).

39 976 F. 2d 700 (C. A. Fed. (Ill.), 1992).

40 Feldman, R., *supra* note 5, p. 425.

136

기 위한 수단으로서 시장지배력, 경쟁제한효과 등에 관심을 가질 뿐이
므로, 특허제도 전체의 효율성 내지 기능을 위협할 수 있는 행위들을
규제하기 위해 합리의 원칙이라는 독점금지법상 기준을 적용하는 것은
타당하지 않다는 의문도 제기되고 있다.[41]

⑤ Virginia Panel Corp. v. MAC Panel Corp.

Virginia Panel Corp. v. MAC Panel Corp. 사건에서 연방순회항소법
원은 "독점금지법 위반을 인정하기 위해서는 특허권의 남용을 입증하
기에 충분한 수준보다 더 엄격한 입증이 요구된다"고 판단해 특허권 남
용의 경우 독점금지법과 구별되는 것임을 분명히 했다.[42] 나아가 위 사
안에서 법원은 Windsurfing 판결을 인용하며 "특허권 남용은 특허침해
주장에 대한 적극적 항변으로, 그 주장이 받아들여지기 위해서는 특허
권자가 특허에 허락된 물리적 또는 시간적 범위를 부당하게 확장함으
로써 반경쟁적 효과를 야기했다는 사실을 입증해야 한다"고도 밝혔다.

뿐만 아니라 법원은 "특허권 남용에 해당한다고 주장되는 행위가,
당연 특허권 남용(per se patent misuse)에 해당하지 않고 특허법 제271
조 (d)항에 따라 남용에 해당하지 않는 행위에 속하지도 않는 경우, 법
원은 그러한 행위가 허락된 특허의 범위에 합리적으로(reasonably) 포함
되는 것인지를 결정해야 한다. 만약 그 행위에 특허권자의 실정법적 권
리를 확장시키는 효과가 포함돼 있고 반경쟁적 효과도 포함돼 있다면,
그러한 행위는 합리의 원칙과 관련해 분석돼야 할 것이다"라고 판단하

---

41 *Id.*, p. 401.

42 133 F. 3d 860 (C. A. Fed., 1997). 이와 유사하게 연방순회항소법원은 "남용
은 반독점위반의 요건이 충족되지 않는 경우에도 문제될 수 있다"고 판시하기도
했다(C. R. Bard, Inc v. M3 Systems, 157 F. 3d 1340 (C. A. Fed., 1998)).

면서 "합리의 원칙하에서는 관련사업에 대한 특정한 정보, 제한이 부가
되기 전후의 상황, 제한의 경과, 성질, 효과 등을 포함하는 다양한 요
소들을 고려해 문제된 행위가 경쟁에 불합리한 제한을 가하는 것인지
여부를 결정해야 한다"고 밝히기도 했다.

이에 대해 법원이 특허권 남용 여부를 결정함에 있어 먼저 특정 행위
가 특허정책에 위반되는 것인지를 심사한 후 그 위반이 인정되는 경우
다시 반독점 심사를 거치도록 하는 이중의 구조를 취한 결과, 특허권
남용이 인정되는 범위를 축소한 것이라는 평가가 있다. [43]

(4) Patent Troll과 특허권 남용 법리

최근 연방대법원과 연방순회항소법원은 Patent Troll의 특허권 주장
에 대해 특허권 남용 법리가 실질적 제약으로서 기능할 수 있는 취지의
판결들을 선고해 왔다.

이미 살펴본 바 있는 MercExchange, L.L.C. v. eBay Inc. 사건과 선
언판결을 구할 수 있는 소(訴)제기 요건을 완화한 MedImmune, Inc.
v. Genentech, Inc. 사건,[44] 특허성 판단에 있어 자명성(obviousness)
기준을 완화한 KSR International Co. v. Teleflex, Inc. 사건,[45] 고의적
침해의 인정기준을 변경한 In re Seagate Tech. L.L.C. 사건[46] 등이 이
에 해당하는 것으로 평가된다. [47]

---

43 Feldman, R., *supra* note 5, p.429.
44 126 S.Ct. 1329(2006).
45 125 S.Ct. 2965(2006).
46 Misc. Dkt. No. 830(Fed. Cir. Aug. 20, 2007).
47 김민희, "미국에서의 "Patent Troll" 관련 최근 쟁점과 판결: Pro-Innovation 위
협 or Invention Capitalism 촉진", 《지식재산21》제106호 (2009), 30면 참조.

① MercExchange, L.L.C. v. eBay Inc.

• 사실관계 •

eBay Inc. (이하 'eBay')는 Pierre Omidyar가 1995년 설립한 온라인 경매회사다. 이 회사가 영업을 개시할 당시만 해도 영업방법은 특허의 대상이 아니었기 때문에, eBay는 당연히 영업방법에 대한 특허문제에 대해 고려하지 아니한 채 영업을 시작했다. 그러나 1998년에 이르러 연방순회항소법원은 '영업방법' 또한 특허의 대상이라고 판시했고,[48] 때마침 발명가이자 특허 변호사인 Thomas Woolston은 1998년 12월 1일 온라인 경매관련 영업방법에 대한 특허를 취득한 뒤 이 특허를 기초로 MercExchange, L. L. C. (이하 'MercExchange')라는 온라인 영업회사를 설립했다.

그러나 이후 영업부진을 면치 못하던 MercExchange는 2001년 9월 26일 eBay를 상대로 특허침해 소송을 제기하기에 이르렀다. 당시 eBay는 Half. com의 판매시스템인 '즉시구매'(*Buy It Now*) 시스템을 구매해 이를 사용했는데, 위 시스템은 경매물품에 대해 일정 가격을 제시하면 더 이상 경매를 진행함이 없이 바로 상품을 구매하는 영업방법으로, 당시 eBay와 Half. com 매출의 30%를 차지하던 것이었다. 그런데 MercExchange는 위 즉시구매 시스템이 자신들이 보유한 인터넷을 통한 고정가격에 의한 판매 특허를 침해하는 것이라고 주장하면서 특허침해에 따른 손해배상을 구하는 소를 제기했던 것이다.

---

48 State Street Bank & Trust Co. v. Signature Financial Group, 149 F. 3d 1368 (C. A. Fed. (Mass.), 1998).

• 법원의 판단 •

2003년 5월 18일 배심원단은 eBay의 고의적 특허침해를 인정했고, 이에 따라 1심 법원은 eBay를 상대로 2,950만 달러의 손해를 배상할 것을 명했다. 그러나 특허침해가 인정되는 경우 자동적으로 금지명령을 발했던 종래 법원의 태도와 달리, 이 사건의 법원은 이례적으로 "본건 특허에 관해 실시계약을 체결하려는 MercExchange의 의사가 존재하고 MercExchange 스스로가 그 특허의 실시를 통한 상업적 활동에 종사하지 않고 있다는 사실은 금지명령이 내려지지 않은 경우 회복 불가능한 손해(irreparable harm)를 입게 될 것이라는 추정을 번복하기에 충분한 것이다"라고 밝히면서, MercExchange의 영구적 금지명령 신청을 받아들이지 아니했다.[49]

이후 이 사건은 영구적 금지명령의 허가 여부에 대한 법률적 쟁송으로 진행됐는데, 연방순회항소법원은 1심의 결정을 파기하면서 '예외적 상황'(exceptional circumstances)이 존재하는 경우가 아니라면 영구적 금지명령을 발하는 것이 '일반적 원칙'(general rule)이라는 취지로 판시해, 종전의 입장을 견지했다.[50]

위와 같은 연방순회항소법원의 판단에 대해 eBay는 2005년 8월 26일 상고했고, 2006년 5월 15일 연방대법원은 연방순회항소법원의 결정을 파기하면서 특허소송에서 영구적 금지명령의 발령 여부를 결정함에 있어서도 일반적 사건에 적용되는 형평법 원리(the principles of equity)에 따른 전통적인 4가지 요건, 즉 ① 원고가 회복 불가능한 손해를 입을 가능성이 있는지 여부, ② 법률적 구제방법의 적합성 여부, ③ 원고, 피고가 부담하게 될 어려움의 형평성, ④ 금지명령이 공공의 이익

49 275 F. Supp. 2d 695 (E. D. Va., 2003).
50 401 F. 3d 1323 (C. A. Fed. (Va.), 2005).

(*public interest*)에 부합하는지 여부 등을 검토해야 하고, 위 요건들이 모두 충족되는 경우에 한해 영구적 중지명령을 발해야 한다고 판결했다.[51]

한편, 이 판결에는 2개의 동의 의견이 있었는데, 이들은 다수 의견과 같이 금지명령의 발령에 있어 형평법적 요소를 고려해야 한다는 점에 대해 동의하면서도, 그러한 요소들 가운데 금지명령의 발령 여부를 결정함에 있어 고려돼야 하거나 비중이 두어져야 할 요소들에 대해 반대되는 입장에 서 있었다. 즉, 케네디(Kennedy) 대법관이 당사자의 성격, 특허의 사용 여부, 문제가 된 특허의 유형 등에 중점을 두고 특정 사건에서 금지명령이 적절한 구제수단이라는 것을 특허권자가 입증해야 한다는 태도를 취한 데 반해, 로버츠(Roberts) 대법관은 형평법적 요소를 적절히 고려하면 자연히 침해자에 대해 금지명령을 발하는 쪽으로 기울게 된다고 주장했다.

•평 가•

종래 미국의 법원은 특허침해 소송의 경우 특허침해가 인정되면 자동적으로 금지명령을 발하는 태도를 취해 왔고, 이러한 법원의 태도에 대해서는 산업분야에 따라, 특히 제약업계와 IT 산업분야가 서로 다른 입장을 취해 왔다. 즉, 제약업계에서는 종전의 입장, 다시 말해 위 사건에서 연방순회항소법원의 입장을 지지했는데, 이러한 태도는 약품의 경우 보통 하나의 특허로만 구성되기 때문에 제약회사로서는 특허를 통해 시장을 지배할 수 있게 되는 점, 제약업계의 경우 하나의 특허를 개발하는 데 소요되는 비용이 IT 산업 분야보다는 훨씬 많다는 점,

---

51 547 U. S. 388 (2006).

제약업계에서 특허는 복제약(*generic*)을 생산하려는 경쟁자에 대항해 기업의 시장지위를 유지시켜 주는 궁극적인 무기라는 점 등에 기인한 것으로 생각된다.[52]

이 판결이 갖는 의미의 해석 내지 대법원의 태도에 대한 입장 또한 산업분야별로 상이한 모습을 보이고 있다. 주로 IT 산업 분야에서는 본건에서 중지명령에 관한 연방대법원의 태도가 무분별한 중지명령에 따른 사업상의 위험을 줄여 주는 긍정적 역할을 할 것으로 기대하는 반면, 제약업계에서는 특허권에 대한 보호가 약해짐에 따라 업계에서 혁신이 저해될 수 있음을 우려하는 견해가 제기되고 있다.[53] 그러나 어느 견해에 의하더라도, 위 사건에 관한 미국 연방대법원의 판단으로 인해 Patent Troll이 기업을 상대로 우위에 설 수 있는 근거가 되는 협상력을 구성하는 요소 내지 특허침해 소송을 유리하게 이끌어 갈 수 있는 주요 수단들 중 하나를 잃게 됐음은 분명해 보인다.[54]

위 판결이 내려진 이후 영구적 금지명령의 발령 여부가 다투어진 사례들이 하급심에 있었다. 먼저 In Paice LLC v. Toyota Motor Corp. 사건[55]에서 법원은 Patent Troll로 추정되는 원고의 경우 금지명령이 내려지지 않더라도 회복 불가능한 손해를 입게 될 것 같지 않고 금전배상이 적절한 구제수단이라거나 형평을 유지한 것으로 보이지도 아니한다는 이유로 원고의 금지명령 신청을 받아들이지 아니했다. 그러나 원고와 피고가 경쟁관계에 있었던 TiVo Inc. v. Echostar Communications Corp. 사건[56]에서는 피고의 특허권 침해가 인정돼 금지명령이 발령됐다.

---

52 Helm, *supra* 제3장 note 19, pp. 339~340.

53 *Id.*, p. 342.

54 최명석·박해찬, 앞의 논문(제2장 註 21), 153면 참조.

55 No. 2:04-CV-211-DF, 2006 WL 2385139(E. D. Tex. Aug. 16, 2006).

한편 z4 Technologies, Inc. v. Microsoft Corp. 사건[57]에서 원고는 Microsoft에 의한 특허침해를 주장하면서 영구적 금지명령을 신청했으나, 금지명령이 발령되지 않는 경우 회복불가능한 손해가 발생할 것임을 입증하지 못했고, 특허를 침해한다고 주장하는 부분이 Microsoft의 소프트웨어 중 일부만을 구성하는 것이며, 금전배상이 적절한 구제수단이라는 점이 밝혀지지 않았다. 또 금지명령이 내려지는 경우 공공의 이익에 부합되지 않을 수 있다는 이유로 위 신청은 받아들여지지 아니했다.

결국 위 eBay 사건의 판결은 특허침해자와 경쟁관계에 있는 기업과는 달리, Patent Troll이 영구적 금지명령을 얻는 것을 어렵게 함으로써 Patent Troll의 활동을 위축시키는 요인으로 작용할 것으로 예상된다.

② MedImmune, Inc. v. Genentech, Inc.

위 사건의 핵심은 특허 실시권자가 실시허락받은 특허의 유효성과 범위에 대해 다툴 적격이 있는지에 관한 것이었다. 본건에서 MedImmune은 Genentech로부터 일군의 특허와 특허출원에 대해 실시허락을 받기로 하는 계약을 체결했다. 수년 후 실시허락의 대상이 됐던 특허출원 중 하나가 특허로 등록되자, Genentech는 당시 MedImmune이 판매하던 제품 중 하나가 그 특허를 침해하게 됨을 이유로 MedImmune을 상대로 추가적 실시료의 지급을 요구했다. MedImmune은 특허침해 사실을 부인했지만 결국에는 실시료를 지급하는 데 동의했다.

그 후 MedImmune은 그 특허가 무효이고 집행 불가능하며 침해가

---

56 No. 2:04 CV 1 DF, 2006 WL 2398681(E. D. Tex. Aug. 17, 2006).
57 434 F. Supp. 2d 437(E. D. Tex. 2006).

발생하지 않았을 뿐만 아니라 자신에게는 실시료를 지급할 의무가 없음의 확인을 구하는 소송을 제기했다. 그러나 1심은 MedImmune의 선언판결 신청을 받아들이지 아니했다. 실시권자가 계속해 실시료를 지급하는 이상 선언판결을 구하기 위한 전제가 되는 분쟁이 존재하지 않는다는 것이었다. 연방순회항소법원 또한 이에 수긍하면서 선언판결을 얻기 위해서는 원고가 소송에 대한 합리적 우려를 가지고 있어야 하는데 계약을 위반하지 아니한 MedImmune에게는 그러한 우려가 없다고 판시했다.[58]

2006년 2월 위 판결에 대한 상고가 허가됐다. 위 사안에 대해서는 소송에 대한 합리적 우려를 요구하는 연방순회항소법원의 판시는 헌법이 제시하는 요건들에 비해 지나치게 엄격한 것으로, 선언 판결을 명하기 위해 당사자들 사이에 실질적인 분쟁이 있는지 여부를 판단하기 위해서는 당사자들이 충분히 직접적이고 현실적인 상반된 이해관계를 갖는지를 살펴보아야 한다는 취지의 정부 의견이 제시됐는데,[59] 연방대법원은 "선언판결을 구하기 위해 실시허락 계약을 파기하거나 종료시켜야 하는 것은 아니"라고 판시하며 MedImmune의 선언판결 신청이 허용될 수 있는 것임을 밝혔다.[60]

위 판결로 인해 Patent Troll로부터 중지 또는 경고 통지를 통해 침해 주장을 받은 기업들로서는 Patent Troll에 의한 소 제기를 기다릴 필요 없이 선제적인 선언판결 신청을 통해 관련 특허의 무효나 비침해 사실의 확인을 구할 수 있음은 물론 원고에게 우호적일 수 있는 관할을 선택해 소송을 진행하는 것이 가능하게 됐다. 이로 인해 Patent Troll은 특

58 427 F. 3d 958 (C. A. Fed., 2005).
59 2006 WL 1327303 (U. S.) (Appellate Brief).
60 549 U. S. 118 (2007).

허권 행사의 전략을 결정함에 있어 보다 많은 주의를 요구하게 됐다는 평가가 있다. 61

③ KSR International Co. v. Teleflex, Inc.

종래 연방순회항소법원은 특허가치 또는 특허의 유효성이 문제되는 사안에서 선행기술에 입각한 자명성이 인정돼 해당 특허가 무효인 것으로 확인되려면, 당해 발명이 선행기술로부터 교시(*Teaching*), 시사(*Suggestion*), 동기(*Motivation*)를 제공받았다는 이른바 TSM 기준을 명백히 증명해야 한다는 기준을 엄격하게 유지해 왔다. 62

KSR International Co. v. Teleflex, Inc. 사건은 특허의 유효성을 판단함에 있어 이러한 자명성 판단기준에 변화를 가져온 사건이다. 본건에서 KSR은 Teleflex의 특허침해 주장에 대해 Teleflex의 특허가 선행기술들의 결합에서 유래한 것이 자명하므로 무효인 특허(*invalid patent*)라고 주장했다. 그러나 연방순회항소법원은 선행기술들이 제공한 시사, 동기가 명확하지 아니하므로 자명하지 않다고 보면서 KSR의 주장을 받아들이지 아니했다. 63 이에 KSR은 TSM 기준에 대한 재고를 구하는 취지로 상고를 제기하게 됐던 것이다.

이에 대해 연방대법원은 TSM 기준의 엄격한 적용을 비판하면서, 선행기술에 명시된 사항뿐만 아니라 해당 분야의 일반적 기술을 보유한 사람이 채용할 수 있는 추정과 창의적 과정 등을 고려해 자명성 여부를 유연하게 판단해야 한다고 판시했다. 64 이 판결로 인해 자명성의 판단

---

61 김민희, 앞의 논문(註 47), 33면.
62 최명석 · 박해찬, 앞의 논문(제 2장 註 21), 160면.
63 119 Fed. Appx. 282 (C. A. Fed. (Mich.), 2005).
64 550 U. S. 398 (2007).

기준이 유연하게 적용될 경우 특허가치가 적은 발명의 특허등록은 더욱 어려워지게 되고 기존특허 역시 자명성을 이유로 무효화될 가능성이 높아져 결국 Patent Troll의 확산에 제동을 걸 요인으로 작용할 수 있을 것이다. [65]

④ In re Seagate Tech. L.L.C.

In re Seagate Tech. L.L.C. 사건에서 연방순회항소법원은 기존의 주의의무에 관한 결정을 배척하면서 특허침해 소송에 있어 고의적 침해를 인정하기 위한 기준을 제시했다. 이 사건에서 특허권자로부터 특허침해 소송을 당한 Seagate는 자신의 실시행위가 선의에 의한 것임을 주장했는데, 연방순회항소법원은 고의적 침해를 인정하기 위해서는 적어도 객관적으로 무분별하게 행동했음이 증명돼야 하며, 그 입증을 위해서는 명백하고 확실한 증거가 요구된다고 판시해 손해배상의 범위를 제한하고자 했다. [66]

(5) 특허권 남용 법리 적용의 한계

Patent Troll이 출현하자 그에 대한 규제의 필요성을 주장하면서 Patent Troll의 권리행사를 특허권의 남용이라고 일반적으로 지칭하는 견해[67]도 있다. 그러나 단순히 Patent Troll의 특허권 행사에 부당한 측면이 있음을 지적하는 것을 넘어 규범적 의미에서 Patent Troll의 권리행사가 특허권의 남용에 해당한다고 말할 수 있기 위해서는 보다 구체

---

65 최명석·박해찬, 앞의 논문(제 2장 註 21), 160면.

66 497 F. 3d 1360 (C. A. Fed. (N. Y.), 2007).

67 이주현, "Patent Troll의 특허권 남용에 대한 법적 대응방안 검토", *Law & Technology*, 제 5권 제 1호 (2009).

적인 논의가 이뤄져야 한다.

미국의 특허권 남용 법리는 크게 두 가지 유형의 행위를 포섭하는 것으로 설명된다. 하나는 독점금지법을 위반해 특허권을 행사하는 행위이고, 다른 하나는 특허법에 의해 부여된 범위를 부당하게 확장하는 방법으로 특허권을 행사하는 행위다.[68] 이러한 설명을 따를 경우 독점금지법을 위반하는 특허권의 행사는 항상 특허권의 남용을 구성하게 되지만, 독점금지법을 위반하지 않더라도 특허권에 의해 보호되는 범위를 부당하게 확장하려는 시도로 해석돼 특허권의 남용에 해당되는 상황이 존재할 수도 있다. 즉, 특허권 남용은 독점금지법보다 그 적용범위가 더 넓은 이론임을 전제하는 것이다.[69]

독점금지법을 위반하는 특허권의 행사가 특허권의 남용을 구성하게 된다는 것에는 별다른 이론이 없는 이상, 결국 특허권 남용의 법리가 갖는 독자성 내지 가치는 독점금지법에 위반되지는 않지만 특허권에 의해 보호되는 범위를 부당하게 확장하려는 시도에 해당돼 특허권의 남용이 성립하는 행위가 무엇인지를 밝히는 데서 찾을 수 있다. 그렇다면 문제되는 행위가 '확장'에 해당하는 것인지 여부를 밝히기 위한 판단기준이 제시될 수 있어야 한다. 특허권 남용의 성립요건과 관련된 그간의 논란은 이러한 판단기준에 관한 입장의 차이에서 기인한 것으로 생각된다.

앞서 살펴본 바와 같이 연방대법원은 특허권자의 행위가 그 특허권에 의해 보호되는 범위를 확장하려는 시도에 해당하는 것인지를 판단

---

68 이문지, 앞의 논문(註 4), 7면; Hoerner, Robert, The Decline (and Fall?) of the Patent Misuse Doctrine in the Federal Circuit, 69 *Antitrust Law Journal* (2001), p. 669; 조원희, 앞의 논문(註 25), 102면 참조.

69 White, K., *supra* note 3, p. 671.

하기 위한 기준으로 공공정책 내지 특허정책을 제시하고 있다. 다시 말해, 특허권 남용의 유형을 독점금지법 위반과 공공정책 내지 특허정책의 위반으로 분류하는 이분법적 태도를 기초로, 이른바 '확장' 유형에 해당하는 행위가 특허권 남용에 해당하는지 여부가 문제되는 경우, 독점금지법 위반사건에서는 일반화돼 있는 시장분석 또는 경제학적 분석을 거치지 않고 바로 특허권 남용의 항변을 받아들여 왔던 것이다.[70]

나아가 연방대법원은 확장의 유형을 물리적 범위의 확장과 시간적 범위의 확장으로 구별해 특허에 부여된 존속기간을 부당하게 연장하려는 행위나 특허 청구항에 기재되지 않은 영역에까지 특허권의 효력 내지 독점력을 확장하려는 시도들을 규제했던 것으로 해석된다.

그런데 연방순회항소법원은 이러한 '확장'에 기초한 특허권 남용의 항변이 독점금지법 위반에 기초한 항변과는 구분되는 것임을 인정하면서도, '확장' 유형에 해당하는 행위가 남용을 구성하기 위해서는 그 행위에 경쟁제한효과가 요구돼야 한다고 설명한다. 이는 연방대법원의 이분법적 태도와는 달리, 특허권의 남용여부를 독점금지법이라는 하나의 수렴된 기준을 통해 평가하려는 시도인 것으로 보인다.

그간 학계에서는 연방순회항소법원의 이러한 접근방식을 부정적으로 평가하기도 했다. 그 비판의 논지는 특허법과 독점금지법의 존재 목적이 서로 다르므로 독점금지법의 기준을 바로 특허법의 영역에 적용

---

70 이에 대해서는 연방대법원이 독점금지법 위반사건에서 활용해 온 이른바 '당연위법의 이론(*per se doctrine*)'을 특허침해 사건에서 항변의 하나로 응용한 것이라는 설명이 있다(정상조·최성근, 앞의 책(註 36), 23면). 당연위법의 이론이란 일정한 유형의 합의는 경쟁을 제한하는 효과가 있는 것이 대부분이라는 경험칙에 근거해, 이러한 유형의 합의에 대해서는 '합의의 존재'만 입증되면 추가적인 경쟁제한성에 대한 입증이나 판단 없이 곧바로 위법성을 인정할 수 있도록 하는 위법성 판단원칙을 의미한다(임영철, 앞의 책(註 38), 226면).

148

하는 것은 부당하다는 것이다. 즉, 특허법의 목적은 사회 전체의 이익을 위한 과학진보의 촉진이라고 할 수 있으므로, 시장지배력이나 경쟁제한효과에 주된 관심을 가질 뿐인 독점금지법과는 제정 취지가 다르다는 것이다. 특허법이나 특허정책의 관심사는 단순히 경쟁에 국한되지 아니하므로, 독점금지법만을 기준으로 특허권의 행사를 평가할 경우 그러한 권리행사가 특허제도 전반에 미치는 영향을 적절히 고려할 수 없다는 주장이다.[71]

그러나 특허법과 독점금지법의 목적이 상이함을 전제로 하는 위와 같은 비판은 다음의 두 가지 면에서 설득력이 부족하다. 먼저 특허권의 부당한 확장을 판단하기 위한 기준으로 연방대법원이 제시하는 공공정책이나 특허정책은 실질적 기준으로서 기능하기 어렵다는 문제가 있다.

그간 다수의 사건에서 특허권 남용의 성부에 관한 논의가 전개됐음에도 불구하고 연방대법원은 특정한 특허권의 행사가 공공정책 내지 특허정책에 위반되는지 여부를 판단하기 위한 구체적 기준을 제시하지 못하기 때문이다. 일부 사건에서 발견되는 바와 같이 남용여부 판단을 위해 독점금지법의 법리를 원용 내지 차용한다는 것은 이러한 독자적 기준의 부재를 반증하는 것이기도 하다. 뿐만 아니라 독점금지법에 근거한 기준의 활용에 반대하는 견해들조차도 독점금지법 위반에 이르지는 못하지만 경쟁제한효과를 갖는 행위들도 특허권 남용의 범주에 포섭시키면서 그에 대한 규제의 필요성을 인정하는데,[72] 이러한 행위들에 대해서도 독점금지법의 기준을 적용하지 않는다면 어떠한 기준으로 규제대상이 되는 경쟁제한효과를 평가할 수 있는 것인지도 의문이다.

또한 특허권 남용 법리의 역할에 대한 근본적인 의문 또한 제기되고

---

71 See Feldman, R. , *supra* note 5, pp. 400~401.
72 See White, K. , *supra* note 3, pp. 671~672.

있다. USM Corp. v. SPS Technology, Inc. 사건[73]에서 Posner 판사가
"현재로서는 독점금지법이 실질적으로 경쟁을 저해하는 모든 행위에
대해 적용될 수 있으므로, 특허 독점의 남용이라는 경쟁제한행위를 방
지하기 위해 특허권 남용 법리의 독자적 역할을 규정하기란 쉽지 않다"
고 밝힌 내용은 이러한 의문을 반영하는 것이다.

　Posner 판사는 독점금지법이 제정된 이상 그 제정 전부터 논의됐던
특허권 남용의 법리는 그 효용을 잃을 수밖에 없으며 독점금지법 위반
이 아닌 독자적 유형의 특허권 남용행위를 상정하는 것 또한 어렵다고
설명했다. 실제로 연방대법원이 마지막으로 특허권의 남용을 인정했
던 것이 1969년의 일이고[74] 연방순회항소법원의 경우 오직 한 건[75]뿐
이다. 특허권 남용으로 인정됐던 사건들 또한 대부분이 끼워팔기 등 독
점금지법의 관점에서 보더라도 그에 대한 평가가 크게 달라지지 않았
을 것이라고 추측해 볼 수 있는 점을 고려하면, 시장 전반에 적용될 수
있는 독점금지법이 존재하는 이상 특허권 남용의 법리가 특허권 행사
를 평가하기 위한 완결된 기준이라고 보기는 어려울 것이다.

　특허권 남용의 법리와 독점금지법 상호간의 위와 같은 논리전개는
Patent Troll의 특허권 행사에도 적용가능하다.

　이미 살펴본 바와 같이 특허권의 남용에는 독점금지법 위반유형과
특허권의 범위를 부당하게 확장하는 유형이 있는 것으로 일반적으로
이해되고 있다. 특히 '확장' 유형의 경우 독점금지법 위반유형과 구분
해 특허법상의 독자적 해석 및 적용이 가능할 것인지 여부는 논란이 있
다. 그런데 '확장' 유형의 독자성을 인정한다고 하더라도 Patent Troll에

---

73 694 F. 2d 505 (C. A. Ill. , 1982).

74 Zenith Radio v. Hazeltine Research Inc. , 395 U. S. 100 (1969).

75 Senza-Gel Corp. v. Seiffhart, 803 F. 2d 661 (C. A. Fed. , 1986).

150

의한 특허권의 행사가 특허권에 부여된 범위를 부당하게 확장하려는
시도에 해당하는 것으로 볼 수 있는지는 의문이다. 확장 여부를 판단하
기 위한 기준으로 제시되는 공공정책이나 특허정책이 그 구체적 내용
을 밝히지 못하고 있음은 앞서 살펴본 바와 같고, Patent Troll의 경우
기존에 주장되지 않던 특허권을 확보해 이를 기초로 특허권의 행사에
나서는 경우가 대부분인데, 이러한 행위가 특허의 존속기간 연장이나
특허받지 아니한 제품에까지 특허의 효력을 미치게 하려는 행위 등 특
허에 허락된 시간적 또는 물리적 범위를 확장하려는 행위에 해당한다
고 보기 어렵기 때문이다.

나아가 특허침해에 대해 특허권을 집행하는 행위나 실시허락 또는
특허에 대한 권리의 사용을 거부하는 행위 등의 경우 특허권의 남용을
구성하지 않는 것으로 특허법에 명시돼 있는 만큼,[76] Patent Troll의 권
리행사를 '확장' 유형의 특허권 남용으로 보아 규제를 가하는 것은 쉬운
일이 아닐 것이다.

그렇다면 Patent Troll의 행위를 특허권의 남용으로 보기 위해서는 특
허권 남용의 다른 유형, 즉 독점금지법 위반형태의 특허권 남용에서 그
근거를 찾을 수밖에 없다. 결국 Patent Troll의 독점금지법 위반사실이
인정돼야 특허권 남용이 인정된다는 결론이 도출될 수 있는 것이다. 따
라서 Patent Troll의 행위에 대한 평가기준은, '확장' 유형에 관한 논란
과 무관하게, 마땅히 독점금지법이 돼야 할 것이며, 독점금지법에 의
한 평가가 동시에 특허권 남용 여부를 판단하는 과정인 것으로 이해될
수 있다.

그러나 특허권 남용 여부를 밝히기 위해 필요한 Patent Troll에 대한

---

76 35 U.S.C. §271 (d) (3), (4).

독점금지법의 적용에 관해서는, 단지 그 가능성을 추상적으로 지적한 견해가 있을 뿐,[77] 그 논의가 전무한 실정이다. 그간 지적 재산권법과 독점금지법 사이의 관계설정을 위해 다양한 쟁점들에서 많은 논의가 이뤄졌는데,[78] Patent Troll 또한 양 법이 중첩되는 영역에서 발생한 문제라는 점에서 그에 관한 논의가 활성화돼야 할 것이다.

2) 특허법 개정 논의

(1) 연혁

미국에서는 지난 2005년부터 특허법 개혁 논의가 본격적으로 이뤄지기 시작했다. 당시 입법을 통해 Patent Troll의 활동을 규제하고자 했던 많은 기업들은 일종의 로비단체[79]를 조직해 의회를 상대로 특허법 개정의 필요성을 지속적으로 제기했다. 2005년 6월 8일 공화당 소속 하원의원이자 하원 지적 재산권 소위원회의 의장이었던 스미스(Lamar Smith)가 특허법 개정법안을 제출하자 그 논의가 본격적으로 전개되기에 이르렀다. 당시 스미스는 위 개정안이 "1952년 특허법이 통과된 이래 미국 특허법에서 가장 획기적인 변화가 될 것"이라고 설명하면서 "이 법안은 현 체계하에서 소송의 악용을 통해 보상받을 수 있게 하는 합법적인, 그러나 부정한 수법들을 제거하게 될 것"이라고 평했다. 개

---

77 배진용, 앞의 논문(제 2장 註 24), 77면 참조.

78 이에 대한 자세한 내용은 이 책 제 5장 제 1절 참조.

79 Apple, eBay, Microsoft, IBM, Intel, Cisco 등이 참여한 것으로 알려져 있는 'The Information Technology Industry Council'이나 Dell, Adobe, Hewlett-Packard 등이 참여한 것으로 알려진 'The Business Software Alliance' 등이 대표적인 단체다(Chan, J., Fawcett, M., *supra* 제 2장 note 36, p. 6).

정의 방향은 특허침해에 따른 손해배상을 어렵게 하고 특허의 유효성을 쉽게 다툴 수 있도록 함으로써 Patent Troll의 활동을 어렵게 해 기업들을 보호하려는 것이었다.[80]

그러나 위 개정안은 의회를 통과하지 못했고, 그 이후에도 수차례에 걸쳐 발의, 제출된 유사한 내용의 특허법 개정안 역시 통과되지 못했다. 이는 제약업계 등 특허권자의 권한을 감소시키는 방향의 특허법 개정에 대해 반대하는 견해들이 있었기 때문이다. 계속되는 실패에도 불구하고 2009년 3월 3일 상원의원 Orrin Hatch, Patrick Leahy와 하원의원 John Conyers는 각각 상원과 하원에 특허법 개정안을 제출했다.[81] 위 개정안들은 2005년 및 2007년 개정안과 그 내용이 대체로 유사하나 논란이 있었던 일부 내용을 삭제한 것이다.[82]

(2) 2009년 특허법 개정안

① 개요

2009년 특허법 개정안은 먼저 선출원주의(*first-to-file*)로의 전환을 시도하고 있다. 미국은 선발명주의(*first-to-invent*)를 취하는 거의 유일한 국가다. 출원절차를 간소화하고 외국 특허법 체계와의 조화를 모색하기 위해 선출원주의 도입이 제안된 것이다.

나아가 재심사 제도에 대한 개선 또한 포함돼 있다. 등록 이후 12개

---

80 *Id.*, p. 7.

81 H. R[House of Representatives의 약자임, 미국의 법안 표기방식] 1260, 111th Congress, Patent Reform Act of 2009.

82 미국 특허청의 규칙제정권과 관련된 내용, 부당행사의 항변(*inequitable conduct defense*) 등에 관한 내용이 삭제됐다(http://en. wikipedia. org/wiki/Patent_ Reform_Act_of_2009 참조, 2010. 3. 9. 최종방문).

월 이내 특허권자가 아닌 제 3자는 특허무효사유를 주장하며 특허청에 특허의 취소를 구하는 신청을 할 수 있고(*post-grant review*), 신청이 이뤄지는 경우 특허청은 증거개시 절차에 착수해 취소 여부에 대한 결정을 해야 하며, 만약 특허청이 새로운 특허권의 유효성을 인정하는 경우 취소신청을 한 자는 재심사 청구를 하거나 관련소송에서 항변으로서 특허의 무효를 주장할 수 없게 된다.[83] 이외 개정내용 중 Patent Troll의 활동과 관련해 특히 의미가 있는 것은 관할의 선택에 관한 내용과 손해 배상 및 고의에 의한 손해의 인정과 관련된 내용이다.

② 관할의 선택

종래 특허권자는 피고가 거주하는 곳이나 피고가 침해행위를 한 곳으로서 사업소가 있는 지역을 관할하는 법원에 특허침해 소송을 제기할 수 있었다.[84] 이는 특허권자에게 상당히 광범위한 관할선택의 자유를 보장하는 것이었는데, 이로 인해 특허권자가 유리한 판결을 얻기 위해 친 특허적 성향이 강한 관할법원을 선택하는 이른바 '법정 쇼핑'(*forum shopping*)이 항상 논란이 돼 왔다.

이에 개정안에서는 특허침해 소송을 제기할 수 있는 관할의 요건을 보다 엄격히 규정해 특허권자의 선택권을 제한했다. 구체적으로 개정 안은 특허침해 소송의 당사자가 특정 지방법원의 관할을 창설하기 위해 양도, 설립 등의 행위를 할 수 없음을 명시했다. 이어 피고가 영위

---

83 H. R. 1260, 111th Congress, Patent Reform Act of 2009, §321 이하 참조.
84 28 U. S. C. §1400(b) ; "Any civil action for patent infringement may be brought in the judicial district where the defendant resides, or where the defendant has committed acts of infringement and has a regular and established place of business."

하는 사업의 주요 소재지 또는 설립지 또는 침해행위를 한 장소로서 피고가 통제하며 피고의 사업 중 실질적인 부분을 구성하는 물리적 시설이 있는 장소 등을 관할하는 법원만이 침해소송의 관할을 갖고, 예외적인 경우에 한해 원고의 거주지가 관할이 될 수 있는 것으로 규정했다. [85]

③ 손해배상액의 산정

개정안에서는 손해배상액을 산정하기 위한 요건을 보다 구체화해 특허침해가 인정되는 경우 배상이 명해질 수 있는 범위를 제한하고 있다. 먼저 합리적 실시료(*reasonable royalty*)를 산정함에 있어, 선행기술(*prior art*)을 제외한 당해 발명의 기여 정도가 당해 제품 또는 과정의 시장 수요에 현저한 이유가 된 경우에 한해 예외적으로 전체 시장가치(*entire market value*)에 의한 배상을 명할 수 있다.

당해 발명이 침해가 이뤄진 방식과 동일한 방식으로 충분한 다수의 사람들에게 비배타적 실시허락의 대상으로 돼 있는 경우 또는 관련시장에 당해 발명과 충분히 유사한 대체재가 존재해 그들이 비배타적 실시허락의 대상이 되고 있는 경우, 법원은 그 판단에 따라 그 실시허락의 조건을 기초로 손해배상액을 정할 수 있도록 규정됐다. 나아가 합리적 실시료는 침해된 제품 또는 과정의 경제적 가치 중에서 선행기술을 제외한 당해 발명이 기여하는 부분을 기초로 산정돼야 한다는 점이 명시됐다. [86]

---

85 H. R. 1260, 111th Congress, Patent Reform Act of 2009, SEC. 8.
86 *Id.*, §284.

④ 고의적 침해

개정안에서는 침해자가 "객관적으로 무분별하게 행동"(*acting with objective recklessness*) 했음을 법원이 "명백하고도 확실한 증거"(*clear and convincing evidence*) 를 통해 인정할 수 있는 경우에 한해 고의적 침해 (*willful infringement*) 가 인정될 수 있다고 규정한다. 예컨대, 침해자가 당해 발명이 특허 대상이라는 사실을 인식하면서도 고의적으로 (*intentionally*) 그 발명을 복제하거나, 특허권자로부터 객관적으로 소송에 대한 합리적 가능성을 시사하기에 충분한 방식으로 작성된 침해 주장을 서면으로 통지받은 침해자가 그 내용을 검토할 합리적 기회를 가졌음에도 불구하고 침해행위를 하는 경우 등에 한해 고의적 침해가 인정될 수 있다는 것이다.

뿐만 아니라 개정안은 침해자가 특허를 무효나 집행불가능한 것으로, 또는 자신의 행위가 침해를 구성하지 않는 것으로 믿은 경우 일정한 요건하에 고의적 침해의 성립을 부정하는 이른바 '선의의 항변'(*good faith belief*) 또한 규정한다.[87]

3) 기타 논의되고 있는 특허법적 대응방안

(1) 적극적 소송수행의 강조

그간 기업들은 Patent Troll로부터 특허권 침해주장을 당하게 되는 경우 소송에 따른 비용이나 그에 수반하는 사업상의 부담을 감당하기가 어렵다는 이유로, 소송을 종국까지 진행하기보다는 소가 제기되기 전 합의하거나 소송 중이라도 가능한 경우 합의의 형태로 분쟁을 해결하

---

87 *Id.*, §284 (e).

는 방식을 선호했다. 그러나 최근에는 오히려 기업들의 적극적 소송수
행을 강조하면서 오히려 소송을 통해 다투는 것이 Patent Troll과의 분
쟁에서 더 유리한 지위를 점할 수 있는 방법임을 제시하는 견해들이 등
장한다.

이러한 견해는 소송을 진행할 경우 그 과정에서 Patent Troll이 주장
하는 청구항의 범위나 그에 사용된 용어의 의미를 명확히 할 수 있게
돼 이를 회피하는 것이 쉬워질 뿐 아니라 증거개시 절차를 통해 특허의
유효성이나 집행가능성에 대한 주요 정보를 얻을 수 있게 돼 정보 비대
칭이 해소될 수 있다는 것이다. 또 선제적 소 제기를 통해 주도적으로
관할을 선택함으로써 소송 전체를 유리하게 이끌어 나갈 수 있다고 주
장한다. [88]

나아가 Patent Troll과 쉽게 합의해 만만한 상대라는 인상을 남길 경
우 향후 다른 특허침해 소송의 표적이 될 가능성도 배제할 수 없다. 최
근에는 판례의 태도가 변화함에 따라 Patent Troll이 제품을 생산, 판매
하는 기업을 상대로 금지명령을 받아내는 것이 어려워지고 그 손해액
을 산정하는 방법 또한 반드시 기업들에게만 불리하다고 할 수 없는 이
상 일단 소송을 통해 Patent Troll의 주장을 다투는 것이 오히려 기업의
입장에서 이익이 된다. 차후에 합의절차에 이르게 되더라도 Patent
Troll의 협상력을 떨어뜨릴 수도 있다. [89]

(2) 공동대응의 모색

최근에는 Patent Troll의 목표가 될 가능성이 있는 기업들이 상호 협

---

88 Rantanen, J. , *supra* 제 2장 note 4, pp. 170~178.
89 Petersen, M. , *supra* 제 2장 note 8, pp. 110~111.

력관계를 맺고 Patent Troll의 특허를 무효화할 수 있는 선행기술 정보를 교환하거나 공동으로 Patent Troll에 대응하려는 시도가 이어지고 있다.[90] Patent Troll에 대항하기 위해 필요한 자원을 공유해 각 표적기업들이 소송을 수행하는 데 필요한 비용을 경감시킨다면 기업으로서는 Patent Troll의 요구를 받아들이는 대신 소송으로 나아가 Patent Troll과 적극적으로 다툴 수 있게 된다는 것이다. 실례로 최근 Solaia Technology로부터 60만 달러의 실시료 지급을 요구받았던 미국 미네소타주의 기업들 중 9개 기업이 소송에서 공동으로 대응한 결과, 개별적으로 소송을 수행했다면 대략 200만 달러 이상 나왔을 소송비용이 실시료보다도 적게 소요됐다. 게다가 기업들에게 유리한 조건의 합의까지 이끌어 낼 수 있었다. 기업들이 단독으로 대응했다면 결코 얻어낼 수 없는 성과였다.[91]

단순히 기업 간 협력을 모색하는 것을 넘어 기업들은 Patent Troll에 대항하기 위한 또 다른 기업을 설립하기도 한다. 2007년 설립된 Allied Security Trust(이하 'AST')와 PatentFreedom L.L.C.(이하 'Patent-Freedom')가 대표적이다. AST는 잠재적으로 전략적인 가치가 있는 특허를 Patent Troll이 취득하기 전에 미리 확보하기 위해 활동하는데, 공개시장에서 특허를 매입해 회원들에게 실시허락을 해준 뒤 실시허락이라는 조건이 부여된 특허를 다시 시장에 매각하는 방식을 주로 이용한다. AST의 회원으로 참여하기 위해서는 25만 달러를 지불한 뒤 특허매입에 사용하기 위한 500만 달러의 예치금을 납입해야 하는데, 이미 Verizon, Google, Cisco, Telefon, Ericsson 등이 참여하는 것으로 알려졌다.

---

90 최명석·박해찬, 앞의 논문(제2장 註 21), 157면.
91 Mello, J., *supra* 제2장 note 59, pp. 397~398.

PatentFreedom은 Patent Troll에 관한 정보를 제공하는 역할을 한다. 기업들이 Patent Troll에 적절히 대응하지 못하는 이유 중 하나가 바로 Patent Troll의 실체를 알기가 어렵기 때문인데, PatentFreedom은 Patent Troll에 관한 정보를 수집하고 이를 분배해 기업들의 대응을 쉽게 하는 것이다. 실제로 PatentFreedom은 125개 이상의 Patent Troll과 800개 이상의 자회사 그리고 이들이 보유하는 9천 개 이상의 특허를 밝혀낸 것으로 알려져 있으며, Patent Troll의 자금원을 밝혀내는 활동도 전개한다고 한다. [92]

(3) 특허침해 주장에 대한 항변

Patent Troll이 특허침해를 주장하는 경우 항변으로서 특허권의 실효 (*laches*) 주장이 유효할 수 있다는 견해가 있다. [93] 즉, 실효 주장이란 특허권자가 소 제기를 비합리적으로 지연 (*unreasonably delay*) 한 것이 인정된 경우 침해에 따른 배상을 받을 수 없다는 형평에 기한 항변으로, 단순히 시간의 경과만으로 인정되는 것이 아니라 법원이 양 당사자의 형평과 행위 간에 조화를 시도하기 위해 인정하는 것이다. 일반적으로 소제기가 6년이 지연되는 경우 그러한 지연이 비합리적이고 피할 수 있었던 것으로 추정되나 개별 사안의 상황에 따라 달라질 수 있다. 위 항변이 받아들여지는 경우 특허권자는 소 제기 이전에 발생한 침해에 대해서는 배상을 받을 수 없게 된다. [94]

---

92 Harbert, T., "If you can't be a patent trolls, join them", Electronic Business, 9 September 2008(http://www.edn.com/index.asp?layout=articlePrint&articleID= CA 6594114에서 검색가능, 2010. 2. 26. 최종방문).

93 Luman III, J., Dodson, C., *supra* 제 2장 note 38, p. 15.

94 *Id.*.

한편 특허권 남용 법리의 외연을 확장해, 특허권자가 직접 실시를 하지 않거나 직접 실시할 자에게 실시허락을 하지 않은 경우까지 특허권을 남용한 것으로 보아 침해주장 등의 권리행사를 저지시키자는 견해가 있다.[95] 특허권자가 발명을 공개하기만 할 뿐 이를 실제로 사용하지 않을 경우 특허권자는 특허정책이 발명가에게 특허권을 허가해 달성하고자 하는 공익을 실현하는 데 기여하지 못한다는 것이다. 따라서 이런 특허권자는 보상을 누릴 자격이 없으므로, 특허권의 미실시를 남용행위의 한 유형으로 보아 침해주장의 상대방이 그러한 항변을 제기할 수 있도록 하자는 것이다.

(4) 특허 투자신탁의 도입 등

앞서 살펴본 내용 이외에도 Patent Troll의 특허권 행사를 적절히 규제하면서 특허법 내지 특허제도의 목적을 달성하기 위해 다양한 제안들이 나오고 있다. 부동산 투자신탁과 같이 특허 투자신탁을 도입해 발명가에 대한 원활한 자금조달을 도모함과 아울러 특허의 거래를 활성화하자는 견해도 제시됐다.[96] 특허 유지비를 인상해 일종의 휴면세(*dormancy tax*)를 부과함으로써 기업들로 하여금 휴면특허를 사용하거나 이를 공개시킬 유인을 제공하자는 주장도 제기되고 있다.[97]

한편 최근에는 우편이나 유선을 통한 사기의 처벌근거로서 그 법을 위반한 행위에 대해 손해배상을 구하는 경우 변호사 비용, 조사비용은 물론 손해액의 3배 배상까지 명할 수 있도록 하는 '부정부패조직방지법'(*the Racketeer Influenced and Corrupt Organizations Act*, RICO Act)을

95 See Mcfeely, D., *supra* 제3장 note 27, p.310.
96 정연덕, 앞의 논문(제2장 註 79), 95~96면 참조.
97 Magilocca, G., *supra* 제2장 note 2, pp.1836~1837.

Patent Troll의 행위에 적용해야 한다는 견해도 있다. [98]

3. 우리나라법상 특허권 남용 법리의 적용

1) 논의의 전개

종래 특허법은 특허권의 남용이라는 표제하에 제 52조 제 1항에서
"특허권자 기타 특허에 관해 권리를 가진 자는 그 권리를 남용해서는
아니 된다"고 규정한 뒤, 동조 제 2항 제 1호 내지 제 6호에서 특허권 남
용으로 간주되는 행위들을 명시하고 있었다. [99] 그러나 1980년 12월 31

---

98 See Silver, B., Controlling Patent Trolling with Civil RICO, 11 *Yale J. L. & Tech..* (2009), pp. 70~95.

99 제 52조 (특허권의 남용) ② 다음 각호의 1에 해당하는 경우에는 특허에 관한
권리를 남용한 것으로 본다.

  1. 국내에서 실시가능한 특허발명이 그 특허 허가 후 3년 이상 정당한 이유 없
     이 국내에서 상당한 영업적 규모로 실시되지 아니한 때
  2. 특허 허가 후 3년 내에 특허품, 특허식물, 특허기술 또는 특허방법에 의한
     생산품에 관해 정당한 이유 없이 적당한 정도와 조건으로 국내수요를 충족
     시키지 못한 때
  3. 특허 허가 후 1년 내에 특허품, 특허식물, 특허기술 또는 특허방법에 의한
     생산품에 관해 정당한 이유 없이 적당한 정도와 조건으로 수출수요를 충족
     시키지 못한 때
  4. 특허권자가 실시권의 허락을 부당하게 거부해 산업이나 국가 또는 국내 거
     주자의 사업에 손해를 가했을 때
  5. 방법발명에 의한 특허의 경우에 그 권리의 범위에 속하지 아니하는 방법에
     의해 물건을 생산해 타인에게 부당하게 손해를 가했을 때
  6. 권리 범위에 속하지 아니하는 권리를 부당하게 주장해 타인의 생산과 영업

일 법률 제 3325호로 특허법이 개정될 당시 동법 제 52조 제 2항 제 1호 내지 제 3호가 개정되면서 동시에 제 5호 및 제 6호가 삭제됐고, 1986년 12월 31일 법률 제 3891호로 특허법이 개정되면서 특허권 남용에 관한 규정이 전부 삭제되기에 이르렀다. 대신에 '통상실시권 설정의 재정 (裁定)'에 관한 규정을 도입하게 됐고, 위 규정이 여러 차례 개정을 거친 결과 현행 특허법 제 107조의 형태로 남게 된 것이다.

특허법 제107조 (통상실시권 설정의 재정)

① 특허발명을 실시하고자 하는 자는 특허발명이 다음 각 호의 1에 해당하고 그 특허발명의 특허권자 또는 전용실시권자와 합리적인 조건하에 통상실시권 허락에 관한 협의(이하 이 조에서 "협의"라 한다)를 했으나 합의가 이뤄지지 아니하는 경우 또는 협의를 할 수 없는 경우에는 특허청장에게 통상실시권 설정에 관한 재정(이하 "재정"이라 한다)을 청구할 수 있다. 다만, 공공의 이익을 위해 비상업적으로 실시하고자 하는 경우와 제 4호의 규정에 해당하는 경우에는 협의를 하지 아니해도 재정을 청구할 수 있다. 〈개정 2005.5.31〉
1. 특허발명이 천재·지변 기타 불가항력 또는 대통령령이 정하는 정당한 이유 없이 계속해서 3년 이상 국내에서 실시되고 있지 아니한 경우
2. 특허발명이 정당한 이유 없이 계속해서 3년 이상 국내에서 상당한 영업적 규모로 실시되지 아니하거나 적당한 정도와 조건으로 국내수요를 충족시키지 못한 경우
3. 특허발명의 실시가 공공의 이익을 위해 특히 필요한 경우
4. 사법적 절차 또는 행정적 절차에 의해 불공정거래행위로 판정된 사항을 시정하기 위해 특허발명을 실시할 필요가 있는 경우
5. 자국민 다수의 보건을 위협하는 질병을 치료하기 위해 의약품(의약품 생산에 필요한 유효성분, 의약품 사용에 필요한 진단키트를 포함한다)을 수입하고자 하는 국가(이하 이 조에서 "수입국"이라 한다)에 그 의약품을 수출할 수 있도록 특허발명을 실시할 필요가 있는 경우

을 방해한 때

162

이러한 연혁하에 우리나라에서는 특허권 남용 법리를 특허침해자가 제기할 수 있는 '특허무효의 항변'과 관련된 것으로 이해하는 견해가 있다.[100] 대법원은 "특허의 무효심결이 확정되기 이전이라고 하더라도 특허권침해 소송을 심리하는 법원은 특허에 무효사유가 있는 것이 명백한지 여부에 대해 판단할 수 있고, 심리한 결과 당해 특허에 무효사유가 있는 것이 분명한 때에는 그 특허권에 기초한 금지와 손해배상 등의 청구는 특별한 사정이 없는 한 권리남용에 해당돼 허용되지 아니하다"고 판시한 바 있는데,[101] 이를 특허권 남용의 한 유형으로 해석하는 것이다.[102]

그러나 특허법이 특허권 남용에 관한 별도의 규정을 두지 아니한 이상 기본적으로 성문법 국가인 우리나라에서 특허법 자체에 근거한 특허권 남용의 법리를 인정하기는 어려울 것으로 보이는 점,[103] 무효사건의 심결과는 달리 침해사건을 담당하는 법원이 구별돼 있는 우리 법체계에 비추어 볼 때, 위 판결의 취지는 침해사건을 담당하는 법원이 바로 특허의 무효를 선언할 수는 없으나 명확하게 무효가 될 특허를 기초로 해 손해배상을 명할 수도 없으므로 민법상 권리남용을 원용한 것으로 보는 것이 합당하다.[104]

별도의 입법적 조치나 판례의 축적을 통해 이러한 유형의 항변이 확립되지 아니하는 이상 위 '특허무효의 항변'과 특허권 남용의 법리는 구

---

100 박성수, 앞의 논문(제2장 註 51), 14면 참조.
101 대법원 2004. 10. 28. 선고 2000다69194 판결.
102 최성준, "무효사유가 명백한 특허권에 기초한 금지청구 등이 권리남용에 해당되는지 여부", 《정보법 판례백선(Ⅰ)》, 박영사 (2006), 129~136면 참조.
103 김기영, 앞의 논문(제2장 註 3), 55면.
104 최승재, "표준보유자의 특허권남용행위에 대한 경쟁법적 규율에 관한 연구", 서울대 박사학위논문 (2009), 31면.

별해 이해하는 것이 타당하다.[105] 나아가 위 '특허무효의 항변'의 경우
권리 자체에 하자가 존재하는 상황에서 권리의 행사방법에 있어 하자
의 유무를 묻지 않은 채 당해 권리에 내재돼 있는 무효사유의 유무만을
객관적으로 판단해 권리행사를 제한하는 것이라는 점에서 민법상의 권
리남용 항변과도 구별돼야 할 것으로 생각된다.[106]

2) 민법상 권리남용 법리의 적용 가능성

(1) 적용의 근거

특허권 또한 사권(私權)의 일종인 이상 권리남용에 관한 일반원칙에
따라 신의에 좇아 성실하게 행사돼야 하고 이를 남용해서는 안 되는 것
이므로(민법 제2조), 다른 재산권의 경우와 마찬가지로 특허권의 행사
에 대해 권리남용의 법리를 적용하는 것이 가능하다.

비록 우리 특허법이 특허권의 불실시를 원인으로 해 통상실시권의
재정에 관한 규정을 두고 있으나, 그 재정을 청구하기 위해서는 특허권
이 3년 이상 실시되지 않아야 하고 특허출원일로부터 4년이 경과해야
하는바(특허법 제107조 제2항), Patent Troll에 의한 특허권의 행사가 문
제되는 경우는 반드시 위와 같이 장기간 동안 특허권을 실시하지 않는
경우에 한정되지 않는다 할 것이므로, 위 규정의 존재가 권리남용 법리
의 적용을 저지하는 것은 아니다.[107]

나아가 비록 상표권의 행사에 관한 사안이기는 하나, 대법원은 다수
의 사건에서 주지의 상표를 보유한 자가 등록상표를 가진 상대방에 대

---

105 김기영, 앞의 논문(제2장 註 3), 55면.
106 최승재, 앞의 논문(註 104), 39면.
107 김기영, 앞의 논문(제2장 註 3), 57면.

164

해 부정경쟁행위에 해당한다고 주장함에 대해 상대방이 등록상표권에 기한 적법한 상표사용이라고 항변하는 것을 권리남용에 해당돼 허용할 수 없다는 취지로 판시해온 바 있다.[108] 최근에는 상표권의 출원의도와 등록경위를 살펴 상표권자의 상표권 행사에 대해서 권리남용을 이유로 권리의 행사를 부인하기도 했는데,[109] 이러한 판결들 또한 특허권의 행사에 대한 민법 제2조의 적용 가능성을 보여주는 예가 될 수 있다.[110]

(2) 권리남용의 유형

민법상 권리남용의 적용을 긍정하는 견해에서는 권리남용의 법리가 적용가능한 유형을 제시하고 있다.[111] 그 첫 번째로 Patent Troll 중 특허발명이 타인에 의해 광범위하게 실시되고 있음을 알고 있는데도 발명자 등이 장시간 행사하지 않던 권리를 양도받아 침해자의 실시허락 요구에도 응하지 않으면서 그에 대해 특허침해소송을 제기하는 경우를 제시하고 있다. 두 번째로 어떠한 제품의 일부에 관련된 특허발명에 관해 제품 생산자가 실시허락 또는 양도를 청구하는 경우, 자신은 실시할 의사가 전혀 없는데도 실시허락 또는 양도를 하지 않으면서 단지 지나치게 높은 실시료 또는 양도가액을 요구하는 경우다. 세 번째로 특허권 취득 경위에 하자가 있음에도 불구하고 이를 알고 양수해 특허권을 행사하는 경우 등에는 권리남용에 해당할 여지가 있다고 주장한다.

108 대법원 1995. 11. 7. 선고 94도3287 판결, 대법원 2000. 5. 12. 선고 98다 49142 판결 등.
109 대법원 2006. 2. 24. 선고 2004마101 판결.
110 박성수, 앞의 논문(제2장 註 51), 21면 참조.
111 김기영, 앞의 논문(제2장 註 3), 60~63면 참조.

3) 권리남용 법리 적용의 문제점

(1) 상표권과 특허권

상표법은 순수하게 상표권 그 자체를 보호하기 위해 존재하는 것이라기보다는 상표권의 보장을 통해 상품의 식별성을 보호하고 소비자의 오인유발 가능성을 방지해 합리적인 소비자의 선택을 보호하는 데 그 근본적인 목적이 있다.[112] 반면, 특허법은 이미 살펴본 바와 같이 특허권이라는 배타적 권리를 부여함으로써 발명을 보호해 지속적 혁신을 보장하는 데 그 정책적 목표를 두고 있다. 지적 재산권의 남용을 인정하는 이유는, 당연한 정상적 권리행사로 보이지만 그러한 권한을 부여하는 법의 취지나 목적에 위반되는 행위에 대해 제재를 가하고자 하는 것이라고 이해한다면, 상표법과 특허법의 목적이 다른 이상 그 법들이 남용행위로 인식하는 행위 또한 동일할 수 없는 것이다. 특허권 행사에 민법상 권리남용 법리의 적용을 긍정하는 견해는 출원경위를 기초로 상표권 행사에 대한 권리남용이 인정된 위 판결을 주장의 근거로 제시하나,[113] 위에서 살펴본 상표법과 특허법의 본질적 차이점에 비추어 볼 때, 위 판결에서의 판시가 특허권의 남용이 문제된 사안에서도 그대로 적용되기는 어렵다고 보아야 할 것이다.[114]

---

112 상표법 제1조(목적) 이 법은 상표를 보호함으로써 상표사용자의 업무상의 신용유지를 도모해 산업발전에 이바지함과 아울러 수요자의 이익을 보호함을 목적으로 한다.

113 정연덕, 앞의 논문(제2장 註 79), 94면.

114 최승재, 앞의 논문(註 104), 46면 참조.

(2) 주관적 요건의 입증

민법상 권리남용이 인정되기 위한 요건으로 주관적 요건이 필요한지 여부에 대해 판례는 그간 일관된 입장을 보여주지 못했다. 그러나 최근 "권리행사가 권리의 남용에 해당한다고 할 수 있으려면, 주관적으로 그 권리행사의 목적이 오직 상대방에게 고통을 주고 손해를 입히려는 데 있을 뿐 행사하는 사람에게 아무런 이익이 없는 경우이어야 하고, 객관적으로는 그 권리행사가 사회질서에 위반된다고 볼 수 있어야 한다"는 판시를 반복해,[115] 권리남용의 성립을 위해서는 주관적 요건이 필요하다는 입장에 서 있는 것으로 해석된다.

비록 등록상표권자의 상표권 행사가 권리남용에 해당하는지 여부가 문제되는 사안에서 대법원은 "상표권자가 당해 상표를 출원·등록하게 된 목적과 경위, 상표권을 행사하기에 이른 구체적·개별적 사정 등에 비추어, 상대방에 대한 상표권의 행사가 상표사용자의 업무상 신용유지와 수요자의 이익보호를 목적으로 하는 상표제도의 목적이나 기능을 일탈해 공정한 경쟁질서와 상거래 질서를 어지럽히고 수요자 사이에 혼동을 초래하거나 상대방에 대한 관계에서 신의성실의 원칙에 위배되는 등 법적으로 보호받을 만한 가치가 없다고 인정되는 경우에는, 그 상표권의 행사는 비록 권리행사의 외형을 갖추었다 하더라도 등록상표에 관한 권리를 남용하는 것으로서 허용될 수 없다. 더불어 상표권의 행사를 제한하는 위와 같은 근거에 비추어 볼 때 상표권 행사의 목적이 오직 상대방에게 고통을 주고 손해를 입히려는 데 있을 뿐 이를 행사하는 사람에게는 아무런 이익이 없어야 한다는 주관적 요건을 반드시 필

---

115 대법원 2009. 2. 12. 선고 2008다67651, 67668 판결, 대법원 2008. 9. 25. 선고 2007다5397 판결 등.

요로 하는 것은 아니다"라고 판시해 위의 일반적 입장과는 상이한 태도를 취하고 있다.[116]

하지만 이는 판시내용과 같이 상표제도의 특수한 목적과 기능을 고려한 데 기인한 것으로, 특허권 행사가 권리남용에 해당하는지 여부를 결정함에 있어서는 일반적인 사권을 행사하는 경우와 같이 주관적 요건이 필요하다고 보아야 할 것이다.[117]

그렇다면 Patent Troll의 특허권 행사가 권리남용에 해당하기 위해서는 Patent Troll의 권리행사 목적이 오직 침해자에게 고통을 주고 손해를 입히려는 데 있을 뿐 Patent Troll 스스로에게는 아무런 이익이 없는 것이어야 한다. 그러나 특허권의 행사로 말미암아 침해자가 손해를 입게 되는 것은 사실이나 특허권자로서는 자신이 보유하는 특허의 가치를 평가받게 돼 상당한 수익을 올릴 수 있게 되는 만큼 특허권자에게 아무런 이익이 없다고 할 수 없다. 비록 "권리의 행사가 상대방에게 고통이나 손해를 주기 위한 것이라는 주관적 요건은 권리자의 정당한 이익을 결여한 권리행사로 보이는 객관적인 사정에 의해 추인할 수 있다"고 하더라도,[118] 가처분은 별론으로 하더라도 특허침해에 따른 손해배상을 구하는 특허권자의 행위가 정당한 이익을 결한 것이라고 보기에는 어렵다는 점 등을 고려할 때, Patent Troll에 의한 특허권의 행사가 권리남용의 객관적, 주관적 요건 모두에 해당한다고 판단하기에는 실질적인 어려움이 있다.

---

116 대법원 2008. 7. 24. 선고 2006다40461, 40478 판결, 대법원 2007. 1. 25. 선고 2005다67223 판결 등.
117 최승재, 앞의 논문(註 104), 42~43면 참조.
118 대법원 2003. 11. 27. 선고 2003다40422 판결 등.

(3) 권리남용 법리의 보충성

일반적으로 민법상 권리남용의 법리는, 신의성실의 원칙과 더불어, 일반조항으로서 다른 법리의 적용을 검토한 다음에 보충적으로 적용되는 것이 바람직하다.[119] 문제를 해결하기 위한 다른 효과적인 방법이 존재함에도 일반조항으로의 도피를 인정하게 된다면 그 조항이 남용되는 결과 법관의 자의적인 적용에 의해 법적 안정성이 침해될 수 있기 때문이다.

민법상 권리남용 법리의 적용을 주장하는 견해들은 특허권 남용을 해결할 다른 수단이 존재하지 않거나 존재하더라도 적절한 기능을 다하지 못하고 있다고 주장한다.[120] 그러나 뒤이어 살펴보겠지만 특허권 남용을 해결하기 위한 독점금지법의 적용은 Patent Troll의 특허권 행사에 적절한 대항수단이 될 수 있다. 민법상 권리남용 법리의 적용을 주장하는 견해는 독점금지법 위반에 이르지는 않지만 권리남용에 해당하는 행위 또는 독점금지법이 규제대상으로 삼지 않는 해악에 대한 제재를 가할 필요성이 있다고 설명한다. 하지만 그러한 입장을 취하더라도 권리남용 법리의 보충성에 충실하기 위해서는 민법상 권리남용의 법리가 적용될 수 있는 영역을 살피기에 앞서 먼저 독점금지법의 적용을 우선적으로 고려해 그에 따른 해결을 모색하는 것이 타당하다.[121] 나아가 독점금지법은 권리남용의 법리가 제공하지 못하는 남용 여부를 판단하기 위한 객관적 기준을 제시할 수 있다. 법적 안정성 측면을 고려하더라도 일반원칙인 권리남용의 법리에 의지하는 것보다는 개별법인 독점금지법의 적용을 통해 Patent Troll을 규제함이 바람직하다.

---

119 김기영, 앞의 논문(제 2장 註 3), 56면.
120 위의 논문, 57~58면 참조.
121 최승재, 앞의 논문(註 104), 47면 참조.

4. 특허법에 의한 규제의 한계

Patent Troll에 대한 규제의 필요성이 인정된다면 그 다음으로 논의돼야 할 것은 Patent Troll에 대한 효과적 규제수단이 무엇인지를 밝히는 일이다. Patent Troll의 출현 이후 Patent Troll에 의한 특허권 행사를 규제하기 위해 다양한 방안들이 제시되고 있다. 그 중에서도 특허권 남용의 법리와 민법상 권리남용의 법리가 현행법 체계 내에서 활용될 수 있는 규제수단으로서 가장 활발히 논의되고 있다.

그러나 이미 살펴본 바와 같이 위 법리들만으로는 Patent Troll의 특허권 행사를 적절히 규제하기에 부족함이 있다. 첫째, Patent Troll에 의한 권리행사가 종래 논의돼 온 특허권 남용의 범주에 포섭될 수 있는 것인지 의문이다. 물론 Patent Troll이 특허의 실시허락 등을 함에 있어 일괄실시허락을 강제하거나 특허권의 존속기간이 만료된 이후에도 실시료를 요구하는 등의 행위를 하는 경우도 상정할 수 있겠으나, 일반적으로 Patent Troll은 획득한 특허를 단순히 주장, 행사할 뿐 그 범위를 물리적이나 시간적으로 확장하려는 시도에 해당한다고 볼 만한 행위를 하지는 않기 때문이다.

둘째, 우리 법체계 내에서 특허권 남용 주장이 인정될 수 있는 것인지 의문이다. 미국과 달리 우리 특허법에서는 특허권의 남용에 관한 별도의 규정을 두지 않고 있다. 비록 대법원이 상표권의 남용을 인정하는 취지로 판시한 적은 있으나, 상표권과 특허권의 본질적인 차이점을 고려할 때 위 판시를 들어 특허권 남용을 인정하기 위한 근거로 삼을 수는 없어 보인다. 특허법 특유의 특허권 남용을 인정할 수 있다고 주장하는 견해들은 특허법 자체의 적용을 통해서도 부당한 권리행사를 통제할 수 있다고 주장한다.[122] 그러나 구체적으로 특허권 남용 여부를 판단하기 위한 기준이나 특허권 남용에 해당하는 행위유형을 제시하지 못하는 이상, 현존하는 Patent Troll에 대한 규제수단으로서 특허권 남용의 법리를 활용하기에는 어려움이 있다.

셋째, 민법상 권리남용의 법리 또한 Patent Troll의 특허권 행사를 규제하기 위한 논리로서는 부족함이 있다. 민법상 권리남용이 인정되기 위해서는 권리행사 목적이 오직 침해자에게 고통을 주고 손해를 입히려는 데 있을 뿐 권리자 스스로에게는 아무런 이익이 없는 것이어야 한다는 주관적 요건의 입증이 요구되기 때문이다. Patent Troll이 이러한 사해의사에 기초해 특허권을 행사한다고 보기도 어렵거니와 설령 Patent Troll에게 그러한 의사가 있다 하더라도 이를 입증해 내는 것은 쉽지 않다. 나아가 Patent Troll의 행위가 특허권 남용에 해당하는 것인지, 다른 법률에 의한 규제가 가능한 것인지 명확하지 않은 상황에서 민법상 권리남용 법리의 적용을 고려하는 것은 보충성의 원칙에 부합하지 않을 뿐 아니라 정당한 특허권자의 특허권 행사까지도 위축시킬 수 있다.

넷째, 특허권 남용의 법리와 민법상 권리남용의 법리는 특허침해 주장에 대한 소송상 항변으로 기능하는 것이라는 점 또한 Patent Troll에 대한 규제수단으로는 부적절한 측면이 있다. 위 법리들은 남용행위를 직접 규제하거나 억제하기 위한 것이라기보다는 Patent Troll이 소를 제기한 경우 이에 대항할 수 있는 수단에 불과한 것이므로 일정한 한계를 가질 수밖에 없다. 위 법리에 근거한 항변이 가능하다는 것만으로는 Patent Troll의 활동 자체를 제한할 수 없다. 설령 위 법리들이 받아들여져 Patent Troll이 패소한다 하더라도 침해주장의 상대방이 된 기업으

---

122 손경한·정진근, "독점규제법과 지적재산권과의 관계에 관한 재고찰", 비교사법 제12권 제2호 (2005), 713면 참조.

로서는 소송을 수행하는 데 상당한 자원과 시간을 소모하게 돼 결국 Patent Troll로부터 특허침해 주장을 받기 전보다 더 악화된 상황에서 시장경쟁에 임해야 하는 처지에 놓이게 된다.

5장

Patent Troll의
독점금지법에 의한 규제

1. Patent Troll의 경쟁제한행위와 독점금지법 위반

Patent Troll이 등장하기 이전에도 독점금지법은 특허권자의 행위에 광범위하게 적용돼 왔다. 특허권자의 권리행사에 독점금지법을 적용하는 것이 타당한 것인지에 관해 일부 의문이 제기되기도 했다. 그러나 독점금지법이 특허법과 마찬가지로 혁신의 촉진을 주목적으로 하고 특허법이 활용되지 못하는 영역에서 행위에 대한 규제라는 역할을 담당할 수 있으며 특허법과 독점금지법의 협력적 적용이 혁신의 촉진과 소비자후생의 증대라는 양 법의 궁극적 목적을 달성하는 데 필수적인 이상, 그러한 의문은 타당하다고 보기 어렵다.

앞에서 살펴본 바와 같이 Patent Troll은 그 행위유형에 따라 상당한 경쟁제한 효과를 낳을 수 있다. 그런데 Patent Troll에 대한 규제로서 기능할 만한 다른 유효한 수단을 찾기 어렵다면 Patent Troll의 경쟁제한행위를 독점금지법을 통해 규제할 당위성이 있다. 이는 시장에서 공정하고 자유로운 경쟁을 촉진하기 위한 일반법으로서 기능하는 독점금지법의 목적에도 부합한다고 생각한다.

나아가 Patent Troll의 특허권 행사를 독점금지법을 통해 규제하는 경우, 독점금지법의 오랜 집행경험과 그간 확립된 위법성 판단기준을 통해 법적 안정성을 확보할 수 있다. 이는 특허권자의 정당한 특허권 행사를 위축시키지 않으면서도 Patent Troll에 의한 경쟁제한행위를 효과적으로 저지할 수 있다는 장점이 있다. 아울러 미국의 경우 독점금지법 위반행위가 발생한 경우 사소(私訴)를 제기할 수 있고 3배 배상이 인정되고 있다는 점 또한 독점금지법 적용에 따른 장점으로 여겨진다.[1]

176

우리나라도 독점규제및공정거래에관한법률(이하 '공정거래법') 제56
조 제1항에 의하면 위반행위에 대한 손해배상책임이 인정될 뿐만 아니
라 공정거래위원회가 법위반행위를 한 사업자에게 시정조치 및 과징금
을 부과할 수 있다는 점을 고려해 보면, 공정거래법의 적용을 통해 특
허침해 주장의 상대방이 입게 된 피해의 보상은 물론 Patent Troll에게
실질적인 제재를 가하거나 그가 획득한 이익을 환수할 수 있다.

이하에서는 Patent Troll의 행위로서 독점금지법상 문제가 될 수 있는
행위 유형별로 독점금지법의 구체적 적용방안을 모색하고자 한다. 그
이유는 독점금지법의 관점에서 볼 때, 특허권자가 Patent Troll인지가
중요한 것이 아니라 그의 행위가 경쟁제한 효과를 갖는지가 중요하기
때문이다. Patent Troll의 존재 자체가 독점금지법 위반이 아니라, 이들
의 경쟁제한행위가 독점금지법 위반이라는 점에 초점을 맞추어 논의를
진행할 필요가 있다. 이러한 인식을 전제로 과거 특허권 남용행위에 대
해 독점금지법의 적용이 이뤄졌던 사례들 중에서 특히 Patent Troll과
관련해 자주 발생할 수 있는 상황들을 집중적으로 검토할 것이다.

이론적으로 볼 때, Patent Troll도 특허권자이므로 그동안 독점금지
법상 특허권 남용행위로 논의됐던 모든 유형의 행위를 할 가능성이 있
다. 그런데 현실적으로 문제가 되는 Patent Troll의 행위는 이 중 몇 가
지에 집중돼 있다. 따라서 Patent Troll의 단독행위로서 독점금지법상
문제가 될 수 있는 ① 실시허락 거절행위, ② 표준화 과정에서의 특허
지체(patent hold-up) 행위, ③ 부당한 특허침해의 소 제기행위 등에 대
해 검토하고, ④ 최근 들어 발생하고 있는 Patent Troll의 공동행위로서
특허 풀 문제에 대해 살펴본다. 2 다만 단독행위의 위법성 판단에 있어

1 Leslie, C., Antitrust and Patent Law as Component Parts of Innovation
  Policy, *34 Journal of Corporation Law* (2009), p. 1284.

불공정거래행위 측면은 제외하고 시장지배적 지위 남용행위 측면에 대해 집중 논의할 것이므로, 논의에서 제외된 시장지배적 지위 남용행위로 규제하기 어려운 Patent Troll의 행위는 불공정거래행위로 규제할 가능성이 여전히 남아 있다는 점은 염두에 둬야 할 것이다.

2. 실시허락 거절행위와 독점금지법 위반

1) 개 관

(1) 실시허락 거절행위의 유형

Patent Troll은 특허권자로서 독점금지법상 위법성이 인정되는 행위를 할 경우 당연히 독점금지법 위반에 따른 책임을 부담하게 된다. 그 중 Patent Troll이기 때문에 빈번히 그 책임 여부가 문제되는 상황이 존재하며, 특히 실시허락 거절행위와 관련해서는 다음 세 가지 경우를 예상할 수 있다.

첫째 표준설정 과정과 관련, 자신의 특허를 표준에 포함되도록 하기 위해 합리적이고 비차별적인 실시허락계약 또는 실시료지급 유예계약을 체결한 특허권자로부터 특허를 획득하고, 자신은 특허를 활용해 제품이나 용역을 제공하지 않으면서 해당 특허가 포함된 산업표준이 채택된 후, 그 특허의 양도인이 체결한 계약을 무시하고 해당 표준을 이용하

---

2 "Patent Troll Larry Horn of MPEG-LA Assembling VP8 Patent Pool", OS news (2010. 5. 21) (http://www. osnews. com/story/23335/Patent_Troll_Larry_Horn_of_MPEG-LA_Assembling_VP8_Patent_Pool) (2010. 6. 10. 최종 방문)

는 기업들을 상대로 실시허락을 거절하거나 과도한 특허료를 요구하는
상황을 예상할 수 있다. 3

　둘째, Patent Troll의 행위로 단정하기에는 의문이 있을 수 있으나,
자신이 제조, 이용 또는 판매하는 제품에 필요한 모든 특허를 취득한
뒤 관련시장에 대한 잠재적인 진입자에게 실시허락을 거부하는 행위4
또한 발생할 여지가 많다. 5

　마지막으로 특허권을 보유하는 기업이 마찬가지로 제품이나 용역을
생산, 이용, 판매하지는 않지만 다른 주체가 그러한 행위를 하기를 기
다려 그 특허에 포함된 기술적 진보에 고착된 경우 그 주체들을 상대로
실시허락을 거절하거나 과도한 특허료를 요구하는 경우를 들 수 있다.
이 상황은 어떠한 표준설정과 관련이 없으며 양도인이 실시허락계약을
체결하지 않은 상황이라는 점에서 첫 번째의 상황과 구별된다. 6

　위 세 가지 경우들은 결국 실시허락 거절행위라는 공통된 결과에 이
르게 된다. 즉, 경쟁사업자 또는 신규진입자를 배제하기 위해 실시허
락을 거절하거나 과도한 로열티를 요구하며 이에 응하지 않을 경우 실
시허락을 거절하는 것으로서, 그간 특허권 남용행위의 가장 기본적인
행위태양으로 논의돼 왔다.

(2) 계약의 자유와 실시허락의 거절

　일반적으로 특허권의 실시허락은 상당한 친경쟁적 효과를 갖는 것으

---

3 Rosch, J. T., *Patent Trolls: Broad Brush Definitions and Law Enforcement Ideas*, Before the Newport Summit on Antitrust and Economics (2008), pp. 2~3.

4 이러한 상황을 '특허장벽'(*patent wall*)을 형성하는 경우라고 표현하기도 한다.

5 Rosch, J., *supra note 3*, pp. 2~3.

6 *Id.*, pp. 2~3.

로 알려져 있다. 특허권의 실시허락에 따라 혁신의 확산이 촉진되며, 특허권자가 효율적으로 특허를 상품화하지 못하는 경우 실시허락을 통해 특허권자의 기술자산과 실시권자의 생산설비가 결합돼 이른바 효율적 통합을 달성할 수 있다. 나아가 실시허락은 중복적인 연구개발 투자를 방지하고 하부시장에서의 경쟁을 창출하는 효과도 있다.

그러나 실시허락에 따른 긍정적 효과가 존재한다는 것과 특허권자에게 실시허락할 것을 강제하는 것은 전혀 별개의 문제다. 사적자치의 원칙에 따라 기업이나 개인은 외부의 간섭 없이 거래 상대방 및 조건을 결정할 수 있는 계약의 자유를 누린다. 왜냐하면 그 기업이나 개인의 의사와는 관계없이 특정한 거래를 해야 할 의무를 부과하는 것은 시장경제의 근간을 위협하는 것으로, 원칙적으로 허용될 수 없는 것이며 이는 당해 기업이나 개인이 특허권자인 경우에도 다르지 않기 때문이다. 이와 관련해 미국 특허법은 특허에 대한 침해 또는 기여침해에 대한 구제를 청구할 수 있는 특허권자가 실시허락이나 특허에 대한 권리의 사용을 거부하더라도 그에 대한 구제가 부정되거나 그가 특허권의 남용 또는 특허권의 불법적인 확장을 하는 것으로 간주되지 않는다는 점을 명시하고 있다.[7]

연방대법원 또한 "특허권자는 공중을 위한 수임인에 준하는 지위에 있지 않으며 공중에게 그 발명을 무상으로 사용하게 할 의무를 부담하지 않는다. 그는 그 발명을 사용하거나 다른 사람에게 그 발명의 사용을 허락해야 할 의무가 없다"라고 판시,[8] 특허권자의 사적 자치(私的自治)가 원칙적으로 우선되는 것임을 밝히고 있다.

---

7 35 U.S.C. §271 (d) (4).

8 Hartford-Empire Co. v. United States, 323 U.S. 386 (1945).

(3) 실시허락 거절의 위법성 ― 필수설비 이론

특허권자의 사적 자치가 우선됨은 독점금지법의 측면에서도 마찬가지다. 즉, 실시허락을 할 것인지에 대한 권리는 특허권의 핵심적 영역에 해당하기 때문에, 유효한 특허에 대한 무조건적인 단독의 실시허락거절 그 자체는 독점금지법 위반에 따른 책임을 야기하지 않는다고 보는 것이 일반적이다.[9]

그러나 거래거절이 순수한 사업적 목적이 아닌 독점을 창출하거나 유지하려는 목적이 있는 경우 독점금지법에 따른 책임이 인정될 수 있듯이,[10] 특허권자의 실시허락 거절 또한 그로부터 예상되는 경쟁제한 효과를 근거로 일정한 경우 독점금지법의 적용을 긍정할 수 있는 것은 아닌지 논의가 지속돼 왔다.

이와 관련, 최근에는 단독의 거래거절에 대한 위법성을 판단하기 위해 제시되는 기준 중 하나인 '필수설비 이론'(essential facility doctrine) 이 특허권을 포함한 지적 재산권의 라이선스 거절의 위법성을 판단하기 위한 기준으로 이용될 수 있는지 많은 논의가 이뤄지고 있다. 필수설비 이론이란 필수설비에 대한 통제권을 가진 기업과 경쟁하려는 기업이 경쟁을 위해서 반드시 필요한 필수설비가 제공하는 상품이나 서비스에 대해 합리적 범위 내의 접근을 시도했으나, 통제권을 가진 기업이 그 접근을 막은 경우 그 기업에게 독점금지법 위반의 책임을 부담하게 하는 원칙이라고 정의될 수 있다.[11]

---

9 Pate, R., *Competition and Intellectual Property in the U.S.:Licensing Freedom and the Limits of Antitrust*, 2005 EU Competition Workshop, pp. 4~5.

10 설민수, "지적 재산권 사용계약에 대한 거래거절에 관한 미국과 EU에서의 공정거래법 적용", 《저스티스》 제 101호 (2007), 65면 참조.

11 위의 논문, 72면.

이 이론은 필수적 설비에 대한 접근을 허용함으로써 사업자 간 경쟁을 활성화시켜 결과적으로 독점금지법의 최종 목적인 소비자후생을 증진시킬 수 있는 장점을 가지고 있으나, 사업자에게 경쟁자의 시장진입을 위해 협력하도록 강제함으로써 사적자치를 과도하게 제한하고 필수설비 보유자는 물론 경쟁자의 투자의욕까지 상실시킬 우려 또한 있다.[12]

결국 논의의 핵심은 특허권을 필수설비에 해당하는 것으로 여겨 특허권의 영역에 대한 위 이론의 적용을 긍정할 것인지, 만약 적용을 긍정한다면 구체적으로 어떠한 요건하에 위 이론의 성립을 인정해 특허권자의 권리와 독점금지법의 목적, 나아가 소비자 후생의 증진이라는 특허법과 독점금지법의 공통된 목적 달성에 기여하도록 할 것인지 여부다. 필수설비이론은 미국의 경우 특허권자에 대한 셔먼법 제2조의 책임인정 여부에 관한 측면에서, 유럽의 경우 시장지배적 지위의 남용행위로서 단독의 거래거절의 성부와 관련해 주로 논의가 이뤄지고 있다.

Sherman act §2

독점 또는 독점의 기도, 그리고 독점을 위한 합의 또는 공모를 불법으로 규정하고 있다. (Every person who shall monopolize, or attempt to monopolize, or combine or conspire with any other person or persons, to monopolize any part of the trade or commerce among the several States, or with foreign nations, shall be deemed guilty of a felony, and, on conviction thereof, shall be punished by fine not exceeding $100,000,000 if a corporation, or, if any other person, $1,000,000, or by imprisonment not exceeding 10 years, or by both said punishments, in the discretion of the court.)

---

12 문정해, "지적 재산권의 라이선스 거절에 대한 미국과 유럽연합의 경쟁법 규제: 필수설비 이론의 적용에 대한 정책비교를 중심으로", 이화여자대학교 《법학논집》제13권 제3호 (2009), 95면 참조.

이하에서는 실시허락 거절에 대한 필수설비 이론의 적용 쟁점과 관련된 미국과 유럽의 주요 선례들을 검토해 보고 우리나라 공정거래법의 적용가능성을 살펴본다.

2) 미국의 경우

(1) 관련 판결

① Image Technical Services Inc. v. Eastman Kodak Co.

• 사실관계 •

복사기와 마이크로그래픽 장비를 제조해 판매하던 Eastman Kodak Co. (이하 'Kodak')이 제품의 애프터서비스와 관련해 상당한 경쟁력을 확보하던 독립 서비스업자들에게 장기간 제공해 오던 부품의 공급을 거절했다.

• 법원의 판단 •

연방순회항소법원은 특허권자의 실시허락 거절은 사업상 정당화 사유에 기인한 것으로 추정될 수 있으나, 이러한 추정은 실시허락의 거절을 경쟁제한 행위를 도모하기 위한 구실로 악용하려는 특허권자의 주관적 의도가 증명되는 경우 번복될 수 있다고 판시하면서, 특허권의 보호를 받는 부품과 그렇지 않은 부품의 공급을 함께 거절한 Kodak의 셔먼법 위반책임을 긍정했다. [13]

• 평 가 •

지적 재산권의 라이선스 거절이 셔먼법 위반인지에 대해 법원은 대

---

[13] 125 F. 3d 1195 (C. A. 9 (Cal.), 1997).

체로 부정적 태도를 취해 왔다.[14] 그러나 이 사건에서 법원은 특허권자의 실시허락 거절이 셔먼법 제2조 위반을 구성할 수 있음을 밝혔다.

② In re Service Organizations Antitrust Litigation

• 사실관계 •

복사기 시장을 거의 독점하던 Xerox는 애프터서비스 시장에서 경쟁하던 독립서비스업자들에게 제공해 오던 특허를 이용한 특정 복사기의 부품과 저작권의 대상인 도면의 공급을 거절했다.

• 법원의 판단 •

연방순회항소법원은 이러한 행위가 셔먼법 위반에 해당하지 않는다고 보면서 실시허락의 거절에 따른 경쟁제한효과가 특허법에서 허용하는 범위를 벗어나지 않고 그 행위가 ① 불법적인 끼워팔기 또는 사기에 의한 특허취득, ② 기망소송(*sham litigation*, 欺罔訴訟) 등에 해당하는 경우가 아니라면, 특허권자가 실시허락 거절을 통해 경쟁자를 배제하는 것은 독점금지법 위반에 해당하지 않는다고 판시했다.

• 평가 •

이 사건에서 법원은 실시허락 거절의 위법성을 판단함에 있어 특허권자의 주관적인 동기를 판단하는 것은 불필요하다고 판시해 위의 Kodak 사건과 상이한 입장을 보였다.

---

14 SCM Corp. v. Xerox Corp., 645 F. 2d 1195 (C. A. Conn., 1981), Data General Corp. v. Grumman Systems Supprot Corp., 36 F. 3d 1147 (C. A. 1 (Mass.), 1994).

③ Intergraph Corp. v. Intel Corp.

• 사실관계 •

별도의 마이크로프로세서를 자체 개발해 이를 컴퓨터 워크스테이션의 제작에 이용하던 Intergraph Corp. (이하 'Intergraph') 는 Intel Corp. 와의 계약체결을 통해 마이크로프로세서를 공급받게 돼 자체 개발한 마이크로프로세서의 생산을 중단하게 됐다. 그러던 중 Intergraph는 Intel의 고객 중 일부를 상대로 특허침해 소송을 제기하게 됐는데, 이에 대해 Intel은 자신이 위 고객들과의 계약상 고객을 방어할 의무를 부담하고 있음을 들어 Intergraph에게 위 특허침해 소송을 취하하지 않을 경우 더 이상 마이크로프로세서를 공급하지 않겠다고 통보했다.

결국 마이크로프로세서를 공급받지 못해 경쟁력을 잃게 된 Intergraph는 Intel을 상대로 독점금지법 위반소송을 제기했는데, 그 주장의 근거 중 하나로서 필수설비 이론을 제시했다. 즉, Intel의 마이크로프로세서 제품과 그에 관한 기술은 자사의 사업을 위해 필수적인 설비에 해당하므로, Intel의 실시허락 거절은 독점금지법 위반에 해당한다는 것이었다.

• 법원의 판단 •

1심법원은 Intergraph의 접근을 거절한 Intel의 행위가 필수설비에 대한 접근거절에 해당한다고 봤다.[15] 그러나 연방순회항소법원은 필수설비 이론의 적용을 부정하며 1심 판결을 파기했다.[16] 즉, 필수설비 이론은 필수설비의 보유자와 경쟁기업이 그 설비에 대한 접근이 요구되는 동일한 시장에서 경쟁하고 있을 때만 적용될 수 있는데, 본건의 경우

---

15 3 F. Supp. 2d 1255 (N. D. Ala., 1998).
16 195 F. 3d 1346 (C. A. Fed. (Ala.), 1999).

Intergraph와 Intel은 경쟁관계가 아니므로 필수설비 이론은 적용될 여지가 없다는 것이었다.

④ Aldridge v. Microsoft Corp.

• 사실관계 •

Aldridge는 Microsoft가 Windows95에 디스크 캐시 유틸리티 프로그램을 추가한 결과, 더 이상 자신이 제작, 판매하던 디스크 캐시 유틸리티 프로그램 'Cache86'와 호환이 이뤄질 수 없게 됐다고 주장했다. 즉, 위와 같은 프로그램 추가로 인해 Aldridge로서는 Windows95에 대한 접근이 배제됐으며, Microsoft가 Windows95의 상세 디자인을 공개하지 않음에 따라 기존 'Cache86'에 대한 개선도 불가능해 결국 디스크 캐시 유틸리티 프로그램 시장에서 경쟁할 수 없게 됐다는 것이다.

• 법원의 판단 •

이 사건에서 다루어진 쟁점 중 하나는 Windows95를 필수설비로 볼 수 있는지 여부에 관한 것이었는데, Aldridge의 주장과 달리 법원은 Windows95가 필수설비에 해당하지 않는다고 판단했다.[17] 특정 설비가 필수설비에 해당하기 위해서는 그 설비가 경쟁적 생존가능성뿐만 아니라 시장에서 일반적 생존가능성을 담보하는 것이어야 하는데 Aldridge가 Windows95 이외에 다른 운영체계에 접근하는 것은 여전히 가능하다는 점, 필수설비 이론은 자연독점이나 정부의 인·허가에 기인한 독점의 경우 적용될 수 있는 것인데 본건의 경우 이러한 정황이 존재하지 않는다는 점 등이 주된 이유였다.

17 995 F. Supp 728 (S. D. Tex. 1998).

186

• 평 가 •

이 사건과 바로 앞에서 살펴본 Intergraph Corp. v. Intel Corp. 사건
은 특허권자의 실시허락 거절에 대해 필수설비 이론의 적용가능성이
논의된 대표적 사례들이다. 법원은 이 두 가지 사안에서 모두 필수설비
이론의 적용을 부정했다.

(2) 평 가

미국에서는 지적 재산권 권리행사에 필수설비 이론을 적용하는 것이
득보다 실이 많다는 견해가 많다.[18] 필수설비이론의 필요성과 적용범
위에 관한 논란은 연방대법원이 2004년 Verizon Communication Inc. v.
Trinko 판결을 선고함으로써 어느 정도 해소됐다.

이 사건에서 연방대법원은 필수설비 이론을 종래 인정한 바 없으며
이를 인정하거나 부정할 필요성을 느끼지 못한다고 전제한 후, 설령 그
러한 필수설비 이론을 적용한다고 하더라도 필수설비 이론을 적용하기
위한 불가결한 요건은 필수설비에 대한 접근이 불가능하다는 것이므로
접근이 존재하는 경우 필수설비 이론은 적용될 여지가 없으며, 규제기

---

18 John Simpson & Abraham Wickelgren, "Bundled Discounts, Leverage
Theory and Downstream Competition," *Am Law Econ. Rev.* (2007) ; Joseph
Farrell & Paul Klemperer, "Co-ordination and Lock-in : Competition
with Switching Cost and Network Effects," Economics Papers 2006-W07
Economics Group, Nuffield College, University of Oxford (2006) ; Robert
Pitofsky, Donna Patterson & Jonathan Hooks, "The Essential Facilities,
Doctrine under U. S. Antitrust Law," 70 *Antitrust Law Journal* (2002) ;
Gruber & F. Verboven, "The Evolution of Markets under Entry and
Standards Regulation in the Case of Global Mobile Telecommunications,"
19 *International Journal of Industrial Organization,* (2001).

Verizon Communication Inc. v. Law Offices of Curtis v. Trinko, LLP

Verizon Communications(이하 'Verizon')는, 경쟁자의 시장진입을 촉진해 통신시장에서 경쟁을 활성화하기 위해 전기통신법(Telecommunications Act)이 제정되기 이전까지, 다른 지역전화 사업자들과 마찬가지로 담당 지역이던 미국 뉴욕 주에서 지역전화 사업을 독점하고 있었다. 그런데 경쟁자들과 네트워크를 공유해야 하는 의무를 부과하는 위 법이 제정됨에 따라 Verizon은 AT&T 등 경쟁사들과 네트워크 상호접속 계약을 체결하게 됐고, 자신의 관련 네트워크를 경쟁사들과 공유하게 됐다.

그러나 Verizon은 위와 같은 계약 체결에도 불구하고 이를 준수하지 아니했고, 결국 셔먼법 제2조 위반에 따른 독점규제법 위반소송을 제기당했다. 경쟁자들은 Verizon이 경쟁자의 요청을 차별적으로 처리함으로써 궁극적으로 지역전화 사업시장에 진입해 경쟁하려는 사업자들의 경쟁적 능력을 저해하려 했다고 주장했다.

관이 설비의 공동사용을 강제하고 그 범위와 조건을 규율할 효과적 권한이 있는 경우 필수설비 주장은 받아들일 수 없다고 판시했다.[19]

다만 이 사건은 지적 재산권의 실시허락 거절행위를 정면으로 다룬 사건은 아니기 때문에 지적 재산권의 실시허락 거절에 대한 연방대법원의 태도는 명확하지 않은 점이 있다. 그럼에도 불구하고 이 판결은 적어도 미국 셔먼법상 독점화행위로서 거래거절과 관련해 필수설비 이론을 독자적 법리로 인정할 필요성이 매우 제한적임을 확인한 판결이라고 해석된다.[20] 이러한 상황에서 미국 법원이 표준기술 특허권자의 실시허락 거절행위라 해서 훨씬 완화된 위법성 판단기준을 제시할 것으로 예상되지는 않는다.

19 Verizon v. Trinko, 540 U. S. 398 (2004)
20 연방대법원이 이 판결을 통해 보여준 태도는 미국에서 특허권자의 실시허락 거절행위는 존중될 것이며 거의 절대적인 면책을 부여할 것이라는 점을 선언한 것이라고 보는 견해도 있다(Michael A. Carrier, Refusal to License Intellectual Property after TRINKO, 55 *Duke Law Rev.* (2006), p. 1209).

한편, 이 판결이 필수설비 이론에 부정적인 듯한 입장을 보이긴 했지만, 이를 폐기한다고 선언하지 않았기 때문에 판결 이후에도 하급심법원들은 계속 필수설비 이론을 적용하고 있다.[21] 그러나 1990년대 후반에 들어서면서 필수설비 이론에 의하지 않고 독점기업의 거래의무를 설명하는 경우도 적지 않다. 특히 최근 지적 재산권이 문제된 사안에서 일부 필수설비이론의 적용시도가 있었으나 결국 전통적인 거래거절의 법리에 따라 판단됐다. 당분간 미국에서는 이러한 추세가 지속될 것으로 전망된다.

3) 유럽연합의 경우

유럽연합 (EU, European Union)

흔히 EC조약이라고 불리는 '유럽공동체 설립조약'(Treaty on the establishing the European Community)은 2009년 12월 1일에 발효된 리스본조약에 따라, '유럽연합의 기능에 관한 조약'(Treaty on the Functioning of the European Union, EU조약)으로 개정됐다. 따라서 이 책에서는 유럽공동체(EC, European Community)라는 표현보다 유럽연합(EU)이라는 표현을 사용하기로 한다.

유럽연합은 입법기관, 집행기관, 사법기관을 모두 갖추고 있는데 집행기관과 사법기관에 대하여는 이후에 살펴보기로 하고 여기서는 입법기관에 대하여만 간략히 설명한다.

---

21 Metronet Servs. Corp. v. Qwest Corp., 383 F. 3d 1124, 1129-30 (9th Cir. 2004) (필수설비 이론을 인정하지만 당해 사건의 사실관계에는 적용되지 않는다고 판시함), *cert. denied*, 544 U.S. 1049 (2005); Nobody in Particular Presents, Inc. v. Clear Channel Communs., 311 F. Supp. 2d 1048, 1113 (D. Colo. 2004) (필수설비 이론을 적용하면서 당해 사건의 피고는 단기적 이익을 희생해 다른 경쟁자들을 배제한 이후에 장기적 독점이윤을 획득하려 했기 때문에 Trinko 판결과 구별된다고 판시함).

유럽연합의 입법기관은 유럽의회(European Parliament)와 각료이사회(Council of Ministers, '이사회'라고도 함)이다. 유럽의회는 유럽연합의 Law, Act를 제정하는 기관으로 회원국 국민의 직접보통선거에 의해 선출된 5년 임기의 의원들로 구성된다. 종래에는 예산분야에 대하여만 입법과정에 참가했지만, 마스트리히트 조약(1992년), 암스테르담 조약(1999년)에 의해, 운수, 소비자보호, 환경 등 분야의 입법활동 (regulation, directives 등의 선택)에 대해 아래 각료이사회와 공동으로 결정하는 등 입법과정에서의 권한범위가 넓어지고 있다. 단, 경쟁법 분야는 아직 위와 같은 공동 결정 절차의 대상이 아니다.

이사회는 각료 레벨의 각 회원국의 대표자로 구성된다. 이사회 회의에는 의제에 따라 다른 대표자가 출석하며, 유럽위원회(European Council)의 제안에 근거해 regulation, directives, decision, recommendations, opinions 등을 정하는 권한을 갖고 있다. 위 EU조약 제103조에 의하면, 이사회는 위 조약을 실행하기 위한 regulation, directives를 제안해 유럽의회와 협의해 정하도록 돼 있으며 경쟁법제에 관하여도 마찬가지다. 단, 이사회가 아닌 유럽집행위원회가 규칙의 제정이나 결정을 내릴 수도 있는데, 유럽집행위원회는 경쟁법의 근거조항인 위 EU조약 제101조 또는 제102조 위반에 대한 결정 권한과 위 조약 제105조에 의한 일괄적용 면제에 대한 규칙 제정의 권한을 갖고 있다.

(1) 관련 판결

① Radio Telefis Eireann v. Commission of the European Communities

• 사실관계 •

이 사건은 방송편성표를 언론사 등 제3자에게 무상으로 배포하던 BBC 등 영국과 아일랜드의 방송 3사가 아일랜드의 Magill에 대해 편성표의 라이선스를 거절함에 따라 그 행위의 위법성이 문제됐던 사안이다. 위 방송사들은 북아일랜드와 아일랜드에서 방송권을 독점하면서 주간 방송편성표에 대한 저작권을 보유하고 있었는데, Magill이 평일 하루 또는 주말 양일 등 일주일 중 일부의 편성표만을 담아 제작하던 그간의 관행과 달리 일주일간의 방송 프로그램을 모두 담은 안내자료를 발간하자, 위 방송사들이 저작권을 침해받았다고 주장하면서 분쟁이 시작됐다.

사안을 심리한 유럽집행위원회(*European Commission*)는 방송사들의 라이선스 거절행위가 시장지배적 지위의 남용행위에 해당한다며 위 방송사들을 상대로 비차별적인 조건하에 필요한 경우 합리적 수준의 실시료를 받고 편성표를 제공하라고 결정, 라이선스 제공을 강제하는 명령을 내렸다.[22] 그러나 방송사들은 이에 불복, 유럽보통법원(EGC, *European General Court*)에 위와 같은 명령의 취소를 구했다. 하지만 유럽보통법원 또한 유럽집행위원회 명령의 적법성을 확인하자[23] 위 판결은 최상급 사법기관인 유럽사법법원에 넘어가게 됐다.

유럽집행위원회 (EU Commission), 유럽보통법원 (EGC), 유럽사법법원 (ECJ)

1. 유럽연합의 경쟁법 집행기관
EU경쟁법의 집행기관은 유럽집행위원회(European Commission)이며, 실무를 담당하는 '경쟁총국'(DGCOMP, Directorate-General for Competition)이 있다.

① 유럽집행위원회의 구성
유럽연합 회원국의 합의에 의해 임명된 27명의 위원으로 구성되며, 그 중 위원장 1명과 부위원장 7명이 선임된다. 위원의 임기는 5년으로, 각 위원은 하나 또는 복수의 정책부문 책임자가 된다. 경쟁정책은 경쟁담당위원의 몫으로 현재 경쟁담당위원은 호아킨 알무니아(Joaquin Almunia)이다. 임기는 2010년 2월부터 2014년 10월까지다.

② 유럽집행위원회의 권한
유럽집행위원회는 이사회로부터 위임받은 권한 범위 내에서 경쟁법에 관한 규칙 등의

22 Magill TV Guide/ITP, BBC and RTE 89205 [1989] OJ L78/43.
23 Case T-69/89, RTE v. Commission[1991] 4 CMLR 586; Case T-76/89, ITP Ltd v. Commission [1991] 4 CMLR 745.

입안 권한, EU조약 제101조 및 제102조 위반행위에 대한 조사 및 배제 조치 및 제재금 부과에 관한 결정과 기업결합의 제재 등에 관한 권한을 갖고 있다.

③ 유럽집행위원회와 경쟁총국의 조직 및 인원
조직은 2010년에 임명된 알렉산더 이탈리아나(Alexander Italianer) 총국장 아래 9국 39과가 설치돼 있으며 2008년말 기준으로 경쟁총국의 직원 수는 738명이다.

2. 유럽연합의 사법기관
유럽연합의 사법기관은 법률판단을 하는 최상급 법원인 유럽사법법원(ECJ, European Court of Justice)과 이에 부속된 유럽보통법원(EGC, European General Court)으로 구성돼 있다.

① 유럽보통법원(EGC, European General Court)
유럽보통법원은 1989년 1월 1일 설립돼 2009년 11월 30일까지 활동한 유럽1심법원(CFI, The First Instance of European Court)을 전신으로 하고 있다. 아직도 많은 곳에서 유럽1심법원이라고 표현하고 있으나 이제는 유럽보통법원이라고 하는 것이 보다 정확한 표현이라고 생각된다.
유럽보통법원은 최고법원인 유럽사법법원에 부속된 법원으로 유럽이사회의 결정에 근거해 설치됐다. 동법원은 경쟁법위반에 관한 유럽집행위원회의 결정취소 소송을 포함한 일정 소송을 관할하고, 사실심(事實審)으로 기능한다. 재판관은 각 회원국으로부터 적어도 1명씩 임명되도록 돼 있으며, 현재 27명의 재판관이 소속돼 있다. 대법정은 13명의 재판관에 의해 구성되지만, 보통 3명 또는 5명의 재판관에 의한 소법정(대부분은 3명의 재판관에 의한 소법정)에서 심리가 이뤄지고 있다.

② 유럽사법법원(ECJ, Court of Justice of the European Union)

명칭	유럽사법법원(European Court of Justice: ECJ)
설립	1952년 유럽 석탄철강 공동체(ECSC)조약, 1989년 유럽 1심 법원, 2004년 행정법원
목적	유럽연합(EU)의 법률을 해석하고 회원국 간 분쟁 해결
본부	룩셈부르크
재판관	27명(임기6년)
홈페이지	http://curia.europa.eu/
회원국	27개국
공식언어	23개

Luxemburg 소재 유럽사법법원 빌딩

유럽사법법원은 원래 1952년에 유럽석탄철강공동체 사법법원으로 출발하여 1958년 유럽공동체 사법법원, 2009년 12월 1일 유럽연합 사법법원으로 개명했다. 룩셈부르크에 설립됐으며 유럽연합 법령의 통일된 해석 및 적용에 관한 최고사법기관이다. 27명의 재판관이 있으며 각 회원국이 1명씩 임명한다. 대법정(Grand Chamber)은 13명의 재판관으로 구성되는데, 보통은 3명 또는 5명의 재판관에 의한 소법정으로 재판이 이뤄진다. 재판 대상 사건에 대한 의견을 제시하는 8명의 법률심의관(Advocates General)이 재판관을 보좌하며, 기록관(Registrar)이 사무를 전담한다. 재판소장의 임기는 3년이지만, 재판관 및 법률심의관의 임기는 6년으로 1회 연임 가능하며, 회원국의 합의에 근거해 임명된다.

회원국이 늘어남에 따라 유럽사법법원의 업무도 많아져 1989년 9월 유럽보통법원(구 유럽1심법원, Court of First Instance)이 추가 설립됐다. 2008년 유럽사법법원에는 592건, 유럽보통법원에는 629건의 사건이 접수되었으며 사건 처리기간은 평균 2년이다.

유럽사법법원은 회원국 법원의 요청을 받아 유럽연합 관련 법령에 대한 해석을 하는 선행판결(*preliminary ruling*)의 권한이 있는데 이를 통해 유럽연합 법률의 통일적 해석 기능을 수행한다. 회원국 법원은 유럽연합 법률과 관련한 소가 제기되면, 유럽사법법원에 선행판결을 의뢰해야 하며, 이는 회원국 법원의 엇갈린 판결을 예방하기 위해서다. 유럽연합 법률이 회원국 법률보다, 유럽사법법원의 판결이 회원국 판결보다 우위에 있음을 의미한다. 판결문은 선고 즉시 유럽연합의 공식 23개 언어로 번역된다.

선행판결 외에도 유럽사법법원은 회원국 정부가 유럽연합의 법령을 위반했는지를 판단해 벌금을 부과한다. 행정부 역할을 맡은 집행위원회는 특정 회원국이 조약이나 규정을 위반했음을 인지하면 유럽사법법원에 그 회원국을 제소한다. 재정위기를 겪고 있는 그리스 정부를 2010년 2월에 제소한 것이 대표적이다. 2003~2004년에 수십 개 법인에 부당하게 감면한 법인세 8,000만 유로(약 1,300억 원)를 추징하라고 권고했음에도 그리스가 이를 이행하지 않았기 때문이다.

유럽집행위원회의 결정에 불복할 경우 유럽사법법원에서 판단하게 되는데, 근래의 Microsoft사 경쟁법위반 사건이 유명하다. Microsoft는 소프트웨어 개발용 정보를 공개하지 않고, Window Media Player를 OS인 Window에 끼워팔아 경쟁을 방해했다는 이유로 집행위원회로부터 벌금 6억 1,300만 달러(약 6,900억 원)를 부과받았다. Microsoft는 집행위원회의 결정에 불복해 법원에 항소했으나 기각당했고 집행위원회는 벌금 3억 5,700만 달러(약4천억 원)를 추가했다.

• 유럽사법법원의 판단 •

유럽사법법원(ECJ, *European Court of Justice*)은 시장지배적 사업자의 지적 재산권 라이선스 거절이 그 자체로는 남용에 해당하지 않으나 이른바 예외적 상황이 존재하는 경우에는 남용에 해당할 수 있다고 판시했다. 예외적 상황의 존재를 판단하기 위한 요건으로 ① 거래거절이 사업운영에 필수불가결한(*indispensible*) 정보와 관련돼 있을 것, ② 당해 거래거절이 소비자의 잠재적인 요구에 부합하는 새로운 제품의 출현을 방해할 것, ③ 객관적인 정당화 사유가 존재하지 않을 것, ④ 하부시장에서의 모든 경쟁을 배제할 개연성이 존재할 것 등을 제시했다.

그런데 본건의 경우 ① 방송 3사가 보유하는 편성에 관한 정보는 Magill의 안내자료 발행에 필수불가결한 정보이고, ② 방송 3사의 거래거절로 인해 Magill이 발행하려던 신제품의 출현이 저지됐으며, ③ 그러한 거래거절 행위에 정당화 사유도 존재하지 아니하고, ④ 그러한 행위로 인해 하부시장에서의 경쟁이 봉쇄됐으므로 예외적 상황의 존재가 인정된다는 이유로, 유럽 사법법원은 방송사들의 행위가 시장지배적 지위의 남용행위에 해당한다고 판결했다. [24]

• 평 가 •

유럽에서도 실시허락의 거절은 원칙적으로 시장지배적 지위의 남용행위를 구성하지 아니한다. [25] 그러나 '예외적 상황'(*exceptional circumstances*)이 존재하는 경우 실시허락의 결정이 남용행위에 해당할 수 있음이 판례를 통해 인정되고 있다. 이른바 'Magill' 판결로 알려진 Radio

---

24 Cases C 241-242/91P, Radio Telefis Eireann and Independent Television Publication Ltd v. Commission〔1995〕4 CMLR 718.
25 Case 238/87, Volvo v. Erik Veng(UK) Ltd. 〔1988〕ECR 6211.

Telefis Eireann v. Commission of the European Communities 사건26은 유럽 사법법원이 최초로 예외적 상황의 존재를 인정한 사례로 평가받고 있다.27

② IMS Health GmbH & Co OHG v. NDC Health GmbH & Co. KG
• 사실관계 •

미국에 본사를 두고 있는 IMS Health는 의약품 판매관련 정보를 수집해 이를 다시 제약업체와 보험사 등에 판매하는 기업이었다. 위 IMS Health의 독일 자회사이던 IMS Health GmbH & Co. OHG(이하 'IMS')는 1969년경부터 '1860 brick structure'라는 데이터베이스를 도입한 뒤 이에 기반해 정보를 판매했는데, 위 데이터베이스에 대한 저작권 또한 IMS가 보유했다. 1999년 이전까지는 IMS가 관련시장을 독점했으나, 1999년 IMS에서 퇴사한 임원들이 설립한 회사들에 의해 시장진입이 이뤄지게 됐다.

그런데 위 경쟁사들 또한 '1860 brick structure'와 동일하거나 유사한 데이터베이스를 이용해 고객들에게 정보를 제공했고, 이에 IMS는 독일 법원에 위 경쟁사 중 한 곳을 저작권 침해를 이유로 제소했다. 그러자 경쟁사 중 한 곳을 인수하게 된 NDC Health GmbH & Co. KG(이하 'NDC')와 다른 경쟁사는 IMS의 저작권 라이선스 거절행위가 시장지배적 지위

---

26 Joined Case C-241/91P & C-242/91P, Radio Telefis Eireann v. Commission of the European Communities [1995] ECR I -743.

27 Forrester, I., Regulating Intellectual Property Via Competition? Or Regulating Competition Via Intellectual Property? Competition and Intellectual Property: Ten Years On The Debate Still Flourishes, 2005 EU Competition Law and Policy Workshop/Proceedings, p. 15.

의 남용에 해당한다는 이유로 IMS를 유럽 집행위원회에 제소했다.

사안을 심리한 유럽 집행위원회는 대부분 기업들이 위 '1860 brick structure'에 실질적으로 의존하고 있기 때문에 '1860 brick structure'는 사실상 관련시장 진입에 필수적인 데이터베이스 표준에 해당하므로 IMS의 라이선스 거절은 관련시장에서 경쟁을 불가능하게 만드는 것으로 시장지배적 지위의 남용에 해당한다고 판단, IMS에게 라이선스의 허용을 명령했다.[28] IMS는 위 명령에 불복, 유럽보통법원에 항고를 제기했고, 유럽보통법원은 IMS의 주장을 받아들여 라이선스의 허용을 명령한 유럽 집행위원회 결정의 효력을 중지시켰다.[29] 한편 저작권 침해소송을 담당하던 독일 법원은 유럽 사법법원에 IMS의 라이선스 거절이 시장지배적 지위의 남용행위에 해당하는 것인지 여부에 대한 법률적 판단을 구했고, 유럽사법법원이 본건을 심리하게 됐다.

• 유럽 사법법원의 판단 •

유럽사법법원은 Magill 사건에서 제시됐던 예외적 상황의 성립을 위한 요건들이 모두 충족된 경우에 한해 시장지배적 지위의 남용이 인정된다고 밝히면서 순차로 위 요건들을 만족시키는지 판단했다.[30] 먼저 '새로운 제품' 요건과 관련해 유럽 사법법원은 기존의 저작권자가 시장에 공급하는 상품과 동일한 상품을 제공하거나 이를 복제해 공급하는 것은 위 요건을 충족시키지 못하는 것이라고 보았다. 나아가 저작권자와 경쟁자가 상부시장과 하부시장, 즉 별개의 시장에서 경쟁하는 것이

---

28 IMS Health Inc. (Interim measures) (2002/165).

29 Case T-184/01 R Ⅱ, IMS Health Inc. v. Commission [2002] 4 CMLR 2.

30 Case C-418/01, IMS Health GmbH & Co. OHG v. NDC Health GmbH & Co. KG [2004] 4 CMLR 28.

아니라 하나의 시장에서 경쟁하는 경우라면 저작권자는 라이선스를 허용할 의무가 없지만, 별개의 시장이 실제로 존재해야 하는 것은 아니며 잠재적 시장(*potential market*)이나 가정적 시장(*hypothetical market*)이 인식될 수 있는 정도이면 충분하다고 판시했다.

• 평 가 •

위 Magill 사건에서 제시된 예외적 상황에 관한 요건이 이 사건을 통해 완성됐다는 평가를 받고 있다.[31] 즉, 그간 Magill 사건에서 제시됐던 요건들이 누적적 요건들인지 아니면 선택적인 것인지에 관해 견해가 엇갈렸으나, 이 사건에서 유럽 사법법원은 Magill 요건들이 모두 충족된 경우에 한해 시장지배적 지위의 남용이 인정된다고 판단함으로써 이를 명확히 했다.

③ Microsoft v. Commission of the European Communities

• 사실관계 •

IMS 사건에 의해 Magill 사건에서 제시됐던 예외적 상황에 관한 요건들이 재확인되고 구체화되기 몇 주 전인 2004년 3월 24일 유럽 집행위원회는 Microsoft의 시장지배적 지위의 남용행위를 인정하는 결정을 채택했다.[32] 크게 두 가지 행위가 문제였는데, 하나는 'work group function'이라 불리는 컴퓨터 서버 운영체계를 개발하고자 하는 경쟁자에게 '상호운용성 정보'(*interoperability information*)의 제공을 거절한 것이었다. 다른 하나는 Windows와 Windows Media Player의 끼워팔기였

---

31 박재훈, "유럽에서의 특허권 라이선스의 거절과 경쟁법상 지배적 지위의 남용에 관한 연구", 《산업재산권》 제29호 (2009), 272면.
32 Commission Decision in Case COMP/C-3/37.792.

다. 이 가운데 전자의 행위가 거래거절 및 예외적인 상황의 요건과 관련된 것이었다.

유럽 집행위원회의 위 결정은, 1998년 Sun Microsystems(이하 'Sun')이 자신이 개발한 운영체계와 Windows의 상호운용성 확보를 위해 Microsoft를 상대로 관련정보의 제공을 요청했으나 Microsoft가 이미 공개돼 있는 정보 이외의 추가적 정보의 제공을 거절하자 Sun이 유럽 집행위원회에 Microsoft를 제소함에 따라 내려진 것이다. Microsoft는 위 결정에 대해 불복, 유럽보통법원에 항고를 제기했다.

• 법원의 판단 •

유럽보통법원 또한 Microsoft의 시장지배적 지위의 남용행위가 성립된다고 봤다.[33] 이 사건에서 또한 예외적인 상황요건의 충족 여부가 문제됐는데, 먼저 본건에서 상호운용성 관련 정보가 사업운영에 필수불가결한 정보에 해당하는지에 대해 유럽보통법원은 Microsoft가 PC 운영체계를 거의 독점하는 상황에서 상호운용성에 관한 정보는 경쟁사가 'work group server' 시장에서 실질적으로 생존하기 위해 필수적인 것이라고 판단, 위 정보를 획득하는 것 외에는 다른 방법으로 상호운용성을 확보하기는 어렵다고 봤다.

나아가 관련시장에서 Microsoft의 시장점유율이 60% 이상이고 지속적으로 상승추세에 있는 점, 경쟁자들은 점유율을 잃고 있으며 극히 제한된 점유율만을 차지하고 있다는 점을 고려할 때 Microsoft의 행위는 시장에서의 경쟁을 배제할 개연성이 있고 모든 경쟁이 소멸되기 전 위 행위를 규제하는 것이 타당하다고 판단했다.

---

33 Case T-201/04, Microsoft Corp. v. Commission of the European Communities 〔2007〕.

새로운 제품의 출현과 관련, 유럽보통법원은 유럽 집행위원회의 입장을 그대로 받아들였다. 상호운용성이 확보되지 않을 경우 소비자들은 Microsoft의 운영체계에 고착되고 경쟁자들의 기술개발이 어렵게 됨에 따라 소비자의 이익에 해가 될 수 있으며, 기능이 아닌 기술적 발전만으로도 새로운 제품의 출현을 인정할 수 있다는 취지였다.

마지막으로 유럽보통법원은 해당 기술이 지적 재산권으로 보호된다고 해서 라이선스 거절이 정당화되는 것은 아니고, 예외적 상황이 인정되는 경우 거래거절을 규제하는 것이 지적재산권의 발전이나 혁신의 촉진을 제한하는 것은 아니라며, 라이선스 거절은 정당한 것이라는 Microsoft의 주장을 배척했다.

• 평 가 •

이 사건에서 유럽보통법원은 예외적 상황의 요건과 관련해 '새로운 제품'의 범위를 확장했다. 거래거절의 정당화 사유와 관련해 거래강제가 기술혁신의 장애로 작용한다고 주장하기 위해서는 기술혁신 저해효과를 입증할 명확한 근거가 제시돼야 한다고 판단했다. 나아가 지적 재산권의 라이선스 거절이 관련시장에서 경쟁을 배제하는 것과 관련해 '모든'(all) 경쟁이 아닌 '유효'(effective) 경쟁을 제거해야 하는 것으로 한정했다. 이러한 판단은 예외적인 상황의 법리를 적극 적용해 지적 재산권의 라이선스 거절에 대한 독점금지법상 책임 부과를 강화하려는 유럽연합의 태도를 재확인한 것으로 평가되고 있다. [34]

---

34 문정해, 앞의 논문(註 12), 111~112면.

(2) 평 가

유럽연합, 특히 집행위원회 차원에서 필수설비 이론이 유형의 설비에 국한되지 않고, 판매망이나 지적 재산권에까지 보다 폭넓게 원용되는 특징을 보인다.[35] 즉, 유럽연합은 IMS 판결 및 Microsoft 판결에 의해 요구되는 일정한 요건만 구비되면 필수설비 이론을 지적 재산권에 대해서도 적용할 수 있다고 본다. 따라서 표준기술 내지 사실상 표준기술을 필수설비로 보아 실시허락 거절행위를 규제할 수 있다.

4) 우리나라 공정거래법의 적용가능성

특허권자의 부당한 실시허락 거절행위는 ① 단순 실시허락 거절행위, ② 과도한 조건을 붙임으로써 사실상 실시허락을 거절하는 조건부 실시허락 거절행위, ③ 선착순에 의해 일정한 실시수량을 정해 라이선스를 주고, 그 이후에는 라이선스를 거절하는 경우 등 다양한 유형이 있다.[36] 이 중 대표적 유형은 첫 번째와 두 번째 유형인데, 두 번째 유형은 다시 끼워팔기 등의 조건부 실시허락 거절행위와 과도한 로열티 요구행위로 나누어 볼 수 있다. 이하에서는 ① 단순 실시허락 거절행위, ② 조건부 실시허락 거절행위, ③ 과도한 로열티 요구행위로 나누어 살펴본다.

---

35 이봉의, "공정거래법상 필수설비법리의 현황과 과제: 심결례 및 판례를 중심으로", 《상사판례연구》 제 19집 제 1권 (2006), 9면.

36 Michael A. Carrier, Refusal to License Intellectual Property after TRINKO, 55 *Duke Law Rev.* (2006), pp. 1191~1201.

200

(1) 단순 실시허락 거절행위

① 법률의 규정

'독점규제 및 공정거래에 관한 법률 시행령(이하 '시행령')' 제5조 제3
항은 '독점규제 및 공정거래에 관한 법률' 제3조의2 제1항 제3호의 규
정에 따라 다른 사업자의 사업활동에 대한 부당한 방해행위의 한 유형
으로 "정당한 이유 없이 다른 사업자의 상품 또는 용역의 생산·공급·
판매에 필수적 요소의 사용 또는 접근을 거절·중단하거나 제한하는
행위"를 규정하고 있다. 시행령에서 '필수설비'라는 용어 대신 '필수요
소'라는 용어를 사용한 것은 만일 필수설비라고 할 경우 설비(*facility*)
개념에 지적 재산권과 같은 무형재(*intangible goods*)가 포함될 수 있는
가 하는 논란을 피하기 위한 것으로 보인다. 따라서 필수설비 이론의
적용에 관해 유럽연합과 비슷한 결론이 내려질 가능성이 높다.

한편, 최근 개정된 '지식재산권의 부당한 행사에 대한 심사지침'[37]에
서는 "부당하게 특정 사업자에 대해 실시허락을 거절하는 행위"를 위법
한 실시허락 거절행위로 규정하면서, "특히 거래거절의 목적이 ① 관련
시장의 경쟁제한과 관련되는 경우, ② 실시허락이 거절된 기술이 사업
활동에 필수적 요소인 경우, ③ 해당기술의 대체거래선을 확보하기 어
려운 경우, ④ 기술표준과 같이 관련시장에서 해당기술이 미치는 영향
력이 상당한 경우, ⑤ 자신이 해당기술을 실시할 의도가 없음에도 불구
하고 실시허락을 거절해 관련기술의 이용을 과도하게 저해하는 경우에
는 부당한 것으로 판단될 가능성이 크다"고 언급하고 있다('지식재산권
의 부당한 행사에 대한 심사지침' Ⅲ. 1. 나. (2)).

---

37 제정 2000. 8. 30. 공정거래위원회 예규 제12호, 개정 2010. 3. 31. 공정거래위
   원회 예규 제80호, 2010. 4. 7. 시행.

판례 및 심결례 중 2001년 공정거래법 시행령 개정에서 필수설비 이론이 명문화된 후 이를 적용·판단한 것은 아직 없다. 따라서 필수설비이론을 내포하거나 이 이론이 언급된 것으로 평가받는 사건을 대상으로 동 이론과 관련된 사항을 중심으로 살펴본다.

② 관련 판결

■ POSCO 사건 ■━━━━━━━━━━━━━━━━━━━━━━━━━━━━━━

가. 사실관계

열연코일 시장에서의 국내 독점공급(생산)자이자 조강생산량 기준세계 제1위의 사업자인 ㈜ 포스코는 냉연강판시장의 경쟁사업자인 현대하이스코 ㈜로부터 여러 차례 냉연강판용 열연코일의 공급을 요청받았으나 공급을 거절했다. 이에 대해 공정거래위원회는 포스코가 냉연강판 생산에 필수적인 열연코일의 공급을 거부한 행위는 열연코일 시장에서의 독점적 지위를 남용해 경쟁사업자의 사업활동을 부당하게 방해하는 행위로서 냉연강판시장의 공정한 경쟁질서를 저해한다고 판단해 공급거절의 금지, 법위반 사실의 공표 및 과징금의 납부 등을 의결했다.

나. 서울고등법원의 판결

서울고등법원은 공정위의 입장을 대체로 수용하면서 원고의 청구를 기각했다.[38] 즉, 법원은, 시장지배적 사업자의 지위 남용에 의한, 경

───────────────────────────

38 서울고등법원 2002. 8. 27. 선고 2001누5370 판결.

쟁제한성은 반드시 당해 시장지배적 사업자가 속한 관련시장에서의 경쟁제한에 국한되는 것은 아니며, 하나의 관련시장에서의 시장지배적 지위를 남용해 후방이나 전방 등 다른 관련시장에서 경쟁을 제한하는 경우도 포함된다고 봤다. 이러한 점에서 원고의 현대하이스코에 대한 거래거절행위는 열연코일 시장에서의 자신의 시장지배적 지위를 이용해 후방시장인 냉연강판 시장에 새로 진입한 경쟁사업자인 피고보조참가인에 대해 냉연강판 생산에 필수적인 열연코일의 공급을 거절함으로써 열연코일시장에서의 시장지배적 지위를 남용해 냉연강판 시장에서 경쟁사업자인 현대하이스코의 사업활동을 방해하고 자신의 시장지배적 지위를 계속 유지하려는 의도 하에 행한 행위라는 것이다.

이는 시장의 경쟁촉진을 통해 소비자 후생을 극대화하고 국민경제의 발전을 도모한다는 법 취지에 어긋나는 행위일 뿐 아니라, 이로 인해 현대하이스코가 열연코일의 구입을 전적으로 수입에 의존할 수밖에 없는 상황에서 열연코일 수입에 따른 추가비용 부담(운임, 관세, 하역비 등), 거래의 불안정성(물량의 안정적 확보 곤란, 원료 혼용에 따른 생산성 저하, 과다한 운송기간에 따른 시장변화에 대한 신속한 적응 곤란, 환 리스크 등) 등으로 사업활동에 상당한 어려움을 겪고 있고, 또 동 제품의 국내 구매가 불가능하다는 사정으로 인해 외국으로부터 동 제품 수입 시 구매력(*buying power*)이 약해지고 거래조건협상이 불리해지는 여건에 처해 있다는 것이다.

이는 단순한 불편이나 경제적 손실의 정도를 넘어 경쟁자로서 충분하게 기능할 수 없을 정도의 장애를 초래해 경쟁저해의 결과를 가져온 것이므로, 법원은 원고의 현대하이스코에 대한 거래거절행위를 '부당하게' 거래를 거절하는 행위에 해당한다고 판단했다.

다. 대법원의 판결

대법원은 원고의 이 사건 거래거절행위가 공정거래법 제3조의2 제1항 제3호가 적용되는 시장지배적 사업자의 부당한 거래거절에 해당한다고 판단한 원심판결에 시장지배적 사업자의 거래거절행위와 관련한 부당성에 관한 법리를 오해한 위법이 있다고 보아 파기환송했다.[39]

그 논거는 ① 원고의 거래거절 행위에도 불구하고 현대하이스코는 일본에서 열연코일을 수입해 냉연강판을 생산·판매하면서 2001년 이후부터 지속적인 순이익을 올렸고, 더불어 별다른 경쟁저해 결과가 초래되지 않았다. ② 냉연강판시장에 원재료인 냉연용 열연코일을 공급하던 원고가 냉연강판시장에 진입한 이후에도 경쟁사업자에 해당하는 기존의 냉연강판 제조업체들에게 계속 냉연용 열연코일을 공급해 오다가 새로이 냉연강판시장에 진입한 경쟁사업자인 현대하이스코에게 신규공급을 거절한 것이다. 이는 기존의 냉연강판 제조업체에 대한 원재료의 공급을 중단해 경쟁사업자의 수를 줄이거나 그의 사업능력을 축소시킴으로써 경쟁을 제한하는 결과를 낳는 경우와는 다르다.

원고와 기존 냉연강판 제조업체들에 의해 형성된 기존의 냉연강판시장의 틀을 유지하겠다는 것이기 때문이다.

따라서 이는 기존의 냉연강판시장의 가격이나 공급량 등에 직접적으로 영향을 미치지 아니한 것으로, 현대하이스코가 원고 외의 다른 공급사업자들로부터 열연코일을 구할 수 없어, 거래거절에 의해 신규 참여가 실질적으로 방해되는 것으로 평가되지 않는다면, 거래거절 자체만을 가지고 경쟁제한의 우려가 있는 부당한 거래거절이라고 하기에는 부족하다.

---

39 대법원 2007. 11. 22. 선고 2002두8626 전원합의체 판결.

③ 원고 거래거절행위로 인해 거래거절 당시 생산량 감소나 가격 상승과 같은 경쟁제한 효과가 발생할 우려가 있었다는 사정에 관한 자료도 없다는 점 등이다.

라. 평가

이 사건에 관한 대법원의 판결은 시장지배적 지위 남용행위에 대한 규제에 있어서 경쟁제한성을 명백한 요건으로 했다는 점, 시장지배적 지위 남용행위 규제와 불공정거래행위 규제의 관계에 대해 종래 학설과 실무상의 견해가 대립하고 있는 상황에서 대법원의 입장을 명시적으로 밝힌 최초의 판결이라는 점에서 의의가 크다. 즉, 시장지배적 지위 남용행위로서 거래거절행위는 경쟁제한효과가 있는 경우에만 규제 가능하다는 것이다. 다만 우리 법문의 규정상 양립하기 어려울 뿐만 아니라 그 모국인 미국에서도 소극적 고려요소로 그 의미가 약화된 독점화의 의도 내지 목적이라는 주관적 요소를 무비판적인 수용한 것은 잘 못이라고 보인다.

■ 신용카드가맹점 공동망 이용 거부행위 ■━━━━━━━━━━

가. 사실관계

㈜ 한국여신전문금융업협회 소속 7개 카드사들은 공동으로 출자해 신용카드가맹점 공동망을 구축해 운영하고 있었는데, 재정경제원은 카드남발 및 사용상의 불편을 해소하고 불법 변칙거래를 제한하기 위해 1998년 제정된 여신전문금융법을 근거로 '가맹점 공동이용방안'을 시달했고 불이행시 제재가 가해질 수 있음을 통보했다. 이에 원고들은

한국신용카드결제 주식회사를 설립하고 1999년부터 신용카드가맹점 공동이용제를 본격적으로 시행했다.

한편 신한은행은 1999년 두 차례에 걸쳐 공동이용망 참가신청을 했는데, 원고협회가 당시까지 가입비 산정에 관한 기준을 마련하지 못한 관계로 산동회계법인에게 가입비 산정을 위한 용역을 의뢰했다. 그러나 산동회계법인이 산정한 신한은행에 대한 가입비 37억 원이 원고협회가 산정한 109억 원과 차이가 있었고, 원고협회는 이를 다시 안진회계법인에게 의뢰했다. 안진회계법인은 2000년 9월 신한은행에 대한 가입비를 247억~287억 원으로 산정했다.

이후 원고협회는 사장단 간담회를 통해 산정된 가입비 중 낮은 금액 247억 원을 가입비로 결의하고 2000년 10월 신한은행에 통보했다. 이에 대해 신한은행은 과다한 가입비와 가입비 산정방식에 이의를 제기했고, 원고협회와 여러 차례 논의했지만 합의가 이뤄지지 않았다.

이러한 사실을 바탕으로 공정거래위원회는 원고들의 이와 같은 가입비 요구는 신용카드사업에 있어 필수설비적 성격을 가지고 있는 공동이용망과 관련, 신한은행에게 부당하게 과다한 가입비를 제시하는 방법으로 사실상 위 공동이용망을 이용하지 못하게 하는 것으로 판단했다. 따라서 이는 신한은행의 사업활동 또는 사업내용을 방해하거나 제한함으로써 일정한 거래분야에서 경쟁을 실질적으로 제한하는 행위로, 공정거래법 제26조 제1항 제1호 중 공정거래법 제19조 제1항 제8호가 규정하고 있는 사업자단체 금지행위에 해당하기에 공정거래법 제27조 및 제28조의 규정을 적용, 원고 협회와 그 구성원인 나머지 원고들에게 시정명령 및 과징금 납부명령을 내렸다.

206

나. 서울고등법원의 판결

원고들은 신한은행이 이 사건 공동이용망에 회원으로 참가하는 방법 이외에도 외환카드와 제휴관계를 그대로 유지하는 등 기존 회원사와의 제휴관계를 통해 위 공동이용망을 이용하는 방법이 있을 뿐 아니라, 스스로 독자적인 가맹점망을 설치하는 방법 등으로 충분히 신용카드영업을 수행할 수 있었으므로, 이 사건 공동이용망은 신한은행이 신용카드업을 영위하기 위해 반드시 이용해야 하는 필수설비라고는 할 수 없다고 주장했다.

이러한 주장에 대해 법원은 일반적으로 필수설비란 그 시설을 이용할 수 없으면 경쟁상대가 고객에게 서비스를 제공할 수 없는 시설을 말하는 것으로, 경쟁상대의 활동에 불가결한 시설을 시장지배적 기업이 전유하고 있고, 그것과 동등한 시설을 신설하는 것이 사실상 불가능하거나 경제적 타당성이 없어 그러한 시설에의 접근을 거절하는 경우 경쟁상대의 사업수행이 사실상 불가능하거나 현저한 장애를 초래하게 되는 설비를 말한다고 설명했다.

법원은 공정위도 그러한 전제하에 원고들이 신한은행에 대해 이 사건 공동이용망 참가 가입비를 과다하게 요구한 것이 신용카드영업에 있어서의 필수설비인 위 공동이용망에의 접근을 사실상 거절해 사업을 방해하거나 제한하는 부당한 공동행위에 해당한다는 이유로 이 사건 처분을 한 것으로 파악했다.[40]

이를 고려할 때, 법원은 재정경제원이 1998년 1월 8일 나머지 원고들을 포함한 37개 신용카드사업자에 대해 신용카드가맹점 공동이용을 명하는 '가맹점 공동이용방안'을 시달하면서 그 불이행시 법적 제재조

---

40 서울고등법원 2003. 4. 17. 선고 2001누5851 판결.

치까지 시사해 당시의 신용카드업자들에게 이 사건 공동이용망 이용이 사실상 강제됐으므로, 신한은행으로서는 현실적으로 이 사건 공동이용망을 이용하지 않고는 독립적인 카드사업을 영위할 수 없게 돼 독자적인 가맹점 구축은 불가능하게 됐다고 봤다.

한편, 신한은행이 외환카드와의 제휴관계를 유지하는 등의 방법으로 위 공동이용망을 이용하는 것이 가능하다 하더라도, 통상 제휴계약을 통해 공동이용망에 참여하는 카드사는 제휴계약에 따른 각종의 불리한 조건을 그대로 수용할 수밖에 없다. 신한은행이 이와 같은 제휴관계를 통해 제한적이고 간접적으로 위 공동이용망을 이용하는 경우 유치 가능한 가맹점 수에서부터 카드수수료율 및 제휴카드사에게 지급하는 고액의 수수료에 이르기까지 자율적인 영업이 불가능하게 되고, 그 결과 가맹점과의 특약에 의해 가능한 무이자할부, 각종 포인트 적립 등 카드고객에 대한 다양한 서비스 제공이 어려워지는 등 현실적 제약이 따르게 돼, 결국 회원사인 다른 카드사들과 대등하게 경쟁할 수 없는 지위에 처하게 된다는 것이다.

그러므로 법원은 위 공동이용망은 당시의 신한은행에게 있어서 회원사로서 참여해 이를 이용하지 않으면 고객에게 경쟁력 있는 서비스를 제공하지 못하게 되는 필수설비적 성격을 가지고 있었다고 판시했다. 그러나 법원은 기타 신한은행에 대한 가입비 납부 요구행위나 회계법인의 가입비 산정방식 등에서 부당한 점이 없고, 따라서 이를 전제로 한 사건처분은 위법하다고 판시했다.

다. 대법원의 판결

대법원은 필수설비 부분에 대해 공동이용망과 같은 필수설비적 성격을 가진 시설의 보유자들에게 경쟁상대방도 그 시설을 이용할 수 있도록 강제하는 것은 그 거래분야에서의 공정한 경쟁을 촉진하고 그러한 시설에 대한 불필요한 중복투자를 막아 소비자 후생을 기하고 국민경제의 균형 있는 발전을 도모하는 것이므로 이러한 시설은 그 독점적 이익이 배제된 적정한 가격에 이용할 수 있도록 해줄 필요가 있다고 판단했다. 법원은 가입신청을 하는 자가 그 시설을 구축한 사업자들과 같은 조건으로 이용하기 위한 적정한 가입비는 ① 신용카드 가맹점을 상호 공동으로 이용할 수 있도록 하는 시스템 자체를 구축하는 데 소요된 비용과 그 시설 내 가맹점 망과 유사한 가맹점 망을 구축하고자 할 경우 소요되는 비용을 합한 금액에 신청인의 그 시설에 대한 이용 정도, 신청인의 자체 가맹점이 그 시설 내 가맹점 망 형성에 기여할 것으로 예상되는 정도 등을 고려한 적정한 분담비율을 곱해 산정한 금액과, ② 신청인도 그 시설을 구축한 사업자들과 공동으로 시설을 이용할 수 있도록 하는 데 소요되는 추가비용을 합산한 금액이 합당한 기준이 될 수 있을 것이라고 판단했다.

이를 근거로 대법원은 원심의 판결이 필수설비적 성격을 가진 시설의 이용을 위한 적정한 가입비 산정에 관한 법리를 오해했다고 판단, 원심판결을 파기 환송했고 이후 원고들은 소를 취하했다. 41

라. 평 가

이 사건의 쟁점은 (i) 당해 설비(공동이용망)가 필수설비인지 여부와 (ii) 당해 설비의 적절한 이용대가다. 이 중 (i)과 관련해 특히 재정경제원의 이행명령에 의해 당해 설비의 이용이 강제돼 독자적으로 그와 동등한 설비를 신설하는 것이 현실적으로 불가능했기 때문에 필수설비

41 대법원 2005. 8. 19. 선고 2003두5709 판결.

로 인정하는 것이 쉬웠다. 그러므로 이제 이용대가를 어떻게 산정하느
냐의 문제만 남았는데, 고등법원과 대법원 판결은 서로 다른 견해를 택
하고 있다. 이에 관해 전반적으로 대법원의 판결이 타당하다고 생각한
다. 특히 동 설비의 독특한 특성, 즉 설비보유자들도 경쟁자의 이용으
로부터 이익을 얻게 된다는 점과 이용대가를 (일회적) 가입비와 (계속
적) 가맹점이용 수수료로 양분해 지급한다는 점을 고려하면 대법원의
판결이 더 설득력 있다. 더불어 다른 후발 가입자와의 차별취급을 문제
삼은 것도 진일보한 점이다.

다만, 필수설비 이론의 의의 및 적정대가의 기준에 대한 일반적 언급
에 있어 몇 가지 지적할 것이 있다. 첫째, 필수설비 이론의 의의와 관
련해 대법원은 필수설비에 대한 불필요한 중복투자를 방지해 소비자후
생을 기할 수 있다고 판단하고 있는데, 이러한 논리에 의하면 동 이론
의 적용범위가 지나치게 확대될 우려가 있다. 다시 말해 중복투자방지
라는 미명하에 무임승차를 허용함으로써 설비투자 유인이 감소해 장기
적으로는 소비자 후생을 저해할 수 있다는 점을 간과해서는 안 된다.

둘째, 대법원은 필수설비의 이용대가는 그 독점적 이익이 배제된 적
정한 가격이어야 한다고 판시하고 있는데, 이 역시 설비투자 유인의 감
소를 가져올 수 있다. 적절한 이용대가는 오히려 독점적 이익을 보장하
는 수준이어야 한다. 필수설비 이론의 목적은 독점적 이익을 박탈하는
데 있는 것이 아니라 1차 시장의 독점력이 2차 시장으로 부당하게 확대
되는 것을 저지하고 2차 시장의 경쟁을 촉진하는 데 있기 때문이다.

■ SK 멜론 사건 ■ ─────────────────────────────

가. 사실관계

SK 텔레콤 주식회사(이하 'SKT')는 자사가 운영하는 음원 서비스 사이트인 멜론에 '폐쇄형 DRM'[42]을 적용하고 있었다. 따라서 음원제공 서비스인 멜론 사이트에서 다운로드받은 음원을 다른 기기에서는 재생할 수 없었다. 이러한 SKT에 대해 주식회사 AD 이천엔터테인먼트가 유료 음악사이트 운용사업자로서 자신이 운용하고 있는 음악사이트 (MAXMP3)에서 다운로드받은 음악을 SKT의 MP3폰으로 들을 수 있도록 SKT가 자신들에게 DRM을 공개할 것을 요청했으나 SKT는 이를 거절했다. 이에 주식회사 AD 이천엔터테인먼트는 SKT의 이러한 공개 거절행위가 공정거래법 위반행위에 해당한다고 공정거래위원회에 신고했다.

나. 공정거래위원회의 결정

공정거래위원회는 SKT가 'MP3폰을 디바이스로 하는 이동통신서비스 시장'의 시장지배적 사업자로서 자사의 MP3폰에 자사 고유의 DRM을 탑재함으로써 자사의 MP3폰을 소지하고 있는 소비자들로 하여금 자사가 운영하는 멜론사이트에서 구매한 음악파일만 MP3폰으로 재생

---

42 DRM이란 'Digital Right Management'의 약자로 TPM(*Technical Protection Measure*)이라고 불리는 기술적 보호장치와 서로 혼용해 사용되고 있다. 그러나 서울고등법원은 지적 재산권법에 의해 보호되든 그렇지 않든 모든 종류의 디지털 콘텐츠의 접근을 제한하고 복제 또는 배포를 통제하는 모든 기술수단으로서 텍스트, 그래픽, 오디오, 비디오, 소프트웨어나 그 밖의 디지털의 형식으로 된 콘텐츠가 유통되는 과정에서 권리자가 설정해 높은 제한사항이 지켜지도록 하는 것을 의미한다고 정의하고 있으므로 이 정의를 사용하도록 한다.

할 수 있게 하고 다른 유료사이트에서 구매한 음악의 재생을 어렵게 한 것에 대해, 이러한 행위는 관련시장에서 시장지배력을 남용해 별개 상품인 멜론의 MP3 음악파일을 거래상대방인 소비자에게 구입강제하는 결과를 초래하는 부당한 행위라고 봤다.

뿐만 아니라, 부가된 상품인 MP3 음악파일에 대한 소비자의 선택권을 침해하고 소비자가 다른 제품을 접할 기회를 현저히 제약하며 불필요한 비용을 지출하도록 하는 불이익을 초래하는 행위로서 소비자의 이익을 현저히 침해할 우려가 있는 부당한 행위라고 판단했다.

이로써 MP3 파일 다운로드서비스 시장에서 쏠림현상을 가중시켜 시장에서의 품질 및 가격 등에 관한 경쟁을 저해해 경쟁사업자의 사업활동을 곤란하게 하는 행위로 공정거래법 제3조의2 제1항 제3호, 시행령 제5조 제3항 제4호, 시장지배적 지위 남용행위 심사기준 IV. 3. 라. (3) 및 공정거래법 제3조의2 제1항 제3호를 위반한 것으로 판단했다. [43]

다. 서울고등법원의 판결

서울고등법원은 저작권자의 보호와 폐쇄적 DRM의 경쟁제한성을 판단함에 있어 폐쇄적 DRM이 음원의 플랫폼 간 호환을 제한해 저작물의 선택가능성을 좁히고 경쟁을 제한하여 시장봉쇄의 결과를 발생시키고 있으며, 제대로 명시하지 않은 불법이용 조건을 기술적으로 관철시킨 결과 이용자들의 저작물 접근 비용을 증가시키고, 저작물이 공적 영역에 편입되는 것을 방해해 공적 영역에서 공중이 저작물을 활용하는 것을 방해하는 문제 등이 있다고 판시함으로써 폐쇄적 DRM의 경쟁제한

[43] 공정거래위원회 전원회의 의결 제2007-044호, 2007. 2. 6.

효과를 인정했다. [44] 그러나 이러한 경쟁제한 효과에도 불구하고, 디지털 음악산업에서의 수익모델의 변화에 따른 사업자 수익 확보와 저작권자 보호를 위해 불법다운로드를 막아야 하고, 이러한 목적을 위해 DRM을 MP3폰에 탑재하는 것은 정당한 이유가 있다고 봤다.

또한 법원은 SKT가 시장지배적 사업자가 아니라고 하더라도 이와 같은 기술을 적용해 수익과 저작권 보호를 시행했을 것으로 보이며, 만일 어느 사업자가 시장지배적 지위에 있지 아니하고 그 시장이 실질적인 경쟁상태하에 있는 때에도 적용할 수 있는 조치가 문제되는 경우에는 그 부당성을 인정할 수 없다고 했다. 그러므로 SKT가 가장 폐쇄적인 DRM 정책을 가지고 있다고 하더라도 표준화가 강제되지 않은 상황에서 이러한 폐쇄적 DRM 정책을 가지고 있음으로 인한 불편이 현저히 소비자 이익을 침해하는 부당한 행위로 불법에 이른다고 보이지는 않는다고 판시했다.

라. 평 가

서울고등법원은 필수설비 이론에 따라 SKT의 DRM이 필수설비에 해당하는지 살펴보면서, 필수설비에 해당하기 위한 기준으로 '시장지배적 지위 남용행위 심사기준' Ⅳ. 3. 다. (1)항과 (4)항을 적용했다.

즉, ① 당해요소를 사용하지 않고는 상품이나 용역의 생산, 공급 또는 판매가 사실상 불가능해 일정한 거래분야에 참여할 수 없거나 당해 거래분야에서 피할 수 없는 중대한 경쟁 열위상태가 지속돼야 하고(필수성), ② 특정사업자가 당해 요소를 독점적으로 소유 또는 통제하고 있어야 하며(독점성), ③ 당해 요소를 사용하거나 이에 접근하려는 자

---

44 서울고등법원 2007. 12. 27 선고, 2007누8623 판결.

가 당해 요소를 재생산하거나 다른 요소로 대체하는 것이 사실상, 법률상 또는 경제적으로 불가능해야 하며(대체가능성), ④ 예외적으로 필수요소를 제공하는 사업자에게 정당한 이유가 있는 경우에는 필수설비에서 제외하는 것이라고 하는 기준을 설정했다.

그런데 DRM은 그 자체로 여러 개의 특허권 및 저작권으로 보호되는 기술의 집합체이므로 만일 법원이 정당화 사유를 인정하지 않았다면 실제적인 모습은 특허권 및 저작권의 실시강제라는 모습으로 됐을 것이다. 그러므로 이 판결은 지적 재산권도 필수설비로 볼 수 있다는 점을 인정한 취지의 판결로 이해될 수 있다.[45]

③ 공정거래위원회의 심결 – SK(주)의 대한송유관공사 인수행위

• 사실관계 •

동 사건에서는 피취득회사인 송유관공사의 민영화 과정에서 취득회사인 원유정제 처리업을 하는 SK(주)가 기존의 지분과 합해 34.04%의 지분을 갖는 기업결합이 문제가 됐다.

• 공정거래위원회의 결정 •

공정거래위원회는 당해 송유관이 해안에 위치한 정유공장과 내륙지방의 주요 소비지역을 연결하는 수송로로, 국내정유사들이 송유관 시설을 이용하지 못할 경우 석유제품의 대량 소비자인 수도권 등 내륙지방으로 원활한 수송을 달성할 수 없다는 측면에서 "필수설비"에 해당하거나 이에 준하는 시설로서 특성을 가지며, 송유관에 의한 수송서비스와 유조선·유조차 등 다른 운송수단에 의한 수송서비스 간 대체성이

---

45 최승재, 《특허권남용의 경쟁법적 규율》, 세창출판사 (2009), 175면.

크지 않다고 봐, 송유관공사와 SK(주)의 수직적 결합에 따른 실질적 경쟁 제한성이 있다고 판단했다.

이에 공정거래위원회는 피심인이 송유관 이용에 있어서 송유관 사업자의 석유 수송신청의 거부, 수송신청 물량의 제한, 수송순위의 차등, 수송요율 및 기타 계약요건의 차별, 영업정보의 유출 등 경쟁제한행위를 금지하는 내용을 (주)대한석유공사의 정관에 규정하고 이를 준수할 것을 명령했다.[46]

• 평 가 •

동 심결은 필수설비를 최초로 명시적으로 다루고, 또한 그 법리에 기초해 위법성 판단과 시정조치를 부과했다는 점에서 그 의의를 찾을 수 있다. 나아가 필수설비 이론이 명문으로 규정된 시장지배적 지위의 남용행위 판단에서뿐만 아니라 경쟁 제한성 판단이 요구되는 다른 규제의 근거로서 원용될 수 있음을 보여주었다는 점에서 시사하는 바가 크다.[47]

④ 경쟁제한 효과의 입증

우리나라는 독점규제법상 필수설비 이론을 입법적으로 채택함으로써 필수설비 이론의 적용가능성을 명확히 하고 있다. 그러나 결국 그 실질적인 내용은 기존의 거래거절 법리 이상을 포괄하지는 못할 것으로 생각된다. 결국 Patent Troll의 실시허락 거절행위에서도 경쟁제한 효과를 입증해야 하는데, Patent Troll은 실시허락을 구하는 사업자와

---

46 공정거래위원회 2001. 6. 29. 의결 제 2001-090호.
47 홍명수, "필수설비론의 발전과 통신산업의 자유화", 《비교사법》 제 11권 2호 (2005), 715면.

경쟁관계에 있지 않은 경우가 대부분일 것이므로, 아래 제3절에서 살펴볼 표준화 과정에서의 특허지체행위 등이 아닌 경우 이러한 경쟁제한 효과를 입증하기가 쉽지 않을 것으로 예상된다.

(2) 조건부 실시허락 거절행위

① 법률의 규정

'시장지배적 지위 남용행위 심사기준'[48]에서는 "부당하게 거래상대방에게 불이익이 되는 거래 또는 행위를 강제하는 행위"를 공정거래법 제3조의2 제1항 제3호의 규정에 따라 다른 사업자의 사업활동에 대한 부당한 방해행위의 한 유형으로 규정하고 있다('시장지배적 지위 남용행위 심사기준' Ⅳ. 3. 라. (3)).

그리고 동 심사기준상 불이익 강제행위가 특허권 행사와 관련해 어떠한 행위태양으로 나타날 수 있는지에 대해 '지식재산권의 부당한 행사에 대한 심사지침'에서는 실시범위의 제한, 실시허락 시 부당한 조건의 부과 등을 예로 들고 있다('지식재산권의 부당한 행사에 대한 심사지침' Ⅲ. 1. 나. (3)).

심사지침은 위법한 실시범위 제한의 예로, ① 실시허락과 연관된 상품(이하 '계약상품') 또는 기술(이하 '계약기술')과 관련된 실시수량, 지역, 기간 등을 제한하면서 특허권자와 실시권자가 거래수량, 거래지역, 그 밖의 거래조건에 부당하게 합의하는 행위, ② 계약상품 또는 계약기술과 관련된 실시수량, 지역 기간 등을 제한함으로써 부당하게 관련 시장의 공급량을 조절하는 행위, ③ 부당하게 거래상대방 등에 따라

---

48 제정 2000. 9. 8. 공정거래위원회 고시 제2000-6호, 개정 2002. 5. 16. 공정거래위원회 고시 제2002-6호.

계약상품 또는 계약기술과 관련된 실시수량, 지역, 기간 등을 차별적으로 제한하는 행위를 들고 있다('지식재산권의 부당한 행사에 대한 심사지침' Ⅲ. 1. 다.).

또한 심사지침은 실시허락 시 부당한 조건 부과의 예로, ① 계약상품 가격의 제한, ② 원재료 등의 구매상대방 제한, ③ 계약상품의 판매상대방 제한, ④ 경쟁상품 또는 경쟁기술의 거래 제한, ⑤ 끼워팔기, ⑥ 부쟁의무 부과, ⑦ 기술개량과 연구활동의 제한, ⑧ 권리소멸 후 이용제한, ⑨ 계약해지 또는 분쟁에 대한 불리한 규정을 들고 있다('지식재산권의 부당한 행사에 대한 심사지침' Ⅲ. 1. 나. (3)).

② 관련 판결 : 티브로드 강서방송 사건

• 사실관계 •

(주)티브로드 지에스디 방송은 우리홈쇼핑과 프로그램 송출계약(2005. 1. 1.~2006. 12. 31.)을 체결하고 거래하던 중 2006년 2월부터 같은 해 3월까지 주식회사 티브로드 강서방송(이하 '(주)티브로드 강서방송')과 헤드앤드(Head-End) 통합을 실시한 사실이 있다.

이에 따라 방송사업자별로 각각 다르게 송출해 오던 TV 홈쇼핑사업자의 채널을 헤드엔드 통합을 실시한 종합유선방송사업자 간 동일하게 조정해야 하는 상황이 발생했다. (주)티브로드 지에스디 방송은 2006년 3월 중 채널변경을 위한 협상과정에서 우리홈쇼핑에게 송출수수료 인상을 요구했으나, 우리홈쇼핑이 이에 응하지 않자 이전보다 시청률에 불리한 채널로 변경, 배정했다.

• 공정거래위원회의 결정 •

공정거래위원회는 먼저 관련시장의 획정부분에 있어 유료방송시장

의 거래구조에 비춰 채널변경과 관련된 상품시장을 종합유선방송사업
자(*System Operator*; 이하 'SO')의 '프로그램 송출시장(SO와 시청자 사이
의 시장)'으로 보는 한편, 지리적 시장을 각 개별 SO의 방송구역, 즉 강
서구 지역으로 확정했다.[49] 이를 토대로 티브로드의 시장점유율이 공
정거래법 제4조 소정의 시장지배적 사업자 추정요건을 충족하므로 시
장지배적 사업자에 해당한다고 판단한 다음, 티브로드의 위 채널변경
행위가 공정거래법 제3조의2 제1항 제3호의 다른 사업자의 사업활동
방해행위에 해당한다고 봤다.

• 서울고등법원의 판결 •

서울고등법원은 공정거래위원회와 동일한 결론을 내리긴 했지만,
티브로드가 지배력을 보유한 시장(SO와 시청사 사이의 시장)에서 그렇
지 않은 시장(SO와 방송프로그램공급자 사이의 시장)으로 지배력을 전이
함으로써 그 시장에서 다른 사업자의 사업활동을 부당하게 방해했다는
논리를 구성했다.[50]

• 대법원의 판결 •

대법원은 SO와 방송프로그램공급자 사이의 시장으로 관련시장을 획
정하면서, 이 시장의 지리적 시장은 전국이므로 이 시장에서 티브로드
가 시장지배적 지위에 있지 않다고 보았다. 아울러 설령 이 사건 관련
시장에서 티브로드가 시장지배적 지위에 있다고 하더라도, 이 사건 채
널변경 행위가 사업활동 방해행위로서 부당성을 갖추기 위해서는 시장
에서의 독점을 유지·강화할 의도나 목적, 즉 시장에서의 자유로운 경

---

49 공정거래위원회 전원회의 의결 제2007-152호, 2007. 3. 28.
50 서울고등법원 2007. 11. 8. 선고 2007누10541 판결.

쟁을 제한함으로써 인위적으로 시장질서에 영향을 가하려는 의도나 목적을 갖고, 객관적으로도 그러한 경쟁제한의 효과가 생길 만한 우려가 있는 행위로 평가될 수 있는 불이익 강제행위가 있어야 하는데, 이를 인정할 만한 사정에 이르지 못한다고 판단했다(대법원 2008. 12. 11. 선고 2007두25183판결).

• 평 가 •

이 사건에서 대법원은 앞에서 살펴본 POSCO 판결에서 제시된 시장지배적 지위 남용행위에 있어 경쟁제한 효과의 입증이라는 요건을 재확인하고 있다. 즉, 시장지배적 사업자가 거래상대방인 특정 사업자에 대한 부당한 의도나 목적을 가지고 불이익 강제행위를 한 모든 경우 또는 그 불이익 강제행위로 인해 특정 사업자가 사업활동에 곤란을 겪게 되거나 곤란을 겪게 될 우려가 발생했다는 것과 같이 특정사업자가 불이익을 입게 됐다는 사정만으로는 그 부당성을 인정하기에 부족하다는 것이다.

③ 경쟁제한 효과의 입증

조건부 실시허락 거절행위는 공정거래법 제3조의2 제1항 제3호의 규정에 의한 다른 사업자의 사업활동 방해행위에 해당할 수 있는데, 대법원 판결에 비추어 볼 때 이러한 행위의 경쟁제한 효과를 입증할 필요가 있다. 그런데 Patent Troll의 경우 실시허락 거절행위의 상대방이 경쟁사업자가 아닌 경우가 대부분일 것이므로, 끼워팔기 이외의 조건부 실시허락 거절행위는 그 경쟁제한효과를 입증하기 쉽지 않을 것으로 예상된다.

(3) 과도한 로열티 요구행위

경쟁자를 배제하거나 신규진입을 방해하는 등 경쟁제한 효과 없이 순수하게 과도한 로열티를 요구하는 경우에는 과도한 가격책정행위 (*excessive pricing*)에 관한 법리가 적용될 수밖에 없다. 이에 관한 외국의 시각을 살펴보면 미국에서 독점 가격 규제는 법원으로 하여금 공공요금 관리기관의 역할을 하도록 만드는 것으로 보아 매우 부정적이다. 반면, 유럽연합은 EU 조약 제102조 (a)에서 시장지배적 기업이 "직접적이나 간접적으로 부당한 구매 또는 판매가격을 설정하는 행위"를 금지한다고 규정하고 있으며, 실제로도 과도한 가격을 규제해 왔다.[51] 그러나 최근 들어서는 과도한 가격 판단의 기준이 되는 정상가격을 상정하기 어렵다는 점, 독점이윤 획득의 동기가 혁신유인이 된다는 점 등을 들어 가격규제에 관해 부정적 견해가 많아지고 있다.

우리나라도 유럽연합과 마찬가지로 공정거래법 제3조의2 제1항 제1호에서 "상품의 가격이나 용역의 대가를 부당하게 결정·유지 또는 변경하는 행위"를 남용행위의 한 유형으로 규정하고 있으며, 실제 규제한 사례도 있다.[52] 그러나 역시 유럽연합과 마찬가지로 최근 들어 과도한

---

51 General Motors Continental 75/75 (1975) OJ L29/14; British Leyland 84/379 (1984) OJ L207/11; London European-Sabena 88/589 (1988) OJ L317/47; United Brands Co, v. Commission, case 27/76 [1978] 1 CMLR 429, paras 235-268; Duales System Deutschland GmbH v. Commission, case Tribunal-151/01 [2007] 5 CMLR 1.

52 공정위 1999. 9. 3, 제 99-130호 의결(9960독점0901). 과도한 가격책정행위와 같은 성격을 갖는 출고조절행위에 대한 규제사례로는 공정위 1998. 6. 9, 제 98-112호 의결(9804독관0559); 공정위 1998. 11. 4, 제 98-252호 의결(9808 독관1302). 그러나 이 사례들은 1997년 외환위기 직후 비정상적 경제상황에서 발생한 특수한 사례들로 여겨짐.

가격책정행위 규제를 꺼리고 있다. 이러한 점에서 볼 때, 순수하게 과도한 로열티를 요구하는 행위는 아래 제3절에서 살펴볼 표준화 과정에서의 기만적 행위 등과 관련되지 않은 경우에는 규제하기 어려울 것으로 생각된다.

3. 표준화 과정에서 특허지체(*patent hold-up*) 행위와 독점금지법 위반

1) 개관

(1) 표준화의 의의 및 유형

표준화(*standardization*)란 일정한 기술분야에서의 중복투자를 방지하고 관련분야의 기술개발을 촉진하기 위해 그 일정분야의 특정 기술을 표준으로 설정하는 것을 의미한다.[53] 여기서 표준이란 어떤 상품이나 과정의 일반적인 모형에 대한 기술적 특성의 집합체를 의미하는데,[54] 결국 경제활동의 효율성을 높이기 위해 산업표준을 구성하는 제품, 공정, 체계 또는 과정 등의 일치를 추구하는 것이 표준화의 과정을 구성한다고 설명할 수 있다.[55]

나아가 표준은 국가 또는 국제기구와 같은 공공기관에 의해 만들어지는 공적 표준(*de jure standard*)과 공공기관의 개입 없이 특정 기업의 시장

---

53 손경한·정진근, 앞의 논문(제4장 註 122), 722면.

54 정영진, "표준화와 공정거래법: 지적 재산권의 남용을 중심으로", *Law & Technology* 제2권 제6호 (2006), 18면.

55 Hemphill, T., Technology standards development, Patent Ambush, and US Antitrust policy, 27 *Technology in Society* (2005), p. 56.

지배력이나 시장의 선호로 인해 형성되는 사실상의 표준(*de facto standard*)으로 대별될 수 있다. 국제표준화기구('IOS', *International Organization for Standardization*), 미국 전국표준연구원('ANSI', *American National Standards Institute*), 국제원거리통신연합('ITU', *International Telecommunication Union*) 등이 대표적인 공적 표준 설정기관에 해당한다. Microsoft의 Windows OS, 인터넷 통신에서 TCP/IP Protocol 등이 사실상 표준의 예에 해당한다.[56]

(2) 표준화의 기능

산업표준은 현대 경제의 동력 중 하나로 널리 인식되고 있다.[57] 이는 특정 산업분야에서 단일한 표준이 설정돼 있는 경우 상당한 친경제적 효과가 발생하기 때문이다. 먼저 표준의 설정은 시장에 대한 진입장벽을 낮춰 경쟁을 촉진하고 거래비용을 줄이는 기능을 한다. 뿐만 아니라 기업들로서는 다양한 기술의 운영에 따른 비용을 절감할 수 있고, 소비자는 안전성이나 상호호환성 등에 의문이 있는 기술로부터 보호받을 수 있게 됨과 동시에 다양한 제품에 대한 선택권을 보장받게 된다.[58]

나아가 표준의 설정은 신기술의 확산을 촉진하는 데 기여할 수 있다. 새로운 기술이 도입되는 경우 그 기술이 사용될 수 있는 산업분야에는 이미 그 기술을 대체할 수 있는 여러 기술들이 존재할 수 있다. 만약 기

---

56 손경한·정진근, 앞의 논문(제4장 註 122), 722면 참조.

57 Suzanne T. Michel, "To Promote Innovation: The Proper Balance of Competition and Patent Law and Policy", Patents, Copyrights, Trademarks, and Literary Property Course Handbook Series, *Practicing Law Institute Order* No. 8816 (2006), p. 6.

58 Hemphill, T., *supra* note 55, p. 56.

업들이 개별적으로 기술을 적용, 구체화한다면, 하부시장에 존재하는 공급자들로서는 신기술을 수용하는 데 상당한 시일이 걸릴 수 있으며, 소비자들 또한 자신이 선택한 기술이 후에 퇴출될 수 있다는 점을 우려해 신기술이 적용된 제품의 구입을 망설이게 될 수도 있다. 그에 따라 효율적인 신기술이 존재하고 있음에도 이를 채용하지 못한 채 종전의 기술을 계속 사용하게 되는 결과, 사회 전체의 효율이 떨어지는 결과가 발생하게 된다. 그러나 표준이 설정된다면 하부시장은 신속한 기술 수용을 통해 시장의 확장을 달성할 수 있게 되고, 이는 결국 시장 전체의 확대를 달성할 뿐만 아니라 최종소비자의 효용을 증대시킬 수 있게 된다.[59]

표준이 정립돼 있는지 여부에 따라 특정 산업분야의 발전 및 그 속도가 결정되기도 한다. 표준화는 특히 네트워크 산업에서 중요한 의미를 갖는다. 네트워크 산업은 다른 산업과 달리 소비되는 상품이 전체 시스템의 구성요소에 해당하기 때문에 그 자체가 갖는 효용이나 가치는 매우 작다는 점이 특징이다. 인터넷·통신 등 정보기술 관련 분야들이 대표적인 네트워크 산업분야에 해당한다.[60]

이러한 분야에서는 소비자가 갖는 상품과 동일 또는 동등한 상품을 구입하는 자가 증가하면 증가할수록 그 상품의 가치 및 효용이 높아지는 것을 의미하는 이른바 '네트워크 효과'(*network effect*)가 존재한다. 네트워크는 그 규모가 성장함에 따라 사회적 효용이 높아지는 특징을 가지고 있다.[61] 이러한 산업분야에 참여하는 기업들은 '표준설정기구'

59 Wallace, J., Rambus v. F.T.C. in the context of Standard-Setting Organizations, Antitrust, and the Patent Hold-up problem, 24 *Berkeley Tech. L. J.* (2009), pp. 662~663.

60 정영진, 앞의 논문(註 54), 18면 참조.

('SSO', *Standard Setting Organizations*) [62]를 조직해 해당 산업분야에 통용될 수 있는 단일한 표준을 형성하기도 한다. 이는 네트워크 효과가 갖는 긍정적 외부효과를 극대화하고, 하부시장의 공급자들로 하여금 설정된 표준을 이용해 광범위하게 사용될 수 있는 소비재의 연구개발에 종사할 수 있도록 하는 등의 방법으로 산업 전체 이익을 도모하는 데 기여한다. [63]

(3) 표준화 과정에서의 특허지체 행위 (*patent hold-up*)

앞서 살펴본 바와 같이 표준의 설정은 신기술의 도입에 따른 혁신의 촉진과 효율성 및 소비자후생의 증대에 기여할 수 있다. 그러나 표준화와 그에 이르는 과정에서 경쟁제한 행위 내지 그러한 효과가 발생할 가능성 또한 상존한다. 먼저 표준화 과정에 참여하는 사업자들 간 가격담합이나 시장 분할과 같은 전형적인 경쟁제한적 공동행위가 이뤄질 수 있다. 표준화 과정에서 경쟁관계에 있는 사업자들 사이에 실시허락의 조건에 관한 정보를 교환해 기술시장에서 담합이 조장될 수 있으며, 집단적으로 제3자의 표준설정기구 참여를 배제하는 등의 행위로 나아갈 가능성도 배제할 수 없다. [64]

뿐만 아니라 최근에는 표준화 과정에서 발생해 경쟁제한 효과를 낳을 수 있는 '특허지체'(*patent hold-up*) 현상이 또 다른 문제점으로 지적

61 손영화, "지적 재산권행사의 한계에 관한 연구: 전자상거래에서의 공정거래법 적용을 중심으로", 《비교사법》제8권 제2호 (2001), 810면 참조.

62 표준설정을 위해 조직된 기구를 지칭하기 위한 용어로서 'Standard Setting Organizations' 외에도 'Standard Development Organizations' 등이 함께 사용되고 있다(See Hemphill, T., *supra* note 55, p. 56).

63 Wallace, J., *supra* note 59, p. 663.

64 정영진, 앞의 논문(註 54), 20면 참조.

되고 있다.

특정 기술이 표준으로 설정되는 경우 해당 산업분야는 그 기술의 이용에 '고착'(*locked-in*)된다. 그런데 만약 특정 기업의 의사에 따라 사업자들의 기술 이용이 배제된다면, 표준 설정을 통해 기대했던 긍정적 효과는 발현될 수 없게 되며 오히려 그 기업이 독점력을 갖는 결과가 발생한다.[65] 이러한 결과는 표준설정이나 그 협상과정에 특허권자가 참여하게 되는 경우 발생할 가능성이 더 높아진다.

왜냐하면 특허권자는 원칙적으로 자신이 보유한 특허 대상이 되는 기술을 타인이 이용하는 것을 금지할 수 있으며, 특허 침해가 발생한 경우 그에 따른 손해배상을 구할 수 있기 때문이다. 즉, 특허권자는 특허 대상이 되는 기술이 표준으로 설정됐다고 하더라도 그에 대한 보상을 요구하거나 그 기술의 이용을 거절할 수 있다. 설정된 표준을 이용하는 기업들을 상대로 초 경쟁적(*supra-competitive*) 수준의 실시료를 요구하면서 특허 대상인 기술의 이용을 금지하는 특허지체 현상을 일으킬 수 있다는 것이다.[66]

특허지체 현상을 야기하는 특허권자의 전략을 일컬어 '특허습격'(*patent ambush*)이라고 표현하기도 하는데,[67] 이러한 특허지체 현상은 크게 두 가지 상황에서 발생한다.

첫 번째는 특허권자가 표준설정기구에 참여해 '합리적이고 비차별적인'('RAND', *Reasonable and Nondiscriminatory*) 조건, 또는 '공정하고 합리적이며 비차별적인'('FRAND', *Fair and Reasonable and Nondiscriminatory*) 조건으로 특허에 대해 실시허락할 것임을 동의한 뒤, 후에 그

---

65 Wallace, J., *supra* note 59, pp. 663~664.

66 *Id.*, p. 664.

67 Hemphill, T., *supra* note 55, pp. 56~57.

표준설정기구에 참여한 주체들을 상대로 합리적 수준 이상의 실시료를 요구하는 경우다.

두 번째는 특허권자가 표준 설정이 완료될 때까지 자신의 주요 특허를 공개하지 않다가 설정이 완료된 이후에 과다한 실시료를 요구하는 경우다.

위 경우들 모두에서 특허권자는 실시료를 획득하기 위한 수단으로 금지명령의 신청이나 특허침해소송의 제기 또는 그에 대한 위협을 활용한다.[68]

첫 번째 유형에 따른 특허지체가 발생하게 되는 이유는 이른바 FRAND 조건의 의미에 관한 통일된 개념이 존재하지 않기 때문이다. 극소수의 표준설정 기구만이 위와 같은 조건들의 의미를 정의하거나 그에 관한 분쟁을 해결하기 위한 수단을 명시하고 있을 뿐이며, 실시료가 합리적인 것인지 여부의 결정에 있어 판례 또한 통일된 기준을 제시하지 못하는 상황이다. 이로 인해 특허권자는 실시료를 일방적으로 산정할 수 있게 된다.

두 번째 유형의 경우 표준설정기구의 특허 공개규정에서 그 발생원인을 찾을 수 있다. 통상적으로 표준설정기구는 내부 규칙을 통해 참여자들에게 관련된 특허와 특허신청의 공개의무를 부과하고 그러한 의무를 위반하는 경우 일정한 제재를 가함으로써 표준설정에 따른 실효성을 보장할 수 있다.[69] 그러나 표준설정 기구가 보유특허 등에 대한 의무적 공개를 요구할 경우, 기업들이 계약위반에 따른 책임이나 독점금지법 위반에 따른 책임을 부담하는 위험을 피하기 위해 그 표준설정 기구에 참여하는 것 자체를 꺼릴 수 있다. 그리하여 대부분의 표준설정

68 Wallace, J., *supra* note 59, pp. 664~665
69 정영진, 앞의 논문(註 54), 20~21면 참조.

기구는 참여를 독려하기 위해 특허의 자발적인 공개에 관한 기준만을
제시하는데, 이로 인해 특허권자는 자신의 특허를 공개하지 아니한 채
표준의 설정을 기다리는 전략을 쓸 수 있게 된다.[70]

　이러한 특허지체 현상들이 빈번하게 발생할 경우 표준 설정을 통해
기대하는 효과는 실현되기 어렵다. 표준을 설정하기 위한 과정은 경쟁
을 대체하는 것이기 때문에 그 과정을 저해하는 악의나 기망행위 등은
산업 전체의 경쟁을 저해하는 것이고 이로 인해 가격이 상승하거나 소
비자의 선택지가 제한될 수 있다.[71] 결국 특허지체 현상을 일으키는 특
허권 행사는 경쟁제한효과를 낳을 수 있다. 표준 설정과 관련해 미국에
서 특허권자의 행위로 인한 경쟁제한효과가 나타났던 사례를, 공개의
무 위반의 경우와 FRAND 조건 위반의 경우로 나눠 검토한다.

2) 공개의무(*duty to disclose*) 위반

(1) 미국의 관련 판결

① In re Dell Computer Corp.

• 사실관계 •

이 사건은 컴퓨터의 중앙처리장치(CPU, *central processing unit*)와 하
드디스크 드라이브, 비디오 재생 하드웨어 등 주변장치 사이에 명령을
전달하는 체계인 'VL-bus'의 산업표준과 관련된 사안이다. 1992년
Video Electronics Standards Association(이하 'VESA')은 VL-bus에 대한
표준을 정립했다. 이때 Dell은 미국의 하드웨어 및 소프트웨어 대형 제

---

70 See Wallace, J., *supra* note 59, pp. 665~666.

71 Statement of the Federal Trade Commission, In the Matter of Negotiated
　Data Solutions LLC, File No. 0510094, p. 2.

조업체 대부분과 함께 VESA에 참여하면서 정립될 표준에 적용할 수 있
는 특허를 보유하고 있지 않다고 확인했다. 다른 참여자들의 표준이용
을 저지하는 데 사용될 수 있는 특허를 각 참여자들이 보유하지 않고,
그 표준을 이용하면서 침해하게 되는 특허들의 경우 공정하고 합리적
인 조건하에 실시허락을 받을 수 있을 것이라는 전제하에 표준에 관한
동의가 이뤄졌다.

   그런데 표준이 광범위하게 받아들여진 이후, Dell은 다른 VESA 참여
자들에게 접근해 자사가 보유한 특허가 VL-bus 표준에 적용되는 것임
을 알린 뒤 자사로부터 특허에 대한 실시허락을 받을 것을 요구했다.
이에 미국 연방거래위원회(FTC)는 Dell의 행위가 독점금지법에 위반
되는 것인지 여부에 대한 조사에 나섰다.

• 연방거래위원회의 동의명령 • 72
   연방거래위원회는 조사를 통해 Dell이 VESA를 오인시켜 그들이 비
전유적이고 공개된 표준(non-proprietary and open standard)을 설정하고
있다고 믿게 만드는 적극적인 기망(欺罔) 행위를 했다는 사실을 밝혀냈
다. 특허의 존재를 알았다면 VESA는 Dell의 특허주장을 피하기 위해
다른 표준을 채용했을 것이라고 본 것이다. 표준설정기구에 대한 일반
적인 냉각효과(chilling effect) 뿐만 아니라 VL-bus 표준에 발생한 손해를
설명하면서 연방거래위원회는 Dell이 "불합리하게 경쟁을 제한해"
(unreasonably restrained competition) 연방거래위원회법 제5조73를 위반

---

72 In re Dell Computer Corp., 121 연방거래위원회 616, Docket No. C-3658
   (May 20, 1996)
73 연방거래위원회법 제5조는 불공정한 경쟁방법(unfair methods of competition)
   및 불공정한 행위 또는 관행(unfair acts or practices)을 금지하고 있다(Unfair

했다고 판단내렸다. 표준설정기구를 상대로 한 Dell의 거짓진술은 해당 산업분야에서 표준이 채용되는 것을 방해했고, VL-bus의 설계에 따른 비용을 증가시켰으며, 표준설정활동에 대한 기업들의 참여의지를 감소시켰다는 것이다. 이에 Dell은 VL-bus 표준을 사용하는 제조업체들을 상대로 특허를 집행하지 않으며, 표준설정 과정에서 의도적으로 공개하지 아니한 특허를 10년간 집행하지 않기로 하는 내용의 동의명령을 수락했다.

② Qualcomm v. Broadcom

• 사실관계 •

Qualcomm은 캘리포니아 남부지방법원에 Broadcom을 상대로 특허침해소송을 제기했다. Joint Video Team 표준설정 기구에 의해 개발된 H.264 비디오 압축 표준은 자신들이 보유하는 특허의 대상이 되는 기술을 채용한 것이므로, 위 표준을 이용해 제품을 제작한 Broadcom은 자신들의 특허를 침해한다는 것이었다. 이에 대해 Broadcom은 Qualcomm이 표준설정 과정에서 공개의무를 위반했으므로 위 특허에 대해 '유예'(waiver)가 이뤄졌다고 항변했다. 즉, Qualcomm이 JVT의 협상과정에 참여했음에도 의도적으로 특허의 존재를 공개하지 않았으므로, 특허 집행에 나설 수 없다는 것이었다.

위 소송과 별개로 Broadcom은 뉴저지 지방법원에 Qualcomm이 셔먼법 제2조 등을 위반했다는 이유로 독점금지법 위반소송을 제기했다. Broadcom은 CDMA 표준에 적용되는 1,400여 건의 특허를 보유한 Qualcomm이 표준에 대한 지배력을 이용해 ① 휴대전화 제조업자들이

---

methods of competition in or affecting commerce, and unfair or deceptive acts or practices in or affecting commerce, are hereby declared unlawful.).

Qualcomm의 경쟁자로부터 칩셋(*chipset*)을 구입하려 할 경우 가격할인을 축소하겠다고 위협했고, ② Qualcomm으로부터만 칩셋을 구입하는 경우 실시료를 할인해 기업들을 유인했으며, ③ 3G 기술표준 또한 Qualcomm의 특허에 의해 통제될 수 있도록 표준설정기구를 조작했다고 주장했다.

• 법원의 판단 •

결론적으로 Qualcomm과 Broadcom이 각각 제기한 특허침해 소송과 독점금지법 위반소송은 모두 기각됐다. 먼저 특허침해 소송에서 1심 법원은 Broadcom의 유예 항변을 받아들여 Qualcomm의 특허가 집행 불가능한 것이라고 보았다.[74] 이에 Qualcomm은 항소했으나, 연방순회항소법원은 표준설정기구에 대한 지적 재산권의 의도적인 은닉은 '진정한 유예'(*true waiver*)를 구성하지 않으나, 표준설정 기구의 정책이 공개를 요구하는 것이라는 것을 알면서도 이를 비공개하는 행위는 그 권리를 집행하려는 의도와 일치할 수 없다고 판단했다.

이는 다른 사람들이 그 권리가 포기된 것이라고 합리적으로 신뢰하도록 유도하는 것이므로 '묵시적인 유예'(*implied waiver*)를 구성한다는 것이다. 따라서 항소법원은 관련 특허의 공개를 요구하는 JVT의 정책을 알면서도 H. 264 표준을 이용하는 제조업자들로부터 실시료를 획득하고자 한 Qualcomm의 행위는 모든 H. 264 관련 특허에 대한 유예 항변의 적용을 정당화하는 것이라고 판단했다.[75]

독점금지법 위반소송에서 또한 1심 법원은 Qualcomm의 표준설정기구에 대한 유도와 FRAND 조건 위반행위의 경쟁제한성이 인정되지 않

---

74 Qualcomm, Inc. v. Broadcom Corp., 2007 WL 2261799 (S. D. Cal. 2007).
75 Qualcomm, Inc. v. Broadcom Corp., 548 F. 3d 1004 (C. A. Fed. (Cal.), 2008).

는다는 이유로 Broadcom의 청구를 기각했다.[76] Broadcom은 항소했으나 항소심은 Qualcomm이 독점을 유지하려고 했다는 점에 대해 Broadcom의 당사자 적격이 인정되지 않는다는 이유로, 클레이튼법 제7조[77] 위반에 대해서는 경쟁제한성을 입증하지 못했다는 이유로 항소를 기각했다.[78]

③ Rambus, Inc. v. 연방거래위원회

• 사실관계 •

1992년 2월 Rambus는 컴퓨터 메모리 관련 DRAM(*dynamic random access memory*) 기술의 표준화를 진행하던 JEDEC(*Joint Electron Device Engineering Council*)에 공식적으로 참여했다. JEDEC은 1993년 5월 SDRAM(*synchronous DRAM*)에 관한 표준을 승인했는데, Rambus는 위 표준에 적용된 4건의 기술 중 2건의 기술에 대해 특허를 보유하고 있었다. 그러나 예상과 달리 SDRAM 표준은 그 수용이 신속하게 이뤄지지 않았고, 이에 JEDEC은 SDRAM 다음 단계의 기술인 DDR SDRAM

---

76 Broadcom Corp. v. Qualcomm Inc., 2006 WL 2528545 (D.N.J., 2006).

77 클레이튼법 제7조는 경쟁제한적인 기업결합을 금지하고 있다(*No person engaged in commerce or in any activity affecting commerce shall acquire, directly or indirectly, the whole or any part of the stock or other share capital and no person subject to the jurisdiction of the Federal Trade Commission shall acquire the whole or any part of the assets of another person engaged also in commerce or in any activity affecting commerce, where in any line of commerce or in any activity affecting commerce in any section of the country, the effect of such acquisition may be substantially to lessen competition, or to tend to create a monopoly*).

78 Broadcom Corp. v. Qualcomm Inc., 501 F.3d 297 (C.A.3 (N.J.), 2007).

(*double date rate* SDRAM)에 관한 표준정립을 위한 절차를 진행했다. 그러던 중 1996년 6월 17일 Rambus는 "Rambus가 보유하는 기술을 실시허락하려는 조건이 JEDEC을 포함한 표준설정 기구가 제시하는 조건과는 일치하지 않을 수 있다"는 이유를 들어 JEDEC에서 공식적으로 탈퇴했다.

이후 1999년 JEDEC은 DDR SDRAM 표준을 승인하게 됐는데, 그 표준에는 이전 2건의 기술을 포함해 Rambus가 특허를 보유하는 4건의 기술이 포함됐다. 이에 Rambus는 DRAM 제조업체들을 상대로 자신들이 SDRAM과 DDR SDRAM 표준에 포함된 기술에 대한 특허를 보유하고 있으므로, 표준에 따라 제품의 제조, 판매, 사용을 계속하는 것은 자신의 특허를 침해하는 것이라고 고지했다.

• 연방거래위원회의 결정 •

연방거래위원회는 2002년 6월 18일 Rambus를 연방거래위원회법 제5조와 셔먼법 제2조 위반으로 제소했다. 연방거래위원회에 따르면, JEDEC의 운영규칙과 절차에서는 참여자들로 하여금 JEDEC의 표준설정활동과 관련된 모든 특허와 특허신청을 공개하도록 규정하는데, Rambus가 JEDEC의 참여자들로 하여금 표준과 관련된 어떠한 특허도 보유하지 않는다고 믿도록 한 뒤 표준의 개발과정에 맞춰 특허신청의 내용을 수정하고 표준이 산업에 채용된 이후 4년이 지나 특허를 집행하고자 하는 것은, JEDEC의 운영규칙과 절차를 무시한 것이며 이러한 행위는 경쟁제한적이고 배제적이라는 것이다.

연방거래위원회는 또 이는 Rambus가 보유하던 특허의 대상이 된 기술과 그와 경쟁관계에 있어 표준설정 기구에 의해 채택될 수 있었던 대체기술들을 불법적으로 독점화 내지 독점화하려는 시도에 해당하는 것

이자 불공정한 경쟁방법에 해당하는 것이기도 하다고 주장했다.[79]

그러나 사건을 심리한 행정법판사('ALJ', *administrative law judge*)는 Rambus가 JEDEC의 규칙을 위반한 바 없으며, Rambus가 특허정보를 완전히 공개했다면 JEDEC이 다른 대체기술을 표준으로 설정했을 것이라는 점에 대한 충분한 증거가 없다며 소송을 기각했다.

위 결정은 다시 다투어졌고, 연방거래위원회는 특허가 완전히 공개됐다고 하더라도 JEDEC이 다른 대체기술을 표준으로 설정하지 않았을 것이라는 점은 피고 Rambus에 의해 입증돼야 하는 것이며, Rambus의 JEDEC 규정 위반사실도 인정된다는 이유를 들어 행정법판사의 위와 같은 결정을 파기했다.[80]

나아가 연방거래위원회는 Rambus의 기만적 행위가 없었더라면 JEDEC이 Rambus의 기술을 기술표준의 대상에서 제외했거나 합리적인 실시료를 인정하는 수준에서 실시허락에 관한 사전적 협상을 할 수 있는 기회를 가졌을 것이라고 보았다. JEDEC에 참여한 자들은 비용에 매우 민감해 기술사용에 대한 실시료를 절감하는 것이 표준설정에 관한 의사결정에 있어 중요한 고려사항이었으며, 당시 관련시장에는 Rambus의 기술을 대체할 경쟁기술 또한 존재했다는 것이었다.

---

[79] 연방거래위원회는 Rambus의 행위를 다음과 같이 평가했다. "Rambus는 자사의 특허와 특허신청의 존재에 대한 공개를 거절했는데, 이는 JEDEC의 참여자들로부터 잠재적인 표준을 평가함에 있어 중요한 정보를 박탈한 것이다. … 나아가 Rambus는 JEDEC에 참여함으로써 논의 중인 표준에 대한 정보를 획득했고 자사의 특허가 표준에 적용될 수 있도록 특허신청을 수정하기도 했다. 이러한 전략을 통해 Rambus는 표준이 채택돼 시장에 고착(*locked in*)될 때까지 자사의 특허와 특허신청의 존재를 숨길 수 있었다."

[80] In the Matter of RAMBUS INCORPORATED, a corporation, 2007-1 Trade Cases p 75585, 2007 WL 431522 (F. T. C.).

이러한 연방거래위원회의 결정에 대해 Rambus는 불복, DC 연방순회항소법원에 항소했다.

• 법원의 판단 •

본건에서 연방순회항소법원은 Rambus가 표준과 관련된 특허 등을 공개해야 할 의무가 있었는지 여부는 명확히 판단하지 않고, 연방거래위원회가 독점금지법 위반과 관련해 그 입증책임을 다하지 못했다고 결론내렸다.[81] 비록 본건의 경우 Rambus 스스로도 특허를 통해 4건의 기술시장을 독점한다는 사실은 부인하지 않고 있지만, Rambus에게 셔먼법 제2조 위반에 따른 책임이 인정되려면 Rambus가 독점력을 계획적으로 획득하거나 유지하기 위한 배제적 행위(exclusionary conduct)에 임했다는 점이 입증돼야 하는데, 연방거래위원회가 이를 입증하지 못했다는 것이다.

법원은 "기만적 행위로 인해 가격이 인상되더라도 그것이 경쟁을 해하는 것이 아니라면, 이는 독점금지법의 적용범위를 벗어나는 것이다. 기만행위를 배제적 행위로 볼 것인지 여부는 그 행위가 피고의 독점력을 창출하거나 보호하는 방식으로 경쟁자를 해하는 것인지에 달려 있다"고 판시했다. 또 Rambus가 그 의도를 완전히 공개했다면 JEDEC이 Rambus의 기술을 채택하지 않았거나 RAND 조건에 따른 실시허락을 요구했을 것이라는 점에 대한 충분한 증거가 없는 이상, Rambus의 행위가 경쟁제한 효과를 갖는 것으로 보기는 어렵다고 판단했다.

이 판결은 2009년 2월 23일 연방대법원이 연방거래위원회의 상고허가신청을 기각함에 따라 그대로 확정됐다.[82]

---

81 Rambus Inc. v. 연방거래위원회, 522 F. 3d 456 (C. A. D. C., 2008).
82 129 S. Ct. 1318 (2009).

• 평 가 •

연방순회항소법원은 셔먼법 제 2조 위반이 되려면 Microsoft 사건[83]에서 언급한 것처럼 독점사업자의 행위가 경쟁제한 효과가 있음을 원고가 입증해야 한다고 했다. 그런데 Rambus사의 기만적 행위가 있었다고 하더라도 그것만으로 경쟁제한적이라 할 수 없고, 연방거래위원회는 Rambus사의 기만적 행위가 없었더라면 JEDEC이 Rambus의 기술을 표준으로 채택하지 않았을 것이고 따라서 표준으로 채택된 것은 그러한 가능성을 제거함으로써 배제적 효과를 야기한 것이라는 점을 입증해야 하는데 그렇지 못했다는 것이다. 실제로 연방거래위원회는 Rambus사의 기만적 행위가 배제적 효과를 초래했다는 주장 대신, 특허(출원) 기술의 존재를 공시하지 않음으로써 표준이 되도록 한 기만적 행위 자체가 연방거래위원회법 제 5조에서 금지하는 '불공정한 경쟁방법'(*unfair methods of competition*)에 해당한다고 주장했는데, 받아들여지지 않았다.

이 사건에서는 Rambus사의 기만적 행위가 있었는지 여부가 일차적 쟁점이었지만, 만일 기만적 행위가 있었다 하더라도 그것이 셔먼법 제 2조를 위반하려면 그에 더해 경쟁제한 효과, 즉 배제적 효과가 있었음을 원고가 입증해야 한다는 점을 법원이 재확인했다는 데 의미가 있다.

(2) 우리나라 공정거래법의 적용가능성

① 대체기술이 있는 경우

만약 문제가 된 특허기술이 공개됐더라면 다른 대체기술이 표준화될 수도 있었다. 따라서 경쟁사업자의 사업활동 방해행위로 보아 공정거

---

83 U. S. v. Microsoft Corp., 253 F. 3d 34, 58 (C. A. D. C., 2001).

래법 제 3조의2 제 1항 제 3호를 적용할 수 있다. 84

② 대체기술이 없는 경우

만약 문제가 된 특허기술이 공개됐더라면 표준화 과정에서 FRAND 약정이 이뤄졌을 것이다. 따라서 뒤에서 살펴볼 FRAND 조건 위반의 경우와 동일한 법리가 적용될 수 있다.

3) FRAND 조건 위반

(1) 미국의 관련 판결 — In re Negotiated Data Solutions

① 사실관계

1983년 미국 전기전자기술자협회('IEEE', *the Institute of Electrical and Electronics Engineers*)는 최초의 802.3 표준인 이더넷(*Ethernet*) 표준[85]을 발표했다. 이후 컴퓨터 장비 제조업체들은 상호운용이 가능하도록 동 표준을 채택했다. 한편 1993년 IEEE는 고속 데이터 전송률에 대한 수 요를 충족하기 위해 이더넷 표준에 기초한 새로운 표준(고속 이더넷)[86]

---

84 '지식재산권의 행사에 관한 심사지침' Ⅲ. 3. 나. 에서는 "기술표준으로 선정될 가능성을 높이거나 실시조건의 사전협상을 회피할 목적 등으로 부당하게 자신 이 출원 또는 등록한 관련 특허정보를 공개하지 않는 행위"를 위법한 행위로 규 정한다.

85 미국의 DEC, 인텔, 제록스(Xerox) 3사가 공동 개발한 구내정보 통신망 (LAN)의 모델. 데이터 단말(*data station*) 간의 거리 약 2.5km 내에서 최대 1,024개의 데이터 단말 상호 간에 10Mbps의 전송속도로 데이터를 교환할 수 있는 지역적인 네트워크로, IEEE 802.3 표준을 구현한 모델의 하나다.

86 '고속 이더넷(*Fast Ethernet*)'이란 데이터 전송속도를 100Mbps로 고속화한 LAN을 말한다.

236

을 개발할 권한을 802. 3 Working Group에 부여했다. National의 직원들은 이 Working Group의 구성원으로 적극 참여했다.

1994년 National은 Working Group에게 자사가 개발한 자동설정(*auto-negotiation*)[87] 기술(이하 'NWay 기술')을 포함할 것을 제안했다. National사는 1992년 동 기술에 대한 특허를 신청한 바 있다. 이 제안에 대해 Working Group은 NWay 기술과 다른 기업의 기술을 비교했으며, 자동설정 기능을 제외한 고속 이더넷을 채택하는 방안도 고려했다.

이후 자동설정 기술을 802. 3 표준에 포함할 것인지를 결정하는 IEEE 회의에서 National의 대표는 "NWay 기술이 채택된다면 동 기술의 라이선스를 요구하는 모든 사람들에게 1천 달러의 1회성 수수료만 받고 라이선스를 해 주겠다"고 공개 선언했다. 이후 National사는 Working Group 의장에게 보낸 1994년 6월 7일자 서한에서 "IEEE가 NWay 기술에 기초한 자동설정 표준을 채택한다면 동 기술의 라이선스를 요구하는 모든 사람들에게 라이선스를 해주겠다. 라이선스는 비차별적으로 행해질 것이며, 1천 달러의 1회성 수수료 지급 외에 어떠한 로열티도 받지 않을 것"이라고 말했다.

IEEE는 National의 라이선스 공약 이후 NWay 기술에 기초한 자동설정 기능을 포함한 고속 이더넷 표준을 채택했다. 이러한 결정이 이뤄진 것은 National의 1천 달러 라이선스 공약이 중요한 동기였다. NWay 기술을 포함할지에 대해 찬반투표를 할 당시, 많은 IEEE 구성원들이 National의 1천 달러 라이선스 공약을 신뢰했다. 1995년 IEEE가 고속 이더넷 표준을 발표한 이후, 표준설정 과정에 참여하지 않았던 업체를 포함해 수많은 제조업체들이 무수히 많은 컴퓨터 장비에 NWay 기술을

87 LAN 기기에 맞추어 데이터 전송모드를 자동설정하는 기능을 말한다.

포함한 고속 이더넷 표준을 포함시켰다. 그 결과 2001년 무렵에는 NWay 기술을 대체할 만한 자동설정 기술이 존재하지 않게 됐다.

한편 1998년 6월 National은 Vertical에 미국 및 해외의 모든 권리를 양도했는데, NWay 기술관련 특허도 이에 포함됐다. National은 동 특허를 양도하기 전 Vertical에게 1994년 6월 7일자 서한의 사본을 전달했다.

National과 Vertical 간 최종계약서에서는 "당해 양도가 〔National이〕 부여한 기존의 라이선스 및 기타 부담(encumbrance)에 종속된다"고 규정했다. 나아가 "기존의 라이선스에는 IEEE 표준 등 표준에 의한 부담을 지고 있는 특허가 포함된다"고 규정했다. Vertical은 IEEE에 보낸 2002년 3월 27일자 서한에서 모든 사람에게 "비차별적인 조건으로 그리고 현재의 로열티 비율을 포함해 합리적인 조건으로" 비독점적 라이선스를 부여하겠다고 약속했다. 또한 "동 서한상의 약속이 National이 행한 모든 약정을 대체한다"고 주장했다.

그런데 이즈음 Vertical은 약 64개의 "표적 기업"(Target Companies)들을 정하고, 이들 중 많은 업체들에게 개당(per unit) 라이선스 수수료를 지급할 것을 요구하는 서한을 보냈다. 이에 몇몇 업체들이 원래의 라이선스 약정대로 1천 달러를 지급하려 했으나, Vertical은 거절했다. Vertical은 자신이 요구하는 로열티를 지불하지 않는 회사들에 대해 소송을 걸거나 소송을 걸겠다고 위협했다. 그 결과 몇몇 회사들이 1천 달러가 훨씬 넘는 수수료를 지불하기로 라이선스 계약을 체결했다.

2003년 11월 Vertical은 Negotiated Data Solutions(이하 'N-Data')에게 관련 특허들을 양도했으며, 이후 다른 자산들도 모두 매각하고 영업을 폐지했다. N-Data는 Vertical로부터 관련 특허들을 양도받을 당시 1994년 6월 7일자 서한의 사본을 받았으며 이에 대해 잘 알고 있었다. N-Data 회장은 1998년 National이 Vertical에게 동 특허들을 양도하는

238

계약의 협상이 진행되는 동안 Vertical의 대표였다. N-Data는 NWay 기술을 이용한 제품을 제조, 사용, 판매, 수입하는 행위는 특허침해행위라고 주장했으며, 이후에도 계속 그렇게 주장하고 있다.

② 연방거래위원회의 동의명령 [88]

먼저 이 사건에서 연방거래위원회는 N-Data를 셔먼법 제2조 위반이 아닌 연방거래위원회법 제5조 위반으로 제소했다. 이는 N-Data에 의한 배제적 행위가 존재하지 않았기 때문인데, 실제로 실시료를 1천 달러로 제한하는 약정을 한 것은 N-Data가 아닌 National과 IEEE였으며 N-Data는 단지 위 약정을 위반한 자에 불과했다.

연방거래위원회는 N-Data가 표준이 고착되기를 기다려 원래 약정됐던 금액 이상의 실시료를 요구하는 것이라고 하면서, N-Data의 행위로 말미암아 기업들이 산업표준의 개발을 꺼리게 되고 표준이 설정된다 하더라도 그러한 표준을 활용하지 않으려고 할 것이므로 이는 결국 소비자를 해하게 되며 소비자들이 지불해야 할 가격 또한 인상될 것이라고 주장했다.

연방거래위원회의 설명에 따르면 N-Data의 행위는 "셔먼법 위반을 구성하는 것은 아니지만 산업 전체에서 가격인상의 위협을 초래하고 IEEE에 의한 표준설정 과정에 혼란을 일으켜, IEEE가 채택한 표준이 활용되기 위한 비용을 인상시켰음은 물론 표준을 이용한 제품의 생산을 잠재적으로 감소시키는 효과를 갖는 것"이었다.

나아가 IEEE가 NWay 기술을 표준에 포함하기로 결정한 것은 실시

---

88 In the Matter of Negotiated Data Solutions LLC, Docket No. C-4234 (연방거래위원회, 2008).

료를 1천 달러로 제한한 National과의 약정이 존재했기 때문이므로 그러한 약정의 존재는 실질적인 경쟁적 중요성을 갖는다는 것이다. 실시허락 계약으로부터의 단순한 이탈이 불공정한 경쟁의 방법을 구성하지 않는 것과 달리, 본건과 같이 표준설정활동과 관련된 상황에서 N-Data의 행위는 '불공정한 경쟁방법'(*unfair methods of competition*)에 해당한다는 것이 연방거래위원회의 입장이었다.

뿐만 아니라 연방거래위원회는 N-Data의 행위가 연방거래위원회법 제5조상 '불공정한 행위'(*unfair act or practice*)에도 해당한다고 보았다. 불공정한 행위가 인정되기 위해서는 ① 행위가 중대한 소비자 피해 (*substantial consumer injury*)를 야기할 것, ② 행위를 통해 소비자 또는 경쟁에 대해 발생하는 이익이 그 피해를 능가하지 않을 것, ③ 소비자 스스로 그 피해를 합리적으로 회피할 수 없을 것 등의 요건이 충족돼야 한다.

본건의 경우 N-Data가 National과 IEEE 사이에 체결된 약정의 이행을 거부한 뒤 일방적으로 실시료를 인상해 중대한 소비자 피해를 야기했다. 이러한 N-Data의 행위로 인해 소비자나 경쟁에 이익이 되는 바도 없으며 NWay 기술을 이용하던 소비자들이 그러한 행위를 회피할수 있었던 것도 아니므로, N-Data의 행위는 연방거래위원회법 제5조의 요건을 충족한다는 것이었다.

위와 같은 연방거래위원회의 제소 이후 N-Data는 National과 IEEE 사이에 동의된 최초 실시허락의 조건에 따르기로 하는 내용의 동의명령을 수락했다.

③ 평가

앞에서 살펴본 Rambus 판결에서 연방법원은 연방거래위원회법 제5

조의 '불공정한 경쟁방법'(*unfair methods of competition*) 규정의 규율범위에 대해 확실한 입장을 표명했다. 즉, 셔먼법 제2조의 적용범위와 크게 다르지 않고, 특히 기만적인 행위라 하더라도 그 자체가 경쟁제한행위로 인정되지는 않는다는 것이다. 그럼에도 불구하고 연방거래위원회가 비슷한 유형의 사건에 대해 재차 연방거래위원회법 제5조 위반이라고 한 것은 상당한 의미를 갖는다.

이 사건과 앞에서 본 Rambus 사건은 모두 이른바 특허지체(*patent hold-up*)에 해당하는 유형의 것으로, 특히 지적 재산권의 행사범위와 한계에 대해 한 획을 긋는 것으로 국제적 관심을 끌었다. 이 두 사건은 많은 면에서 사실관계가 매우 유사하다. 그럼에도 불구하고 최종적인 결과는 상반되는 것이었고, 그렇게 된 연유를 보면 연방거래위원회법 제5조의 규율범위를 넓히고자 하는 연방거래위원회의 입장이 비교적 확고하다는 것을 알 수 있다.

즉, 연방거래위원회는 연방거래위원회법 제5조 전단에 규정된 '불공정한 경쟁방법'(*unfair methods of competition*)의 규율범위가 셔먼법 제2조의 규율범위와 같다는 법원의 견해에 동의하지 않으면서 소비자에게 피해를 주는 기만적 행위는 그 자체가 'unfair methods of competition'에 해당한다는 입장을 계속 유지하고 있다. 그러면서도 동시에 이러한 행위는 연방거래위원회법 제5조 후단에 규정된 '불공정한 행위'(*unfair acts or practices*)에도 해당한다는 새로운 해석론을 펼침으로써 법원의 상반된 견해에도 대응하고자 했다.

이러한 연방거래위원회의 입장은 부시 행정부 이래로 극히 보수화돼왔던 미국 정부의 독점금지법 집행방향에 대한 변화 노력으로 이해될 수 있다. 또한 사법부와 행정부 간 시각 차이로 해석할 수도 있다. 그러나 한 가지 분명히 알 수 있는 것은, 미국 독점금지법의 집행방향도

어느 하나로 고정된 것은 아니고, 경우에 따라서는 현재보다 넓게 규율
범위를 확대하는 것도 충분히 가능성이 있다는 것이다. 다만 그 확대는
무제한적인 것은 아니고, Rambus 판결이나 N-Data 사건에서와 같이
비교적 기만성이 강하고 사회적 비난가능성이 상당히 큰 경우에 한정
된다고 할 수 있다.

한편 주의해야 할 것은, 위와 같은 연방거래위원회의 적극적 입장은
IT산업에서의 표준설정이라는 특정 영역에 한해 나타나고 있다는 점이
다. 즉, 연방거래위원회법 제5조의 적용범위를 좁게 보는 Rambus 판
결에서와 같은 시각이 대부분의 영역에서는 그대로 유지된다고도 볼
수 있다.

(2) 우리나라 공정거래법의 적용 가능성

① 대체기술이 있는 경우

만약 문제가 된 특허권자가 FRAND 약정을 하지 않았다면 다른 대체
기술이 표준화될 수도 있었을 것이므로, 경쟁사업자의 사업활동을 방
해한 것으로 보아 공정거래법 제3조의2 제1항 제3호로 규제할 수 있
다. 89

② 대체기술이 없는 경우

문제가 된 특허기술 외에 대체기술이 없는 경우에는 경쟁제한 효과
를 입증하기 어려울 수 있다. 그러나 표준화기구는 대체기술이 없더라

---

89 '지식재산권의 행사에 관한 심사지침' Ⅲ. 3. 라. 에서는 "부당하게 기술표준으로
   널리 이용되는 특허발명의 실시조건을 차별하거나, 비합리적인 수준의 실시
   료를 부과하는 행위"를 위법한 행위로 규정하고 있다.

도 당해 특허권자가 FRAND 약정을 하지 않은 경우 표준화를 진행시키지 않기로 의사결정 함으로써 향후 대체기술이 개발될 수도 있었을 것이므로, 공정거래법 제3조의2 제1항 제4호(새로운 경쟁사업자의 참가를 부당하게 방해하는 행위)를 적용할 수 있다.

4. 부당한 특허침해의 소 제기행위와 독점금지법 위반

1) 개 관

(1) 소 제기에 따른 경쟁제한 효과

특허권을 행사하기 위해 특허침해의 소를 제기하는 특허권자는 설령 그 소송에 의해 경쟁제한 효과가 발생한다고 하더라도 독점금지법 위반에 따른 책임을 부담하지 않는 것이 일반적이다.[90] 그러나 최근 기업들은 특허침해의 소 제기를 통해 커다란 수익을 올릴 수 있다는 것을 인식하기 시작함과 아울러 특허침해의 소 제기가 경쟁자에 대한 공격 내지 협박으로 기능할 수 있다는 점을 알았다.[91]

이에 일부 특허권자들은 시장에서 경쟁자를 배제하거나 그들의 경쟁력을 약화시키기 위한 수단으로 특허침해 소송을 이용하기 시작했다. 이것이 가능했던 이유는 ① 특허 청구항이 광범위하고 다양해 당해 행위가 특허를 침해하는 것인지 여부를 단정하기 어려운 경우가 많다는 점, ② 특허권자와 침해자 간 정보 비대칭으로 인해 침해주장의 상대방

90 ID Security Systems Canada v. Checkpoint Systems, 249 F. Supp. 2d 622 (E. D. Pa. 2003).

91 See Chu, M., *supra* 제2장 note 30, p. 1352.

으로서는 특허권자의 주장이 어느 정도 근거가 있는 것인지 판단하기 어렵다는 점, ③ 소송을 진행하게 될 경우 소송에 따른 직·간접적 비용을 부담해야 하는 침해주장의 상대방에게는 소송 자체가 하나의 재정적 부담으로 작용할 수 있다는 점 등을 제시할 수 있을 것이다.[92]

그러나 "소를 제기할 만한 합리적인 이유가 있는 경우에도, 소송은 부당한 목적에 이용될 수 있다. 그리고 만약 독점금지법의 관점에서 경쟁을 억압하기 위한 부당한 의도로 소송을 이용하는 것이라면, 이는 독점금지법의 관심사에 해당한다"는 Posner 판사의 판시내용에서 드러나는 바와 같이,[93] 특허권자에 의한 소 제기가 경쟁제한 효과를 내용으로 하는 독점금지법 위반행위를 구성한다면 그것이 특허권의 행사에 해당함을 들어 면책을 주장할 수는 없는 것이다. 이때, 특허침해 소송에 의해 야기될 수 있는 경쟁제한 효과로 경쟁자의 제거, 경쟁자에 대한 위협, 경쟁자의 비용 상승, 진입장벽의 창설에 따른 시장진입의 저지 또는 지연 등을 들 수 있다.[94]

(2) 소 제기의 유형

독점규제법 위반으로 논의되는 가장 대표적인 유형은 바로 무효인 특허(*invalid patent*)에 기해 경쟁자를 상대로 이른바 약탈적(*predatory*) 혹은 배제적(*exclusionary*) 특허침해의 소를 제기하는 것이다. 무효인

---

92 Meurer, M., Controlling Opportunistic and Anti-Competitive Intellectual Property Litigation, 44 *B. C. L. Rev.* (2003), pp. 512~516.

93 Grip-Pak, Inc. v. Illinois Tool Works, Inc., 694 F. 2d 466 (C. A. Ill., 1982).

94 See Myers, G., Litigation as a Predatory Practice, 80 *Ky. L. J.* (1992), pp. 586~596.

244

특허에 기초한 침해소송의 위협 또는 제기는 경쟁과 혁신을 손상할 수 있으며, 궁극적으로 소를 제기할 수 있는 충분한 자원을 가진 자에 의한 독점을 부를 수 있다. 95

미국의 경쟁당국 또한 특허청에 대한 기망행위(fraud)를 통해 획득한 특허권의 행사는 셔먼법 제2조 또는 연방거래위원회법 제5조에 위반될 수 있으며, 무효인 지적 재산권을 행사하기 위한 것으로 객관적인 근거 없는 소송의 경우에도 셔먼법에 위반될 수 있다고 명시하고 있다. 96

독점금지법 위반에 따른 책임은 유효한 특허권을 보유하는 자가 시장진입을 저지하거나 지연시킬 의도로 경쟁자를 상대로 객관적인 '악의적 소'(frivolous litigation)를 제기하는 경우에도 성립할 수 있다. 97 다시 말해 특허권자의 특허가 유효하다고 해서 그가 독점금지법상 책임을 지지 않게 되는 것은 아니다.

특허권자는 경쟁자의 제품이 자신의 특허를 침해하지 않는다는 사실을 알면서도 경쟁자를 상대로 소를 제기할 수도 있는데, 이러한 소 제기는 소송에 수반되는 비용이나 시간의 경과 등으로 인해 경쟁자가 가지고 있는 경쟁상 위협을 약화시키는 기능을 한다. 이는 경쟁을 제한하는 것일 뿐만 아니라 결국 혁신의 지연으로 연결되는 것이기 때문에 독점금지법의 적용을 모색할 필요성이 인정되는 것이다.

독점금지법이 적용될 수 있는 유형과 관련해 Atari Games Corp. v. Nintendo of America Inc. 사건에서 연방순회항소법원은 "특허권자가 특허를, 발명을 보호하기 위한 방패로 사용할 뿐만 아니라 부당하게 경

95 Leslie, C., *supra* note 1, p. 1274.
96 U.S. Department of Justice and the Federal Trade Commission, *supra* note 71, p. 32.
97 Leslie, C., *supra* note 1, p. 1275.

쟁을 축출해 내기 위한 공격수단으로 사용하는 경우 그 특허권자가 관
련시장에서 충분한 지배력을 보유하는 자라면 그는 독점금지법 위반에
따른 책임을 부담하게 될 수도 있다. 그러므로 특허권자는 사기(*fraud*)
를 통해 취득한 특허 또는 무효인(*invalid*) 특허를 집행하는 경우, 특허
받지 않은 제품의 구매를 강제하는 경우, 독점금지법에 반해 특허를 이
용하기 위한 전체적인 계획(*overall scheme*)이 존재하는 경우 독점금지
법 위반책임을 질 수 있다"고 판시했다.[98]

2) 미국의 관련 판결

미국 법원은 특허권자의 특허침해 소송으로 경쟁기업이 시장에서 배
제되는 경우, 사기에 의한 특허취득 사실을 피고가 입증하지 못하거나
경쟁기업을 상대로 제기한 소송이 기망소송(*sham litigation*)이라는 점을
입증하지 못하면 독점금지법 위반으로 볼 수 없다고 판시하고 있다.

(1) Kobe, Inc v. Dempsey Pump Co.
• 사실관계 •

이 사건은 전체로서의 독점화 계획 아래 이뤄진 특허권 행사가 독점
금지법 위반에 해당하는지가 문제된 사안이다. 본건에서 Kobe는 자신
들이 보유하는 5건의 특허권이 Dempsey Pump에 의해 침해되고 있다
고 주장하면서 소를 제기했다. Kobe는 본건 소를 제기하기 수 년 전부
터 경쟁자들에게 특허를 매입·축적해 왔으며, 그 산업 전체를 독점하
려는 의도를 명백히 드러내기 시작했다. Kobe 소속 특허 변호사는 미

---

98 897 F. 2d 1572 (C. A. Fed. (Cal.), 1990).

246

국 특허청에 등록되는 특허들 중 그들의 사업을 위협할 만한 것이 있는
지 여부를 정기적으로 확인하고 있었다. 실제로 Kobe는 12년간 관련시
장을 지배하고 70건이 넘는 특허를 보유하고 있었다.

Dempsey Pump는 신제품 출시를 통해 관련시장에 대한 Kobe의 지배
력을 위협하려 했다. 그들의 제품은 몇 번의 전시회를 통해 소개됐는
데, Kobe의 고객 중 많은 사람들이 그 제품에 관심을 보였다. 이에
Kobe는 서신을 통해 고객들에게 Dempsey Pump가 자사의 특허를 침해
하는 것 같다고 알림으로써 그 제품을 구매하게 될 경우 분쟁에 연루될
수 있음을 암시했다. 그 후 Kobe는 본건 소를 제기했는데, 당시 Kobe
는 Dempsey Pump가 그들의 특허를 실제로 침해한 것인지에 대해 확신
하지 못한 상태였다.

• 법원의 판단 •

지방법원은 Kobe가 보유하던 특허권 중 1건의 유효성과 그에 대한
침해사실을 인정했으나,[99] 항소심에서 피고가 원고에 의한 독점금지
법 위반을 주장하며 제기한 반소가 받아들여진 결과, Kobe는 특허침해
에 따른 손해배상을 받을 수 없었을 뿐만 아니라 Dempsey Pump에게
셔먼법 위반에 따른 손해를 배상하게 됐다.[100]

연방순회항소법원은 Kobe의 독점화 행위(*monopolizing behavior*)에 대
한 판단을 통해 약탈적 특허침해의 소 제기에 따른 독점금지법 위반의
책임을 최초로 인정했다. 법원은 독점을 창출하려는 Kobe의 의도를 보
여주는 몇 가지 요소들을 강조했다. Kobe는 만료된 특허들을 포함해
다수의 특허를 축적했으며 이 사실을 고객들에게 공개했다. 또한 Kobe

99 97 F. Supp. 342 (D. C. Okl. . 1951).
100 198 F. 2d 416 (C. A. 10, 1952).

는 특허침해소송을 이용해 고객들과 Dempsey Pump를 위협하고 있었다. 이에 법원은 다음과 같이 판단했다.

"Kobe가 실제로 자사의 특허들이 침해됐다고 믿고 있었음에도, 침해소의 제기 및 그와 관련된 제반활동의 진정한 목적은 독점을 확대하고 경쟁자인 Dempsey Pump를 제거하는 데 있었다고 인정하기에 충분하다. 침해소의 제기나 그와 관련된 제반활동 자체는 물론 불법적인 것이 아니었으며 손해배상의 원인이 되는 것도 아니었지만, 그러한 행위들에 선행됐던 전체적인 독점화 계획(*entire monopolistic scheme*)을 고려할 때, 그러한 행위들은 불법적 계획(*unlawful scheme*)에 영향을 미치기 위해 이뤄졌던 것으로 보인다."

• 평 가 •

위 판결은 원고에 의한 시장지배와 그 지배를 지속하려는 원고의 의도에 초점을 맞춘 것이었다. 이 사건에서 법원은 Dempsey Pump에 대한 Kobe의 손해배상책임을 인정했으나, Dempsey Pump의 특허 침해 사실이 인정됨에도 불구하고 Kobe에 대한 Dempsey Pump의 손해배상 책임을 인정하지 않았다. Dempsey Pump의 손해배상책임을 인정할 경우 Kobe와 같은 독점자는 소송을 통해 모든 잠재적 경쟁자를 억제할 수 있게 된다는 것이 그 이유였다.

(2) Walker Process Equipment v. Food Machinery & Chemical
• 사실관계 •

하수처리과정에서 활용되는 장비에 관한 특허를 보유한 Food Machinery & Chemical(이하 'FMC')은 관련시장에 진입한 Walker Process Equipment사를 상대로 특허침해의 소를 제기했는데, 당시 위 특허는 그 존속기간의 만료가 1년도 남지 않은 상태였다. 이에 Walker 는 FMC가 시장을 독점화하려고 시도한다고 주장하면서 반소를 제기 했다. 반소의 주장 내용은 FMC가 본건 특허는 출원일로부터 1년 이전 에 미국에서 사용된 사실이 없다고 진술했으나 이는 거짓진술이고, 신 의성실의 원칙을 위반해 사기적으로(fraudulently) 취득한 특허에 기초 해 소를 제기하는 것은 독점금지법 위반이라는 것이었다.

실제로 Walker는 선행기술에 관한 증거 제출을 통해 FMC의 진술이 허위라는 주장과, 증거개시절차 진행 중 FMC의 특허가 만료됐다는 주 장을 추가했다. 그러나 1심과 항소심은 모두 피고의 반소청구를 기각 했다.

• 연방대법원의 판단 •

1심과 항소심과는 달리 연방대법원은 특허권자가 여러 가지 근거 없 는 소송에 시달리는 것을 방지해야 할 필요성과 특허권자가 독점금지법 을 위반해 소송을 제기하는 것을 방지해야 할 필요성 중에서 특허권자의 특허가 아직 무효로 되지 않은 경우에도 그 특허권의 취득이 사기적인 방법에 의해 이뤄진 것임이 입증된 경우에는 후자에 더 무게를 둬야 한 다고 판단했다.[101]

나아가 특허권자가 특허를 사기적으로 획득해 주장하는 경우 독점규 제법 위반에 따른 책임을 부담할 수 있으나, 이 경우 셔먼법 제 2조상 의 일반적 요건들은 물론 특허권자의 특허가 특허청에 대한 사기 (fraud)를 통해 획득됐다는 사실이 주장·입증돼야 한다고 판시했다. 구체적으로 특허가 사기에 의해 획득됐다고 판단하기 위해서는 ① 특

---

101 Walker Process Equipment, Inc. v. Food Machinery & Chemical Corp., 382 U.S. 172 (1965).

허권자가 인지한 상태에서 계획적으로(*knowingly and willfully*) 사기적인 부작위(*omission*)나 거짓진술(*misrepresentation*)을 했을 것, ② 특허심사관을 속이기 위한 명백한 의도(*clear intent*)가 있었을 것, ③ 부작위나 거짓진술이 특허가 등록된 주요 요인일 것, 즉 부작위나 거짓진술이 없었다면(*but for*) 특허가 등록되지 않았을 것 등이 입증돼야 한다고 설명했다.

• 평 가 •

본건은 특허청에 대한 사기적 행위를 통해 획득한 특허를 집행하려는 기업에 대한 셔먼법 제2조의 적용에 관한 사안이었다. 연방대법원의 근본적인 관념은 특허청을 기만해 특허권을 획득한 주체는 헌법과 특허법에 따른 보호를 받지 못한다는 것이었다.[102]

특허가 사기적 방법에 의해 획득됐으므로 특허권자는 독점금지법 위반에 따른 책임을 부담해야 한다는 본건의 판시사항은 그 후 이른바 'Walker Process claim'으로 불리며 특허권자로부터 특허침해 소송을 제기당한 경우 그 상대방이 항변으로 활용할 수 있는 대표적 수단으로 이용되고 있다. 경쟁당국 또한 이에 따라 사기를 통해 획득한 특허의 행사 또는 행사의 시도는 셔먼법 제2조 또는 연방거래위원회법 제5조 위반에 해당할 수 있음을 명시하고 있다.[103]

102 Steinman, D., Fitzpatrick, D., Antitrust Counterclaims in Patent Infringement Cases: A Guide to Walker Process and Sham-Litigation Claims, 10 *Tex. Intell. Prop. L. J.* (2002), p. 96.

103 나아가 경쟁당국은 사기에 이르지는 않았지만 부당한 행위(*inequitable conduct*)에 의해 획득된 특허의 행사 또는 행사의 시도 또한 연방거래위원회법 제5조 위반이 될 수 있음을 명시하고 있다(U.S. Department of Justice and the Federal Trade Commission, *supra* note 71, p. 32).

(3) Handgards, Inc. v. Ethicon, Inc.

• 사실관계 •

방열처리된 플라스틱 장갑 시장의 90%를 점유하던 Ethicon은 경쟁자이던 Handgards를 상대로 특허침해 소송을 제기해 Handgards와 고객과의 관계를 손상시키고 진행 중이던 연구개발이나 자금지원이 중단되도록 해 관련시장에서 지배적 지위를 유지하려고 했다. 그런데 Ethicon이 보유하던 특허의 경우 선행발명자가 존재했고 특허 출원되기 전에 1년 이상 공중에서 이용됐던 것이기 때문에 무효인 특허였다. Ethicon 또한 그 사실을 알고 있었다. 이에 Handgards는 Ethicon이 경쟁자를 제거하기 위해 악의(bad-faith)에 의한 소송을 제기해 유지하고 있음을 이유로 독점금지법 위반에 따른 책임을 추궁하는 소송을 제기했다.

• 법원의 판단 • 104

연방순회항소법원은 소 제기로 인한 셔먼법 제 2조 위반의 책임이 인정되기 위해서는 (i) 특허권자가 악의에 기초해 소를 제기했다는 것이 명백하고 확실한 증거에 의해 입증될 것, (ii) 특허권자가 관련시장을 독점화하려는 특유한 의도를 가지고 있을 것, (iii) 승소에 이르게 될 위험한 가능성(dangerous probability) 등이 입증돼야 한다고 판시했다. 나아가 "독점화하려는 의도의 존재는 악의의 존재로부터 추론될 수 있다"라고 밝히면서, 특히 위 (iii) 요건의 경우 경쟁자가 실제로 시장에서 축출될 것을 요하는 것은 아니나 (a) 특유한 의도를 입증할 직접증거와 불법적인 계획을 성취하기 위한 행위에 대한 증거, (b) 또는 어떤 행위

---

104 743 F. 2d 1282 (C. A. Cal., 1984).

로부터 특유한 의도가 추론될 수 있는 경우 그 행위에 대한 증거 등을 통해 인정될 수 있다고 보았다.

• 평 가 •

본건은 특허법과 관련해 이른바 '기망소송'(sham litigation)의 문제를 해결한 중요한 판결로 평가받고 있다.[105] 본건 이후 무효인 특허를 집행하기 위해 법원 등 기타 정부기관을 이용하는 기망소송의 문제가 본격적으로 대두되기 시작했으며, 본건에서 법원이 기망소송의 성립요건으로 제시했던 요건들은 후속 판결들에 의해 구체화됐다.

(4) Professional Real Estate Investors, Inc. v. Columbia Pictures Industry, Inc.

이 사건에서 연방대법원은 기망소송에 따른 독점금지법 위반의 책임이 인정되기 위한 요건을 보다 구체적으로 보여줬다.[106] 위 판결에 따르면 독점금지법 위반책임이 인정되기 위해서는 먼저 ① 원고의 소 제기가 객관적으로 근거 없는 것이어야(objectively baseless) 하는데, 이는 소를 제기할 당시 합리적인 당사자로서는 본안에서의 승소를 현실적으로 기대할 수 없는 것을 의미하고, 위 요건이 충족된 경우 법원은 ② 소 제기가 사법절차를 이용해 경쟁자의 사업을 직접적으로 방해하기 위한 의도하에 이뤄진 것인지 여부를 판단해, 특허권자의 독점금지법 위반 여부를 결정한다고 판시했다.

---

105 Steinman, D., Fitzpatrick, D., *supra* note 102, p. 99.
106 508 U. S. 49 (1993).

252

(5) Nobelpharma AB v. Implant Innovations, Inc.

• 사실관계 •

본건에서 특허권자인 원고 Nobelpharma AB는 경쟁관계에 있는 치과용 임플란트 제조사인 Implant Innovations, Inc.를 상대로 그들의 제품이 자신들의 특허를 침해한다고 주장하면서 특허침해 소송을 제기했다. 이에 피고는 원고가 발명의 이용방법을 공개하지 않았음을 들어 원고의 특허가 무효라고 주장하면서 동시에 원고가 무효인 특허를 집행하려 한다는 이유로 이른바 'Walker Process claim'[107]에 근거한 독점금지법 위반에 따른 손해배상을 구하는 반소를 제기했다. 그 결과 1심에서는 특허가 무효임이 선언됐고, 특허권자로 하여금 피고에게 330만 달러의 손해배상금을 지급할 것을 명령했다.[108]

• 법원의 판단 • [109]

먼저 연방순회항소법원은 특허가 사기에 의해 취득됐다고 볼 만한 충분한 증거가 없다는 특허권자의 주장을 받아들이지 않고, 독점금지법 위반책임의 인정요건과 관련해 "만약 주장된 특허가 사기적인 거짓진술이나 사기적인 부작위를 수단으로 해 획득됐고, 특허를 주장하는 자가 소를 제기할 당시 그러한 사기 사실을 인식하고 있었음이 증거에 의해 입증되는 경우, 특허권자는 소 제기에 따른 독점금지법 위반책임을 부담하게 될 수 있다. 사기적인 부작위는 사기적인 거짓진술만큼이

107 'Walker Process claim'의 의미에 관해서는 이 장 제4절 2(2) 참조.
108 Nobelpharma AB v. Implant Innovations, Inc., 930 F.Supp. 1241 (N.D.Ill., 1996).
109 Nobelpharma AB v. Implant Innovations, Inc., 141 F.3d 1059 (C.A.Fed. (Ill.), 1998).

나 비난받을 만한 것이기 때문이다"라고 밝히면서, 거짓진술이나 부작위를 인정하기 위해 "심사관을 속임으로써 특허청으로부터 무효의 특허를 받으려는 명백한 의도가 입증돼야" 한다고 판시했다.

나아가 독점금지법 위반책임이 인정되기 위해 "기망 의도와 의존성 (*reliance*), 즉 거짓진술이나 부작위가 없었다면 특허가 등록되지 않았을 것이라는 점에 관한 독립적이고 명백한 증거"를 기초로 사기가 인정돼야 한다고 판단했다.

• 평가 •

본건 결정은 Walker Process claim에 따라 독점금지법 위반책임을 추궁하고자 하는 경우, 기망소송에 따른 독점금지법 위반책임을 추궁하는 경우와 달리 당해 특허침해 소송의 제기가 근거 없는 것임을 입증할 필요가 없다는 점을 보여줬다.[110]

그러나 위 결정은 부당행사(*inequitable conduct*) 항변과 Walker Process claim의 차이를 설명한 사안이라는 점에서 그 주된 의의를 찾을 수 있다. 연방순회항소법원은 Walker Process claim상의 사기가 부당행사의 경우보다 더욱 심각한 위반에 해당하고, 그 심각성은 적어도 4가지 측면에서 드러난다고 봤다. 즉, ① Walker Process claim는 중요성 (*materiality*) 여부를 판단함에 있어 이른바 'But For' 기준을 사용하지만 부당행사 항변의 경우 그보다 덜 엄격한 기준을 적용하고,[111] ② 의존성

---

110 Smith, G., U.S. Patent Holders Beware-Recent Decisions increase the Risk of Liability for Patent Misuse under both Federal and State Laws, 2(2) *The Journal of World Intellectual Property* (1999), p. 278.

111 부당행사 항변의 경우 누락된 자료가 "합리적인 심사관이라면 특허성 (*patentability*)을 판단함에 있어 중요하게 고려했을 것"임을 입증하기만 하

에 관한 명백한 입증을 요하는 Walker Process claim과 달리 부당행사 항변의 경우 의존성은 성립요건이 아니며, ③ 양자 모두 중요성과 의도 (*intent*) 를 요구하나 Walker Process claim의 기준이 더 엄격하다는 점, ④ Walker Process claim의 경우 중요성과 의도에 대한 형평적 고려를 허락하지 않는다는 점을 제시했다. [112]

3) 우리나라 공정거래법의 적용가능성

우리나라의 경우 대법원이 특허 출원인에게 미국과 같이 보통법상 출원과정에서의 성실의무를 부과하지 않고 있어 특허소송으로 특허가 무효화되기 전까지는 유효한 특허로 추정된다. 따라서 선행기술을 적극적으로 개시하지 않아 무효가능성이 높다는 점을 인식하고도 무효가능성이 높은 특허에 기초해 특허침해의 소를 제기했다고 해서 미국식의 기망소송(*sham litigation*) 으로 판단받기는 어려울 것으로 예상된다. 다만, 특허권자의 특허권 행사를 특허권 남용의 관점에서 민법상 권리남용원칙을 적용하거나 특허침해소송 중에 특허무효항변을 받아들여 무효화시키는 방법 등이 검토될 수 있다. [113]

면 된다.

112 Janis, M., Transitions in IP and Antitrust, 47 *Antitrust Bulletin* (2002), pp. 274~275.

113 정차호·차성민·최승재·황성필, "의약품 분야 지적재산권 관련 경쟁제한 행위에 대한 외국사례 분석 및 효과적인 법집행 방안 연구", 공정거래위원회 (2009), 34면.

5. 특허 풀 형성과 독점금지법 위반

1) 개 관

⑴ 특허 풀의 의의

특허 풀(Patent Pool)이란 다수의 특허권자들이 자신들의 특허권을 결합하기 위해 체결하는 다양한 형태의 약정을 포괄적으로 표현하는 개념이다.[114] '특허권의 상호실시허락 또는 제3자에 대한 실시허락을 목적으로 결합된 다수 특허권의 집합체'라고 정의할 수 있다.[115] 특허 풀은 최소한 두 개의 특허에서 많게는 수천 개의 특허로 구성되는데,[116] 둘 혹은 그 이상의 특허권자가 상호실시허락을 위해 혹은 특허 풀 외부의 제3자에게 공동으로 실시허락하기 위해 각각의 특허권에 따라 보유하는 배타적 권리의 독자적인 행사를 상호 포기하기로 합의한다는 점에 그 본질이 있다.[117]

특허 풀은 별도의 특허권 관리주체를 두지 않고 특허 풀의 구성원이 각각 상호실시 허락하는 형태로 이뤄지기도 하나, 최근 특허 풀들은 별도의 관리주체를 설립해 그 주체로 하여금 해당기술 분야에 관한 모든

---

114 오승한, "방어적 특허 풀 구성과 부속약정에 대한 경쟁제한성 평가: 중소기업체의 방어적 특허 풀을 중심으로", 《성균관법학》제20권 제2호 (2008), 648~649면.

115 강수경, "특허권 사업화 촉진방안으로서 'Patent Pool'의 법적 문제", 《공법학 연구》제5권 제3호 (2004), 681면.

116 정연덕, "특허 풀과 독점규제법", *Law & Technology* 제2권 제6호 (2006), 34면.

117 육소영, "특허 풀과 시장경쟁", 《상사판례 연구》제19집 제1권 (2006), 122면 참조.

256

특허권을 관리하도록 하는 경우가 대부분이다.[118] 이러한 경우 특허 풀의 계약관계는 참가당사자들 상호 간의 약정과 참가당사자와 특허권 관리주체와의 약정, 특허권 관리주체와 실시권자 간의 약정 등으로 구분된다.[119] 특허 풀을 구성하는 특허의 가치평가 방법과 특허의 실시허락에 따른 실시료 분배에 관한 규정을 두기도 한다.[120]

(2) 특허 포트폴리오(Patent Portfolio)

특허권 거래실무에서 대부분의 특허권 거래는 특허 포트폴리오 형태로 이뤄진다. 특허 포트폴리오는 관련된 기술분야의 특허 집합체로, 대체로 손해배상 청구 및 특허 침해가 광범위한 특허군인 특A급 특허와 이를 보완하는 기타의 특허, 즉 손해배상 청구 및 특허 침해의 정도가 특A급과 비교해 비교적 약한 범위의 A급 특허군, 그리고 B급 및 나머지 하급 특허군의 네 가지로 구성된다.

특허의 가치를 분류하는 기준은 크게 두 가지다. 첫째, 특허 침해규모를 고려하는 비즈니스적 평가다. 해당 특허의 시장 규모가 크고 특허권을 침해한 기업이 다수 존재하는 대규모 시장, 시장 규모가 일정 수준 이상인 중규모 시장, 그리고 특허권을 침해한 기업의 수가 적거나 시장이 아직 발달하지 않은 소규모 시장으로 나눠 비즈니스적 평가를 하게 된다.

둘째, 특허 클레임의 강도와 범위를 고려하는 기술적 평가다. 해당 특허가 산업표준 특허에 해당하고 대체기술 전체를 포괄적으로 커버해

---

118 강수경, 앞의 논문(註 115), 683면 참조.
119 오승한, 앞의 논문(註 114), 650면.
120 Carlson, S., Patent Pools and the Antitrust Dilemma, 16 *Yale J. on Reg.* (1999), p. 368.

〈표 5-1〉 특허 포트폴리오를 구성하는 특허의 분류 [121]

종류	예상 로열티	예상 가격	연간 거래	거래금액 기준 시장 비중
특A급	5억 달러 이상	2,500만~1억 달러	2~3건	~40%
A급	5천만~3억 달러	5백만~1,500만 달러	10~20건	~40%
B급	5백만~3천만 달러	~3백만 달러	40~60건	~20%
기타	미미함	미미함	미미함	0~5%

특허 침해를 회피하는 것이 사실상 불가능한 원천특허, 해당 특허를 침해할 가능성이 높으나 해당 기능을 배제하거나 상당 비용을 투입해 우회설계(*design around*)를 함으로써 특허 침해 회피가 가능한 기능특허, 그리고 제품 또는 비용상 큰 변화 없이 우회 설계가 가능한 회피 가능 특허로 나눠 기술적 평가를 하게 된다.

이들 두 가지 기준을 조합해 대규모 시장에서의 원천특허라면 관련 시장 규모가 크고, 클레임의 범위가 넓고 강해 회피가 어려운 고가의 특허 포트폴리오로 평가받게 된다. 이들 특허군에는 등록된 특허뿐만 아니라, 출원 중이나 등록되지 않은 발명, 그 유효성 여부에 대해 다툼이 있는 특허가 포함되는 경우도 있다.

예를 들어 Saxon이라고 하는 특허 포트폴리오를 들여다보면 개별 라이선스 계약 체결이 가능한 4개 그룹의 특허 포트폴리오로 구성돼 있다. 여기에는 미국에서 등록된 특허 183건과 해외 특허가 포함돼 있다. 〈그룹 1〉은 노트북 컴퓨터나 PDA와 같은 Computing Systems를 위한 특허 그룹이다. 특허구성은 A급 특허 8개, B급 특허 12개, 기타 특허 36개로 되어 있다. 내용은 DRAM/PCI, Super I/O, 802.11 및 Audio code bridge

---

121 BCG, IP brokers Interview. 2009.

controller 기술 분야의 특허를 포함한다. 〈그룹 2〉는 PBX (*Private Branch Exchange*) 라고 하는 전화 네트워크를 위한 전환 시스템, 그리고 Phone systems를 위한 특허 그룹이다. 〈그룹 3〉은 DSP & ADC/DAC (*Digital signal processing, and analogueto-digital converter/digital-to-analogue converter*) 를 위한 특허 그룹이며, 〈그룹 4〉는 무선전화를 위한 특허그룹이다.

이러한 특허들은 하나의 그룹으로 묶여 일괄 거래된다. 특허의 실시허락을 받는 자로서는 해당 특허를 일괄 매입함으로써 제품생산을 위해 일일이 해당 특허를 매입하는 수고를 덜 수 있고, 실시허락을 하는 자로서는 보유특허의 활용도를 높일 수 있는 장점이 있다. 그러나 달리 생각해보면, 불필요한 특허까지 모두 떠안아야 하거나, 또는 시장가치가 거의 없는 특허까지 끼워 파는 불합리한 점도 있다. 이러한 부조화는 그 거래를 중개하는 IP브로커 회사들에 의해 조정되는 경우가 많다. IP브로커들은 특허 및 관련 특허의 잠재적 침해 여부에 대한 정보를 제공하고 해당 특허 포트폴리오에 대한 입찰 참여를 제안하거나 해당 특허의 실시료에 대한 협상을 하기도 한다.

Patent Troll 업계에서 자본력이 풍부한 대형 소송형 NPEs의 경우 특허권 행사가 가능한 양질의 특허 위주로 매입 보유하고 있으며, 이러한 A급 이상의 특허 포트폴리오를 매입하기 위한 충분한 자본을 갖추고 있다. 반면 중소 규모의 NPEs의 경우 자본 규모의 제약으로 인해 B급 특허와 하급 특허 사이의 경계선에 위치한 특허 매입에 집중하고 있으며 간혹 A급 이상의 특허를 보유하기도 하지만 주 영역이라고 보기는 어렵다.

앞서 언급했던 Intellectual Ventures사의 IIF1, IIF2의 특허 포트폴리오를 보면, 초기 2003년부터 2008년 사이에 특허를 공격적으로 대규모 매입해 대량의 특허 포트폴리오 확보에 중점을 뒀으나, 최근에는 A급

이상의 특허 위주로 특허 매입전략을 다소 변경했다고 한다. 그리하여
2008년 이후로는 A급 이상의 특허를 전체 특허 포트폴리오 중 10% 정
도, B급 이상의 특허를 20% 정도 보유한 것으로 알려져 있다.

(3) 특허 풀의 유형

특허 풀은 당해 풀에 포함된 특허권 간의 상호관계에 따라 ① 경쟁특
허 (competing patents) 또는 대체특허 (substitutable patents) 로 이뤄진 특허
풀, ② 보완특허 (complementary patents) 로 이뤄진 특허 풀, ③ 차단특
허 (blocking patents) 로 이뤄진 특허풀로 분류되기도 한다.

먼저 경쟁특허 또는 대체특허로 이뤄진 특허풀이란 참여자들의 특허
가 상호 대체재의 관계에 있는 특허 풀로, 서로 경쟁관계에 있는 특허
권자들이 상호 간 화해, 조정을 위해 형성하는 경우가 많다.

나아가 보완특허로 이뤄진 특허 풀에 포함돼 있는 특허들은 상호 보
완재적인 관계를 형성하고 있는데, 상호보완적 특허의 가치가 개별적
특허의 가치를 상회하는 효과를 낳게 된다. 즉, 보완특허는 상호 간 대
체적이지 않고 독립적이지만, 서로 연계된 기능을 수행함으로써 특허
에 대한 수요를 높이는 효과를 가져올 수 있다. [122]

마지막으로 차단특허란 서로 이용저촉관계에 있는 특허를 의미한
다. 다른 사람의 특허를 침해하지 않고서는 자신의 특허를 실시할 수
없고 그 반대의 경우도 성립하는 경우 이 특허들을 차단특허라 하며,
이러한 특허들로 구성된 특허 풀은 주로 특허권자의 특허를 공고히 하
고자 하는 목적에서 조직되는 경우가 많다. [123]

---

122 육소영, 앞의 논문(註 117), 123면 참조.
123 위의 논문, 124면.

이러한 구분은 특정 특허풀의 경쟁제한성을 평가하는 데 중요한 의미를 갖는다. 통상적으로 보완특허로 구성된 특허 풀의 경우 비용절감 등 친경쟁적 효과가 예상되는 것과 달리, 경쟁특허 내지 대체특허로 구성된 특허 풀의 경우 관련시장의 독점 내지 사업자 간 담합의 가능성 등으로 인해 경쟁제한성에 대한 평가가 엄격하게 이뤄지기 때문이다.

(4) 특허 풀의 기능

특허 풀은 긍정적 기능도 갖고 있으며, 실제로 효용면에서 여러 이점이 발생하기도 한다. 먼저 특허 풀은 실시허락에 따른 거래비용을 감소시키기도 한다. 수 개의 특허가 한 번의 계약을 통해 단일한 가격에 실시허락될 수 있게 되고, 수 명의 특허권자들이 동시에 실시허락하는 것이 가능해짐으로써 특허 풀이 존재하지 않았다면 개별적 거래에 소모됐을 비용이 절감된다는 것이다. 비용의 감소는 기술의 가격인하로 이어지고 인하된 가격은 기술의 확산을 촉진하는 데 긍정적 요소로 기능할 뿐만 아니라,[124] 개별적으로 실시허락이 이뤄지는 경우보다 실시료가 저렴해 시장진입이 촉진된다. 기술의 확산을 통해 새로운 제품이 출현하게 돼 결국 소비자 후생의 증대가 달성될 수 있다고 한다.[125]

또한, 특허 풀은 보완관계에 있는 기술의 통합을 달성해 그 이용을 촉진하는 면도 있다. 다수의 특허권자들이 보유하던 특허들이 하나의 특허 풀로 통합된 결과, 각자의 차단적 지위(*blocking positions*)는 해소된다.

---

124 Melamed, A., Lerch, D., Uncertain Patents, Antitrust, and Patent Pools, 2005 EU Competition Law and Policy Workshop/Proceedings, pp. 4~5.

125 Nelson, P., Patent Pools: An Economic Assessment of Current Law and Policy, 38 *Rutgers L. J.* (2007), p. 540.

앞서 살펴본 바와 같이 차단특허가 존재하는 경우, 경쟁자들이 서로의 기술이용을 저지하게 돼 기술 전체의 발전이 저해된다. 이와 관련된 문제점은 '비공유재의 비극'(tragedy of the anticommons) 이라는 예를 통해 설명되기도 한다.126 이는 사람들이 재산을 공유하고 다른 사람이 그 재산을 사용하는 것을 배제할 수 있는 권리를 누구도 가지고 있지 않은 경우 그 재산을 보전할 동기가 없기 때문에 그 재산이 과도하게 사용되는 경향이 발생하는 것을 말하는 '공유재의 비극'(tragedy of the commons) 의 반대 개념으로 제시된 것이다. 즉, 비공유재의 경우 수많은 권리자들이 상대방의 공유재 이용을 배제할 권한을 갖고 있기 때문에 결국 자원의 과소이용(underutilization) 이 발생하게 된다는 것이다. 실제로 특허 풀의 형성은 이러한 문제점을 해소하는 데 유용한 수단이 될 수 있다.

특허 풀은 유출효과(spillover effect) 를 줄이는 기능도 한다. 기업이 연구개발에 대한 투자를 실시하는 경우 그 결과물로서 획득되는 지식 중 일부는 공중의 영역으로 유출되고 이는 결국 경쟁자를 이롭게 하는 결과를 낳는다. 이러한 유출효과로 인해 기업은 연구개발에 따른 투자를 완전히 내부화할 수 없게 됨에 따라 연구개발에 소극적 태도를 취하게 되고 이는 혁신을 저해한다. 그러나 특허 풀에서 각 참여자들은 연구개발에 종사하는 주체임과 동시에 다른 참여자들의 지식을 수용하는 주체이므로 유출효과는 줄게 되고 기업의 연구개발에 대한 유인은 보존되는 것이다.127

이외에도 특허 풀의 순기능은 다양하게 설명되고 있다. 특허 풀에 대한 실시료는 일정한 비율로 특허권자들에게 분배돼 특허권자들로서는 연구개발 투자에 대한 보상을 받을 수 있기 때문에 특허 풀은 기술의 개

126 Carlson, S., *supra* note 120, p. 379.
127 Carlson, S., *supra* note 120, p. 382.

262

발이나 발명에 따른 위험과 수익을 참여자들 사이에 분산시킴으로써 혁신에 대한 유인을 제공한다. 또한 특허 풀은 경쟁관계에 있는 다른 특허권자의 방해적 행동을 사전에 차단하는 효과를 가지므로 특허 풀에 참여할 경우 특허침해 소송의 위협으로부터 어느 정도 자유로워질 수 있다는 점,[128] 특허 풀을 통해 특허가치가 완전하게 활용될 수 있다는 점 등이 특허 풀의 순기능으로 제시된다.[129]

(5) 특허 풀의 경쟁제한성

앞서 살펴본 특허 풀의 여러 가지 순기능들에도 불구하고, 특허 풀의 경쟁제한 효과에 대한 많은 우려가 있다. 먼저 기본적인 문제점은 특허 풀이 경쟁관계에 있는 특허권자들 사이에 또는 그 특허를 이용해 제품을 생산하는 기업들 사이에 담합을 조장할 가능성이 있다는 것이다.[130] 예를 들어, 수직적으로 통합된 기업이 특허 풀에 참여하는 경우 경쟁자의 비용을 상승시키는 동시에, 하부시장에서 경쟁을 감소시키고 높은 가격설정이 가능하도록 외부기업에 대해 차별적인 실시료를 부과하는 방향으로 특허풀을 운영할 수 있다.[131]

또한 특히 산업표준의 설정과 관련된 특허 풀이 형성되는 경우 더 낮은 실시료로 더 넓은 범위의 실시허락을 허용할 수 있는 다른 특허 풀과의 경쟁이 봉쇄될 수 있다는 점도 문제점으로 지적된다. 즉, 표준설정에 있어 필수 특허를 보유하는 자가 자신이 보유하는 다른 특허들도 함께 실시허락 받는 경우에 한해 필수 특허에 대한 실시허락에 동의함으

---

128 강수경, 앞의 논문(註 115), 682면.
129 육소영, 앞의 논문(註 117), 126면.
130 Nelson, P., *supra* note 125, p. 542.
131 *Id.*

로써 시장지배력의 확장을 시도할 수 있다는 것이다.[132]

나아가 대체특허로 구성된 특허 풀이 형성되는 경우 특허 풀에 참여한 특허권자들은 경쟁기술 사이에 가격경쟁을 줄이거나 제거할 수 있으며, 이는 일반적인 가격고정행위와 동일한 경쟁제한적 폐해를 갖는다.

대체특허가 아닌 특허들로 특허 풀을 구성하는 경우 또한 경쟁제한 효과가 발생할 수 있다. 해당 특허를 대체할 수 있는 특허가 특허 풀 외부에 존재하는 경우에도 그 외부에 존재하는 특허가 배제됨에 따라 경쟁이 손상될 수 있기 때문이다.

특허 풀에 실시권자가 원하는 차단특허가 포함돼 있는 경우 그 실시권자는 차단특허에 대한 실시권을 얻기 위해 통상 특허 풀 전체에 대한 실시허락을 받게 될 것이다. 그런데 이 경우 특허 풀에 포함돼 있는 다른 특허들과 경쟁관계에 있는 기술이나 특허를 가진 특허권자들은 상당한 불이익을 경험하게 될 수 있다. 특허 풀 외부에 경쟁기술이 존재한다 하더라도 이미 특허 풀 전체에 대한 실시허락을 받은 자로서는 특허 풀 외부의 기술에 대해 관심을 갖지 않을 것이기 때문이다.[133]

한편 기술혁신과 관련, 장래의 특허를 대상으로 특허 풀을 조직할 때 새로운 기술개발을 위해 직접 투자하기보다는 다른 참여자가 투자한 시간과 비용에 의존하게 되므로 결국 새로운 기술에 대한 연구개발의 유인이 제거돼 경쟁제한 효과가 발생한다는 점 역시 지적되기도 한다.[134]

---

132 *Id.*
133 Melamed, A., Lerch, D., *supra* note 124, p. 5.
134 강수경, 앞의 논문(註 115), 682~683면.

2) 미국의 경우

(1) 특허 풀과 미국의 경쟁제한행위 규제

특허 풀에 대한 미국의 경쟁제한행위 규제는 1980년 셔먼법 제정 이후, 지적 재산권법과 독점금지법 사이의 관계에 대한 법원 및 경쟁당국의 태도에 따라 커다란 변화가 있었다. 즉, 셔먼법 제정 초기에는 특허법을 포함한 지적 재산권법이 독점금지법에 우선한다는 것이 미국 법원과 경쟁당국의 확고한 입장이었기 때문에 1910년대 초반까지 일반적으로 특허 풀에 대해 독점금지법의 적용이 배제됐다. 대표적인 예로, 1902년 National Harrow 특허 풀 사건에서 연방대법원은 특허 풀에 참가한 특허권자들이 실시권자와 라이선스 계약을 체결함에 있어 임의의 제한조건을 부과하는 행위에 대해 정당한 권리행사라고 인정한 바 있다.

그러나 이후 특허 풀에 대한 경쟁당국과 법원의 태도에 변화가 생겨, 1912년 Standard Sanitary 특허 풀 사건에서 법원은 특허 풀 협정이 참가기업들에 대해 최저 재판매가격, 재판매가격 및 비실시권자에 대한 판매제한 등의 제한을 둔 것을 셔먼법 위반으로 봐 당해 특허 풀을 해체시킨 바 있다. 또한 1931년 Standard Oil 특허 풀 사건에서 연방대법원은 특허 풀 협정의 독점금지법 위반 여부를 평가함에 있어 부분적이기는 하지만 경쟁촉진효과와 경쟁제한 효과의 비교형량을 통해 위법성 여부를 평가해야 한다는 합리의 원칙을 채택하는 한편, 특허 풀 참가기업의 시장지배력을 고려했다.

이후 다양한 특허 풀 및 지적 재산권 라이선싱과 관련된 사건에서 법원과 경쟁당국은 독점규제를 강화해 왔다. 특히 1970년대 초에 이르러서는 법무부가 기존의 특허 풀 및 지적 재산권 라이선싱에 관한 전반적 평가를 거쳐 경쟁제한 가능성이 높은 9가지 행위에 대해 원인 금지주의적 입장에 근거해 당연위법의 원칙을 적용하는 이른바 Nine No-No's 원칙을 채택함으로써 특허 풀은 크게 위축됐다.

  그러나 이후 지적 재산권과 관련된 행위에 대해 독점규제 정책과 지적 재산 정책의 조화를 추구하게 되면서 지적 재산권 라이선스 행위에 대해서도 원칙적으로 합리의 원칙에 의해 독점금지법 위반 여부를 판단해야 한다는 입장으로 법원과 경쟁당국의 태도가 변화했다.

  그 결과 특허 풀에 대해 원칙적으로 경쟁촉진 효과가 인정되고 있는데, 경쟁당국인 미 법무부와 연방거래위원회가 1995년 공동으로 제정한 '지적 재산의 실시허락에 관한 독점규제 가이드라인'(*Antitrust Guidelines for the Licensing of Intellectual Property* · 이하 'IP 가이드라인')[135]은 이러한 태도를 명확히 보여주고 있다.

Nine No-No's

경쟁제한성이 높아 당연위법의 원칙에 따라 금지됐던 9가지 유형의 행위들이다. ① 실시허락자에게 비특허 물품을 구입하도록 강제하는 행위, ② 라이선스 계약개시 후 실시권자가 발명한 임의의 특허권에 대해 실시허락자에게 라이선스하도록 강제하는 행위(Grant-back 강제 행위), ③ 특허상품의 재판매시 당해 특허상품의 구매자를 제한하는 행위, ④ 특허권의 범위에 포함되지 않는 상품이나 서비스에 대한 실시권자의 거래자유를 제한하는 행위, ⑤ 실시권자의 동의 없이 실시허락자가 제3자에게 실시권을 허가하지 않기로 실시권자와 합의하는 행위, ⑥ 실시권자에 대해 패키지 라이선싱을 강제하는 행위, ⑦ 실시허락 받은 제품과 합리적으로 관련되지 않은 '양'을 기준으로 실시권자에게 로열티를 지불하도록 요구하는 행위, ⑧ 상품의 제조공정에 대한 특허권을 보유한 실시허락자가 당해 특허에 대한 실시권자에 대해 그 제조방법에 의해서 만들어진 상품의 판매를 제한하는 행위, ⑨ 실시허락 받은 제품의 판매시 실시권자로 하여금 특정한 가격 또는 최저가격을 준수하도록 요구하는 행위 등이 포함됐다.

---

135 U.S. Department of Justice and the Federal Trade Commission, Antitrust Guidelines for the Licensing of Intellectual Property (1995).

(2) IP 가이드라인의 내용

IP 가이드라인에서는 특허풀이 보완기술을 통합하고 거래비용을 감소시키며 차단적 지위를 해소하고 비용소모적 침해소송을 회피할 수 있게 함으로써 친경쟁적 이점을 갖는다고 설명한다.[136]

그러나 위 가이드라인은 특허풀이 특정 상황에서는 경쟁제한 효과를 가질 수 있음을 밝히고 있다. 예를 들어 특허 풀을 통해 가격이나 생산량을 제한하는 것은, 그러한 제한이 참여자들 사이에 경제적 활동의 효율성 증대에 기여하지 못하는 경우 불법적인 것으로 여겨질 수 있다는 것이다. 그리고 특허 풀이 명백한 가격고정이나 시장분할의 목적으로 활용된다면 당연위법의 원칙이 적용될 수도 있다고 한다.[137]

특허 풀이 일반적으로 모든 사람에게 개방돼야 하는 것은 아니다. 그러나 집합적으로 시장지배력을 갖고 있는 참여자들로 구성된 특허 풀에서 특정 기업이 배제되는 경우 특정한 상황에서는 그러한 배제가 경쟁을 해하는 것일 수 있다. 통상 경쟁기술로 구성된 특허 풀에서 배제된 경우로 ① 배제된 기업이 실시허락 받은 기술을 이용한 제품의 관련시장에서 유효하게 경쟁할 수 없는 경우, ② 특허 풀의 참여자들이 관련시장에서 집합적으로 시장지배력을 보유하는 경우 등에는 경쟁제한 효과가 인정될 수 있다.

이러한 상황이 인정되는 경우 경쟁당국은 그러한 참여의 제한이 특허 풀을 구성하는 기술의 효율적인 개발 및 이용과 합리적으로 관련된 것인지를 평가할 것이며, 관련시장에서 그러한 제한의 효과를 살필 것이라고 밝히고 있다.[138]

---

136 *Id.*, p. 28.
137 *Id.*
138 *Id.*, pp. 28~29.

특허 풀의 경쟁제한 효과가 인정되는 또 다른 상황은 특허 풀로 인해 그 참여자들이 연구개발을 방해하거나 저해시켜 혁신을 지체시키는 경우다. 예를 들어, 현재와 장래의 기술을 최저비용 수준으로 각자에게 실시허락하도록 하는 경우, 특허 풀 참여자들은 그들의 연구개발에 따른 성과를 공유하게 되고 다른 참여자들의 성과에 무임승차(*free ride*) 하게 돼 결국 연구개발에 종사하려는 유인을 감소시킬 수 있는 것이다.[139]

(3) 경쟁당국의 특허 풀 승인사례

① MPEG-2 특허 풀

1994년 11월 MPEG-2 기술이 동영상 압축에 관한 국제표준으로 정립되자, 관련된 필수특허의 산재(散在)에 따른 특허 덤불 형성의 위협을 해소하기 위해 특허 풀 형성의 필요성이 제기됐다.

이와 관련 특허를 보유하던 Columbia University, General Instrument, Lucent Technologies, Philips, Sony, Matsushita, Toshiba 등은 1996년 5월 MPEG-2 특허 풀을 형성하고, 관리하기 위한 조직으로서 'MPEG LA(*MPEG Licensing Administrator*)'를 설립했다. MPEG-LA는 MPEG-2 표준을 활용한 제품과 용역을 생산하려는 기업들을 상대로 모든 필수특허에 대한 일괄실시허락을 제공하려는 것이었으며, 크게 특허권자들 사이의 계약, 특허권자들과 MPEG-LA 사이의 관리계약, 특허권자들과 MPEG-LA 사이의 실시허락계약, MPEG-LA와 실시권자 사이의 실시허락계약 등으로 구성되는 형태를 취했다.

미국 법무부는 1997년과 1998년 위와 같은 MPEG-2 특허 풀의 유효성을 승인했다.[140] 즉, ① 위 특허 풀은 필수특허만으로 구성돼 있으

---

139 *Id.*, p. 29.

268

며, ② 실시허락 계약에 특별히 경쟁을 제한하는 사항이 존재하지 않고, ③ 당해 특허 풀 가입자들 사이에 민감한 정보(*sensitive information*)에 대한 상호교환이 금지돼 있다는 점, ④ 실시허락 계약이 실시권자들에 의한 경쟁제품의 개발을 제한하지 않다는 점, ⑤ 실제 생산량을 기준으로 실시료를 부과한다는 점 등에 비춰 봤을 때 경쟁제한성이 인정되지 않는다는 것이었다.

② DVD 특허 풀

DVD 기술과 관련된 특허는 크게 두 가지의 특허 풀로 양분돼 있었다. 그 중 하나는 Sony, Philips, Pioneer Electronics 등이 주축이 된 특허 풀(DVD 3C)이었는데, 미국 법무부는 1998년 위 특허 풀의 유효성을 승인했다.[141] 위 특허 풀은 ① 필수특허의 통합을 예정하므로 비용을 절감할 수 있게 하는 친경쟁적 효과를 가지고 있으며, ② 실시권자들에 대해 합리적이고 비차별적인 조건을 제시하고 있고, ③ 실시권자에게 개량발명의 역실시허락(*Grant-back*)을 강제하지 않으며, ④ 특허 풀 참여자들의 독립적 실시허락을 보장하고 있으므로 경쟁을 제한하는 것이 아니라는 취지였다.

나아가 Hitachi, Time Warner, Toshiba 등 6개 기업이 참여한 또 다른 특허 풀(DVD 6C)에 대해서도 1999년 미국 법무부는 ① 위 특허 풀이 개방된 형태를 취한다는 점, ② 합리적인 실시료 부과기준을 채택한다는 점 등을 근거로 그 유효성을 인정했다.[142]

---

140 U.S. DOJ, "MPEG-2 Business Review Letter", June 26, 1997.
141 U.S. DOJ, "Philips-Sony-Pioneer DVD Business Review Letter", December 16, 1998.
142 U.S. DOJ, "Toshiba-Time Warner DVD Business Reviw Letter", June 10,

③ 3G 특허풀

3세대 무선통신(3G) 플랫폼과 관련해 필수특허를 보유하고 있다고 주장하는 19개의 기업은 각각 3G 플랫폼에 있어 필수적인 기술 하나씩을 대표할 5개의 플랫폼 기업들을 형성하는 방식으로 이른바 '3G 특허 풀'을 형성하려고 했다. 더불어 위 플랫폼 이외에 별도의 관리회사를 두어 각 플랫폼에 공통된 기능을 담당하게 한다는 계획을 가지고 있었다. 이에 대해 미국 법무부는 ① 모든 특허가 보완특허인 것은 아니지만 기본적으로 보완특허의 통합을 추구하는 점, ② 독립된 특허 전문가에 의해 필수특허에 해당하는지 여부가 심사되고 있는 점, ③ 그러한 전문가가 개별 기업에 고용돼 있는 것이 아니라 공동의 관리회사에 고용돼 있는 점, ④ 관리회사는 5개 플랫폼의 사무 일부를 공동으로 처리하며, 각각의 플랫폼이 독립적으로 실시료를 결정할 수 있는 점, ⑤ 구체적인 실시료와 같은 민감한 정보의 교환이 금지되고 있는 점, ⑥ 플랫폼이 개방된 형태로 운영되고 있는 점, ⑦ 특허 풀 참여자들이 독립적인 실시허락을 할 수 있는 점, ⑧ 필수특허에 한해 역실시허락 의무를 부과하는 점 등에 비춰 위 특허 풀이 특허권을 사용하고자 하는 제조업자 등의 검색 및 거래비용을 절감시키는 등 경쟁을 촉진하는 것으로 판단해 이를 승인했다. [143]

1999.

143 U.S. DOJ, "3G Patent Platform Partnership Business Review Letter", November 12, 2002.

(4) 최근의 규제사례

① Summit Technology & VISX 사건

• 사실관계 •

레이저 각막절제술의 시술에 관한 필수특허를 보유한 Summit Tech-nology(이하 'Summit')와 VISX는 특허침해 소송을 진행하고 있었다. 당시 VISX의 특허는 특허청에 대한 사기(fraud)와 부당한 행위(inequitable conduct)를 통해 취득한 특허라는 다툼이 있었다. 위 소송 계속 중 Summit과 VISX는 25건의 관련특허로 구성되는 'Pillar Points Partners'라는 특허 풀을 형성한 뒤 그 실시료에 따른 수익을 분배하는 방식으로 분쟁을 종결하려고 했다.

• 연방거래위원회의 동의명령 •

1998년 연방거래위원회는 위 특허 풀에 대한 조사를 시작해 양 사가 ① 관련시장에서 경쟁을 제한하고 가격고정을 위한 도구로 특허 풀을 형성했고, ② 실시권자에 대해 과다한 실시료를 부과하며, ③ 경쟁특허뿐 아니라 무효인 특허를 특허 풀에 포함시켰고, ④ 특허 풀에 참여한 기업의 독립적인 실시허락이 금지돼 있는 점, ⑤ 정당한 이유 없이 실시허락을 거부할 수 있는 권한을 유보했다는 점 등을 이유로 양 사를 독점금지법 위반혐의로 제소했다. 특허 풀이 형성되지 않았다면 양 사는 그들의 특허를 활용하거나 실시허락 함으로써 레이저 각막절제술 관련장비의 판매나 임대에서 서로 경쟁할 수 있었을 것이라고 본 것이다.

이에 대해 Summit과 VISX는 특허 풀의 형성을 통해 소송에 따른 불확실성과 비용을 줄일 수 있게 됐다고 주장했다. 그러나 연방거래위원회는 위 주장을 받아들이지 않고 특허 풀의 해체와 참여자들이 보유하는 특허를 상호 무상으로 실시허락하도록 하는 내용의 동의명령을 제

안했고, 결국 당사자들이 이에 동의, 사건은 종결됐다. 144

• 평 가 •

이 사건에서는 앞에서 살펴본 특허 풀 승인사례에서 특허 풀을 구성하는 특허들의 '필수성'(Essentiality)이 중요한 요소로 고려됐으며, 이사건 특허 풀의 경우에도 경쟁특허뿐 아니라 무효인 특허를 당해 특허풀에 포함시키고 있다는 사실이 연방거래위원회의 제소에 중요한 요인이 됐다. 그러나 뒤에서 살펴볼 U. S. Philips Corp. v. International Trade Commission 사건은 경쟁특허뿐 아니라 무효인 특허들을 결합해라이선싱하는 행위에 대해 정당성을 인정한 사례여서 주목된다.

② U.S. Philips Corp. v. International Trade Commission
• 사실관계 •

이 사건은 미국 국제무역위원회(ITC)가 U. S. Philips Corp.(이하 'Philips')를 끼워팔기 혐의로 제소하면서 시작됐다. 당시 ITC는 Philips가 CD 제조에 있어 필수적인 기술을 비필수적인 기술과 함께 일괄실시허락함으로써 경쟁제한적인 끼워팔기를 했으며, 그러한 실시허락은비필수적인 기술시장에서 경쟁을 저해하는 것이라고 주장했다. 사건을 심리한 행정법판사(ALJ) 또한 ITC의 주장을 받아들이자 Philips가이에 불복, 연방순회항소법원에 항소했다.

---

144 In the Matter of Summit Technology, Inc., and VISX, Inc., Docket No. 9286 (연방거래위원회 24 Mar. 1998).

272

• 법원의 판단 • 145

이에 대해 연방순회항소법원은 Philips의 행위가 당연위법 원칙이나 합리의 원칙을 위반한 것이 아니라고 판단했다. 먼저 연방순회항소법원은 특허와 제품 간 끼워팔기와는 달리 특허 간 끼워팔기가 이뤄지는 경우 고객들이 다른 특허를 배제하기 위해 실시허락 받은 특허를 활용할 것이 요구되지 않기 때문에 반드시 봉쇄효과가 발생하는 것은 아니라고 판단했다. 또 본건에서 비필수적인 특허라고 주장된 특허들이 실제로 필수적인 것이 아니라고 볼 만한 증거가 없다는 점, 일괄실시허락된 특허들의 가격이 비필수적인 특허들을 제외했다면 부과됐을 가격보다 높다고 볼 만한 증거 또한 없다는 점, 효율성을 고려할 때 일괄실시허락을 제안할 필요가 있었던 것으로 보이는 점 등을 고려할 때 Philips의 행위가 당연위법의 원칙이 적용될 수 있는 행위에 해당한다고 볼 수는 없다고 판단했다.

나아가 비록 Philips의 시장지배적 지위가 인정되기는 하나, 특허권자의 행위로부터 예측되는 친경쟁적 효과 이외에 다른 중대한 경쟁제한 효과가 발견되지 않으므로, 위 행위는 합리의 원칙에 비춰 보더라도 금지되는 것이 아니라고 판시했다.

• 평 가 •

결국 이 사건에서 연방순회항소법원의 입장은 특허 풀에 일부 비필수적인 특허가 포함됐다 하더라도, 특허들이 일괄실시 허락돼 단일한 실시료가 부과되고 있고, 비필수적인 특허들이 배제됐다면 더 낮은 실시료를 부과하는 것이 가능했을 것이라고 믿을 만한 이유가 존재하지

---

145 U.S. Philips Corp. v. International Trade Commission, 424 F.3d 1179 (C.A. Fed., 2005).

않는다면, 이를 당연위법으로 보거나 불법적인 끼워팔기가 성립한다고 볼 수는 없다는 것으로 요약될 수 있다. 이는 1995년 IP 가이드라인의 내용을 반영하고 있는 것이기도 하다.

3) 유럽연합의 경우

(1) 특허 풀과 유럽연합의 경쟁제한행위 규제

특허 풀에 대한 경쟁법적 규제와 관련, 유럽 집행위원회는 2004년 개정 '기술이전 일괄면제규칙'(*Technology Transfer Block Exemption Regulation*)[146]에서 포괄적인 방향을, '기술이전계약 가이드라인'(*Guidelines on the Application of Article 101 of the EC Treaty to Technology Transfer Agreements*)[147]에서 구체적인 가이드라인을 제시하고 있다. 즉, 유럽집행위원회는 특허 풀에 대한 경쟁법적 규제와 관련해 특허 풀 형성을 위한 협정 및 특허 풀 운영관리 측면과 특허 풀을 통한 라이선싱 계약 측면으로 구분해, 전자의 경우에는 '기술이전계약 가이드라인'의 규정을, 후자의 경우에는 '기술이전 일괄면제규칙'의 규정을 적용하고 있다.

그런데 '기술이전계약 가이드라인'에서는 특허 풀의 형성 및 운영을 위한 협정에 대해 당해 협정에 참가하는 당사자의 수에 관계없이 EU 조약 제101조 제3항의 일괄면제(*Block Exemption*) 대상이 되지 않는다는 것을 명백히 하고 있다. 따라서 특허 풀 협정 당사자들은 원칙적으로 유럽집행위원회에 해당 특허 풀 협정이 EU 조약 제101조 및 제102

---

146 Commission Regulation (EC No. 772/2004), Office Journal of the EU, Apr. 27, 2004.

147 European Commission, Guidelines on the Application of Article 101 of the EC Treaty to Technology Transfer Agreements, *Office Journal of the EU*, Apr. 27, 2004.

조를 위반하지 않는다는 것을 입증하도록 요구받음으로써 결과적으로 사전적 승인을 유도하고 있다.

EU조약 제101조, 제102조

1. EU조약, EU경쟁법

흔히 EU경쟁법이라고 불리는 법은 실은 유럽연합의 기능에 관한 조약(Treaty on the Functioning of European Union)의 제101조(경쟁제한적 협정·협조적 행위의 규제), 제102조(시장지배적 지위의 남용행위의 규제), 유럽연합 이사회 규칙 2004년 제139호(기업결합 규제) 등을 포괄하여 지칭하는 용어다.

특히 위 기능 조약은 흔히 EU조약이라고 불리는 것으로 원래 유럽공동체 설립조약(Treaty on the establishing the European Community, 이하 '구EC조약')을 2009년 12월 1일 발효한 리스본조약 제5조의 규정에 따라 개정한 것이다. 그 결과 구 EC조약 제81조 및 제82조가 위 EU기능 조약 제101조 및 제102조로 내용변경 없이 조문만 변경됐다. 많은 관련 글에서 제81조, 제82조를 인용하고 있는 이유다. 또한 위 EU기능 조약에는 EU회원국 정부에 의한 경쟁제한적 정책을 금지하는 조항을 두고 있는데, 제106조(공기업에 대한 경쟁제한적 규제의 금지) 및 제107조(특정기업·상품에 대한 경쟁왜곡적 보조의 금지. 소위 국가 보조 규제) 등이 그것이다.

2. 경쟁제한적 협정, 협조적 행위 규제 (EU조약 제101조)

가. 금지행위

EU조약 제101조는 사업자 간의 협정, 사업자단체의 결정 및 협조적 행위로, 가맹국 간의 거래에 영향을 미칠 우려가 있으며, 동시에 역내시장의 경쟁기능을 방해·제한·왜곡할 목적을 가지거나, 또는 이러한 결과를 초래하는 것을 금지한다. 이 금지규정은 경쟁사업자 간의 협정(수평적 협정)뿐만 아니라, 생산자와 판매업자 간의 협정(수직적 협정)에도 적용된다. 금지되는 협정의 예로서 다음의 것들이 열거돼 있다.

1) 가격협정
2) 생산, 판매, 기술개발 또는 투자에 관한 제한 또는 규제
3) 시장 또는 공급원의 할당
4) 거래의 상대방을 경쟁상 불리하게 하는 차별적 취급
5) 끼워팔기 계약

□ EU조약 제101조 (Article 101)

1. The following shall be prohibited as incompatible with the common market: all agreements between undertakings, decisions by associations of undertakings and concerted practices which may affect trade between Member States and which have as their object or effect the prevention, restriction or distortion of competition within the common market, and in particular those which:

(a) directly or indirectly fix purchase or selling prices or any other trading conditions;
(b) limit or control production, markets, technical development, or investment;
(c) share markets or sources of supply;
(d) apply dissimilar conditions to equivalent transactions with other trading parties, thereby placing them at a competitive disadvantage;
(e) make the conclusion of contracts subject to acceptance by the other parties of supplementary obligations which, by their nature or according to commercial usage, have no connection with the subject of such contracts.
2. Any agreements or decisions prohibited pursuant to this article shall be automatically void.
3. The provisions of paragraph 1 may, however, be declared inapplicable in the case of:
any agreement or category of agreements between undertakings,
any decision or category of decisions by associations of undertakings,
any concerted practice or category of concerted practices,
which contributes to improving the production or distribution of goods or to promoting technical or economic progress, while allowing consumers a fair share of the resulting benefit, and which does not:
(a) impose on the undertakings concerned restrictions which are not indispensable to the attainment of these objectives;

(b) afford such undertakings the possibility of eliminating competition in respect of a substantial part of the products in question.
Businesses who infringe these rules can be subjected to large fines by the European Commission or national competition authorities. Prison is not available as a punishment under Article 81 itself. Some countries within the European Union have laws that impose criminal sanctions, including prison, for participation in anti-competitive agreements or practices.'

나. 적용면제 (EU조약 제103조 2항 b)

상품의 생산·판매의 개선 또는 기술적·경제적 진보의 촉진에 도움이 되고, 동시에 소비자에 대해 그 결과로 발생하는 이익의 공평한 분배를 행하는 것으로, 다음 항목에도 해당하지 않는 협정 등에 대해서는, 유럽위원회는 EU조약 제101조 제1항을 적용하지 않는 것을 선언할 수 있다.

1) 위 목적 달성을 위해 필요불가결하지 않은 제한을 참가사업자에게 부과하는 것
2) 당해 상품의 실질적 부분에 대해, 참가사업자에게 경쟁을 배제할 가능성을 주는 것

또는 이사회의 수권에 의하여 유럽집행위원회는 일정 카테고리의 협정 등을 일괄하여 적용면제로 하는 규칙을 정하고 있다.(일괄적용 면제, block exemption)

[유럽집행위원회가 정하고 있는 일괄적용 면제 규칙]

	카테고리	유럽위원회규칙
1	유통분야에서의 수직적 협정	규칙2790/1999호 (적용기한2010.5.31)
2	자동차의 유통과 서비스에 관계된 협정	규칙1400/2002호 (적용기한2010.5.31)
3	기술이전 협정	규칙 772/2004호 (적용기한2014.4.30)
4	전문화 협정	규칙2658/2000호 (적용기한2010.12.31)
5	연구개발 협정	규칙2659/2000호 (적용기한2010.12.31)
6	보험분야에서의 협정	규칙 358/2003호 (적용기한2010.3.31)
7	해운분야(운송회사간 컨소시엄 계약)에서의 협정	규칙 611/2005호 (적용기한2010.4.25)

3. 시장지배적 지위의 남용 규제 (EU조약 제102조)

(금지행위)

역내시장 또는 그 실질적 부분에서의 지배적 지위를 남용하는 하나 이상의 사업자의 행위는 그에 따라 회원국 간의 거래가 악영향을 받을 우려가 있는 경우에는 금지된다. 이 남용의 예로, 다음의 것이 열거돼 있다.

1) 불공정한 가격 또는 거래조건을 부과하는 것
2) 수요자에게 불리하게 되는 생산·판매·기술 개발의 제한
3) 거래상대방을 경쟁상 불리하게 하는 차별적 취급
4) 끼워팔기 계약

□ EU조약 제102조 (Article 102)

1. Any abuse by one or more undertakings of a dominant position within the common market or in a substantial part of it shall be prohibited as incompatible with the common market insofar as it may affect trade between Member States.
2. Such abuse may, in particular, consist in:

(a) directly or indirectly imposing unfair purchase or selling prices or other unfair trading conditions;
(b) limiting production, markets or technical development to the prejudice of consumers;
(c) applying dissimilar conditions to equivalent transactions with other trading parties, thereby placing them at a competitive disadvantage;
(d) making the conclusion of contracts subject to acceptance by the other parties of supplementary obligations which, by their nature or according to commercial usage, have no connection with the subject of such contracts.

---

(2) 기술이전계약 가이드라인의 내용

유럽 집행위원회 또한 미국의 경쟁당국과 마찬가지로 특허 풀이 친
경쟁적 효과와 경쟁제한 효과를 동시에 가질 수 있는 것으로 보고 있
다. 거래비용 감소, 이중한계화(*double marginalization*)[148]에 따른 문제
점 해소, 다수의 기술에 대한 일괄적인 실시허락의 제공 등을 특허 풀
의 친경쟁적 효과로 설명하고 있다. 한편, 미국의 경우와 달리 ① 특허
풀의 시장지배적 지위가 강할수록 경쟁제한효과가 더 강해지므로, ②
시장지배적 지위가 강한 특허 풀은 반드시 개방되고 비차별적이어야
하며, ③ 특허 풀이 제3자의 기술을 부당하게 억제하거나 대체 특허 풀
의 형성을 부당하게 제한함으로써 경쟁제한 효과를 가져서는 안 된다
는 일반적 원칙을 제시한다.

나아가 유럽 집행위원회는 특허 풀의 경쟁제한 효과를 평가함에 있
어 당해 특허 풀을 구성하는 기술의 특성을 중시한다. 특허 풀이 필수
특허만으로 구성된 경우 참여자들의 지위에 관계없이 그 유효성을 인
정하는 것이 원칙이다. 그러나 대체기술이 특허 풀에 포함된 경우에는
경쟁제한성이 인정돼 원칙적으로 EU조약 제101조 제1항 위반으로 간
주되거나 간주될 가능성이 높은 것으로 판단하고 있다.[149] 보완기술이
포함된 경우 또한 해당 특허 풀이 관련시장에서 시장지배적 지위를 확
보하는 경우 상당한 수준의 효율성 제고 효과가 인정되지 않는 한 EU

---

148 이중한계화(*double marginalization*)란 수직관계에 있는 상부시장, 하부시장
  의 두 기업이 동시에 독점가격을 설정함으로써 두 기업이 하나로 통합됐을
  때보다 소비자 가격이 높은 현상을 말한다.

149 European Commission, Guidelines on the Application of Article 101 of
  the EC Treaty to Technology Transfer Agreements, *Office Journal of the
  EU*, Apr. 27, 2004, p. 38.

조약 제 101조 제 1항 위반으로 간주된다.

특허 풀에 참여하는 자에게 부과할 수 있는 제한과 관련해서도 위 가이드라인은 비교적 상세한 내용을 규정하고 있다. 먼저 해당 특허 풀이 참여자 또는 실시권자의 가격결정 자유를 제한하는 경우 이를 당연위법 행위로 간주한다. 또 참여자 또는 실시권자의 경쟁제품 및 표준개발의 자유, 독립적으로 실시허락을 할 참여자의 자유를 제한하는 경우에는 사업활동의 자유를 제한하거나 경쟁기술의 출현 또는 퇴출을 야기해 경쟁을 제한할 가능성이 높기 때문에 경쟁법 위반으로 간주될 가능성이 높다.[150]

한편 참여자나 실시권자가 획득한 개량발명을 특허 풀에 의무적으로 실시허락 하도록 요구하는 이른바 '역실시허락'(*Grant-back*) 조항에 따른 의무가 부과되는 경우 그 실시허락은 비배타적인 통상실시권이어야 하며 해당기술이 특허 풀에 의해 공유되고 있는 기술의 이용을 위해 필수적이거나 중요성이 인정되는 것이어야 한다고 밝히고 있다.[151]

그리고 위 가이드라인은 당해 특허 풀이 시장지배적 지위를 갖는 경우 그 특허 풀은 실시료를 포함한 기타 조건들이 공정하고 비차별적이고, 통상실시권을 허락하는 것이어야 하며, 이러한 요건이 충족되지 않는 경우 그 특허 풀은 경쟁법을 위반한 것으로 인정돼 당연히 무효가 된다고 명시하고 있다.[152]

---

150 *Id.*, p. 39.

151 *Id.*

152 *Id.*

(3) 경쟁당국의 특허 풀 승인사례

2004년 개정된 '기술이전 일괄면제 규칙'과 '기술이전계약 가이드라인'이 적용된 특허 풀 승인사례는 아직까지 확인되고 있지 않다. 따라서 2004년 이전의 특허 풀 승인사례를 살펴보면, 미국의 승인사례에서 살펴본 DVD-6C 특허 풀에 대해 유럽 집행위원회는 당해 특허 풀이 DVD 기술의 효율적인 도입을 가능하게 함으로써 기술진보와 경쟁을 촉진시킬 뿐만 아니라 경쟁을 제한하는 불필요한 제한조건들이 포함돼 있지 않다는 점을 들어 EU조약 제101조 제3항에 의한 일괄면제대상에 해당한다고 결론내렸다.[153]

또한 미국의 승인사례에서 살펴본 3G 특허 풀에 대해 유럽 집행위원회는 최초의 특허 풀 협정에 대해 일부 공유기술들의 '필수성'이 인정되지 않는다고 판단해 수정을 요청했다. 이에 당사자들은 제3세대 이동통신서비스와 관련된 5개 기술을 하나의 특허 풀에 공유하는 대신 각각의 기술에 관련된 특허들을 개별적으로 공유해 총 5개의 특허 풀을 형성하는 내용으로 특허 풀 협정서를 수정·제출했다. 이에 대해 유럽 집행위원회는 개별 기술들에 대해 서로 다른 5개의 특허 풀을 구성하는 경우 경쟁과 혁신을 저해할 가능성이 낮으며, 3G 이동통신장비 제조와 관련해 많은 필수특허를 가진 제조업체들이 이들 특허 풀에 참여하지 않는다는 점 등을 고려해 이들 특허 풀들을 승인했다.

153 EC Press release, Commission approves a patent licensing programme to implement the DVD standard, Brussels, 9 Oct. 2000.

(4) 경쟁당국의 특허 풀 규제사례

① Bronbemaling v. Heidmaatschappij

• 사실관계 •

독일회사인 Heidmaatschappij사는 배수시스템에 대한 특허를 출원했지만 동일한 시스템을 다른 경쟁사들이 이미 사용하고 있었다. 따라서 이들 회사는 상호 간 해당 배수시스템에 대해 상호 실시권을 허가해 특허 풀을 형성하면서 제3의 회사와 라이선스 계약을 체결할 때에는 해당 특허 풀에 참가하는 모든 회사들의 동의를 받을 것을 합의했다.

이후 Bronbemaling사는 해당 특허 풀과 라이선스 계약을 체결하려고 했으나 정당한 이유 없이 거절당하자 해당 특허 풀을 경쟁법 위반으로 유럽 집행위원회에 고소했다.

• 유럽 집행위원회의 판단 • [154]

유럽 집행위원회는 당해 특허 풀의 실시허락 거절행위가 EU조약 제101조 제1항을 위반한 것으로 결정내렸다. 특허 풀의 실시허락 거절행위는 유럽 집행위원회가 경쟁제한성이 매우 높은 것으로 보고 있었던 '전용실시(*exclusive license*) 계약'에 해당한다는 것이다.

②Bayer and Hennecke v. Sullehofer

• 사실관계 •

이 사건은 특허 풀로부터 실시허락을 받은 특허의 유효성이 문제된 사안이다. 특허 풀 참가자들은 서로 교차실시허락(*cross-licensing*) 계약을 체결했으며 그 중 한 특허에 대해 부쟁의무 조항을 특허 풀 협정에

---

154 Bronbemaling v. Heidmaatschappij, OJ L249/27 (1975).

282

포함시켰다.

• 유럽 집행위원회의 판단 • 155

유럽 집행위원회는 일반적으로 계약 당사자들 사이에 부쟁의무를 부과하는 것은 원칙적으로 유효하다고 보면서도, 이 사안에서는 부쟁의무 조항이 무효인 특허와 관련돼 있다는 점에서 해당 제한조건의 경제적 효과와 특허법 규정 모두에 비춰 보았을 때 EU조약 제101조 제1항을 위반한 것이라고 결정내렸다.

③ IGR Stereo TV 사건

• 사실관계 •

2개의 독일 TV 회사가 Stereo Transmission 수신 TV 셋톱박스 제조에 필요한 특허를 획득해 특허 풀을 결성한 후 IGR에게 해당 공유특허들에 대한 실시권을 허락했다. IGR은 독일 전체 컬러 TV 제조업체들로 구성된 일종의 협회인데, IGR은 오직 참가자들에게만 실시권을 부여하다 1983년부터 비가입자들에게도 실시권을 부여하기로 했다. 그러나 이미 독일에서 영업활동을 하던 비가입자인 핀란드 제조업체 Salona 사에 대해 실시허락을 거절하자 Salona사가 해당 특허 풀을 유럽 집행위원회에 고소했다.

155 Bayer and Hennecke v. Sullehofer, ECR 5249 (1988).

• 유럽 집행위원회의 판단 • 156

유럽 집행위원회는 특허풀이 정당한 이유 없이 특정한 사업자에 대해 차별적으로 실시허락을 거절하는 행위는 IGR 참가자로서의 이점을 활용해 참가자들끼리 전체적으로 독점을 형성하고자 하는 행위로, 경쟁법 위반행위에 해당한다고 판단했다. 따라서 유럽 집행위원회는 IGR로 하여금 Salona사를 비롯해 다른 비참가자들에 대해서도 실시권을 부여하도록 결정을 내렸다.

(5) 평가

미국과 유럽연합의 경쟁당국은 특허 풀 협정의 유효성을 원칙적으로 인정하되, 경쟁제한 효과를 고려해 독점규제법상 규제 가이드라인을 별도로 두고 있다. 그러나 전반적으로 미국보다 유럽연합의 경쟁당국이 특허 풀을 포함해 지적 재산권 라이선싱 계약상 존재하는 각종 제한조건들에 대해 엄격한 태도를 보이는 것으로 판단된다.157

즉, 유럽연합에서는 시장지배적 지위를 획득한 특허 풀의 경우 개방형이고 비차별적일 것을 요구함과 동시에 특허 풀이 경쟁기술을 배제하거나 경쟁 특허 풀의 형성을 부당하게 제한하지 못하도록 하는 독점규제 일반원칙을 별도로 채택하고 있다. 경쟁기술로 구성된 특허 풀, 시장지배적 지위를 가진 폐쇄형 특허 풀에 대해서는 당연위법의 원칙을 적용하고 있다.

나아가 유럽연합은 특허 풀을 통한 라이선싱 계약에서 실시권자에 대

156 IGR Stereo Television, 14th report on Competition Policy, EC Commission (1985).
157 권영관, "특허풀에 대한 미국과 EU의 반독점 규제정책 연구", 《규제연구》 제15권 제2호 (2006), 208면.

한 끼워팔기, 재판매가격유지, 개량발명 역실시 허락의무(*Grantback*),
배타적 지역제한, 전용실시(*exclusive licensing*) 계약 등의 제한을 부과하
는 행위에 대해 미국보다 훨씬 엄격한 태도를 보이고 있다. 특허 풀 운영
관리에 대해서도 독립적인 전문가 참여의 보장, 담합 가능성 차단, 사
후적인 감독, 독립적인 분쟁해결 기제 마련 등 구체적이고 체계적인 가
이드라인을 별도로 마련해 놓고 있다.

4) 우리나라 공정거래법의 적용 가능성

특허 풀 약정은 사업자가 다른 사업자와 공동으로 로열티 또는 라이
선스 조건 등을 정하는 행위에 해당하므로 공정거래법 제19조(부당한
공동행위의 금지)가 적용될 수 있다. 우선 합의의 존재여부에 관해 특허
풀의 부속약정은 명시적으로 이뤄진 합의에 해당하므로 공동행위로 보
는 데 별다른 어려움이 없을 것이다. 그러나 부당성 여부에 관해서는
당해 특허 풀의 효율성 증대효과와 경쟁제한 효과를 비교형량해야 한
다. 2010년 3월 31일 전면개정한 공정거래위원회의 '지식재산권의 부
당한 행사에 대한 심사지침'에서는 부당성 여부를 판단할 때 특허 풀의
구성기술, 실시형태, 운영방식 등을 중요한 고려사항으로 규정하고 있
다('지식재산권의 부당한 행사에 대한 심사지침' III. 2. 가).

또한 동 심사지침은 위법행위의 예로, ① 특허 풀 운영과정에 이와
관련된 거래가격, 수량, 지역, 상대방, 기술개량의 제한 등의 조건에
부당하게 합의하는 행위, ② 특허 풀에 참여하지 않은 다른 사업자에
대한 실시를 부당하게 거절하거나, 차별적인 조건으로 실시계약을 체
결하는 행위, ③ 특허 풀 운영과정에 다른 사업자가 독자적으로 취득한
지식과 경험, 기술적 성과 등을 부당하게 공유하도록 하는 행위, ④ 특

허 풀에 무효인 특허 또는 공동실시에 필수적이지 않은 특허를 부당하게 포함시켜 일괄실시를 강제하는 행위, ⑤ 특허 풀에 포함된 각 특허의 실시료를 합산한 금액보다 현저히 높은 일괄실시료를 부과해 실시권자에게 과도한 불이익을 제공하는 행위 등을 들고 있다.

6장

마무리하며

1. James Watt의 증기기관과 혁신?

대부분의 역사에서 James Watt는 산업혁명을 촉발한 영웅적인 발명가로 알려져 있다. 그러나 자세히 들여다보면 전적으로 동의할 수 없는 부분이 많다. Watt는 18세기 후반 증기력 발전에 공헌했으나 그가 동시대를 살았던 많은 발명가들을 제치고 증기기관 발명의 대표적인 선구자로 후대에 이름을 날릴 수 있었던 이유는 뛰어난 발명을 통해서가 아니라 특허라는 법률 시스템을 잘 활용했기 때문이다. 달리 말하면 수많은 발명가들이 Watt로 인해 추가적인 기술의 혁신과 이를 통한 소비자 후생을 증가시킬 기회를 상실했다고도 할 수 있다.

1764년 기존의 Newcomen 증기엔진을 수리하던 James Watt는 증기를 분리된 용기에 넣어 확장, 응축시키면 효율성이 다소 높아질 수 있다는 separate-condenser라는 아이디어를 떠올리고 1768년 8월 런던에서 특허를 신청했다. Watt는 당시 사회적 영향력이 상당한 재력가 Matthew Boulton의 도움을 받아 5개월 후인 1769년 1월 특허를 취득했다. 그는 1800년까지 해당특허의 법적인 연장을 보장받았다.

그 후 Watt는 증기기관의 성능을 향상시키려는 라이벌 발명가들에 대한 방어를 하는 데 많은 노력을 기울였으며, 자신의 증기기관의 제조보급에 전력하지 않은 것으로 알려져 있다. 실제로 Boulton과 Watt가 증기기관을 직접 제조하기 시작한 것은 그들의 특허가 만료된 이후부터였다. 그 동안 Watt는 제3자와의 계약을 통해 특허를 이용한 증기엔진을 생산했고, Boulton과 Watt는 구매자로서 부품 조립을 감독하는 데 그쳤다. 심지어 1790년 Watt의 증기기관보다 성능이 뛰어난

Hornblower 엔진이 등장하자 Boulton과 Watt는 자신들의 특허권을 이용해 시장진입을 막으려 했다. Watt는 취득한 특허를 이용해 독점권을 행사했고 가능한 많은 경제적 이익을 추구하는 데 노력했다.

Watt가 위와 같은 특허를 보유하던 기간 동안, 증기 엔진의 효율성에 큰 변화가 없었으며 매년 불과 150마력 정도의 발전이 이뤄졌다. Watt의 특허가 종료된 이후 30년 동안 매년 4천 마력 이상의 발전이 이뤄진 사실과 확연히 대비된다고 할 수 있다. Watt의 특허가 종료되자 시장에 즉각적인 반응이 왔다. 1810년과 1835년 사이 증기엔진의 효율성이 폭발적으로 증가했고, 증기엔진은 산업혁명을 이끄는 힘이 됐다. 30년이 넘는 기간 동안 증기엔진은 수정되고 발전돼 증기 기차와 증기보트와 같은 중대한 혁신이 이뤄졌다.

1974년부터 1976년까지 연방거래위원회의 수석 경제학자로 기술혁신과 산업경제학을 연구했으며, 2006년부터 하버드대학의 John F. Kennedy 행정대학원에 재직하고 있는 Frederic Scherer 교수는 Boulton와 Watt의 위와 같은 특허권 행사에 대해 1986년 다음과 같이 결론 내렸다.

"특허 보호가 전혀 없었다면 Boulton과 Watt는 시장의 경쟁원리에 따랐어야 했을 것이며, 상황은 매우 달라졌을 것이다. Watt가 취득한 대부분의 이익은 증기기관의 제조판매에서 얻은 것이 아니라 특허권 행사로 인한 로열티 수입이었다. 그리고 특허보호가 없었다면 회사는 로열티를 받을 수 없었을 것이다. 1790년대 Boulton과 Watt의 특허권 행사는 이 사회에 더 나은 기술적 혁신을 가져다주지 못했다. Boulton과 Watt가 여타 다른 발명가나 기술자들이 자신의 특허를 사용하지 못하게 함으로써 기술의 혁신과 발전을 저해한 것은 분명하다."

앞서 살펴보았듯 특허법의 취지는 기존의 특허권을 보호함으로써 종

국적으로 혁신을 창출하고 사회 전체의 소비자 후생을 증대시키는 것이
다. 특허권의 보호가 장기적으로 이와 같은 의도에 수렴하지 않고 이산
(離散)된다면 그에 대한 정책적 대안은 반드시 필요하다. 200여 년 전
위와 같은 예를 돌이켜보면 더욱 그러하다. Patent Troll의 경쟁제한적
행위는 산업혁명 당시의 위 사례보다 덜 심각하다고 판단하기 어렵다.

2. Patent Troll의 활보

Peter Detkin에 의해 고안된 Patent Troll이라는 개념에 대해 그 자체
가 내포하는 부정적 의미 때문에 그 용어의 폐기를 주장하는 견해도 있
다. 그러나 위 개념에 포섭될 수 있는 특허권자들을 보다 유형화하고
구체화하는 방법의 하나로서 Patent Troll의 외연을 좁혀가되 규제대상
으로서 Patent Troll이 갖는 의미는 그대로 유지하는 것이 타당할 것으
로 생각한다. 이러한 Patent Troll이라는 용어의 범주에 포섭되는 특허
권자들은 특허가 갖는 가치에 대한 새로운 인식을 기초로 미국 전반의
친특허 성향, 양산된 부실특허, 특허권자에게 유리한 특허침해 소송
의 특성 등을 이용해 고수익을 추구한다. 특정한 특허권자가 Patent
Troll인지 아닌지 여부를 결정하는 것 그 자체보다 그의 행위가 거래비
용을 늘리고 자원 배분을 왜곡해 소비자 후생을 해치는 것인지 여부 등
을 판단해 내는 것이 보다 중요하다.

이와 같은 Patent Troll의 특허권 침해 소송의 증가 원인은 다양하다.
먼저 외부환경의 변화다. 2001년 IT 버블이 붕괴되면서 특허를 보유한
벤처기업들이 파산하자 유용한 특허 매물이 늘었고 이를 포착해 저렴
한 가격에 다량의 특허를 매집한 Patent Troll이 등장했다. 이들 중 일부

는 보유한 특허를 이용해 특허권 침해를 이유로 고액의 손해배상을 청구해 승소했다. 이를 뒤따르는 Patent Troll들이 우후죽순처럼 생겨났다. 그 숫자가 현재 300여 개에 이르고 있다는 사실도 앞서 살펴봤다.

나아가 금융과 브로커의 활동으로 Patent Troll의 활동이 활발해지고 있다. 특허 라이선싱 권리를 주식처럼 거래하는 사업모델이 등장해, 금융기관의 투자 참가 등 다양한 특허 수익모델도 개발되고 있다. AST, RPX와 같이 Patent Troll과 유사한 다소 공익적인 모델도 있으며, 앞서 언급했던 OceanTomo의 자회사인 IPXI와 같은 업체도 있다. Deutsche Bank는 200만 달러의 특허 펀드를, Altitude Capital Partners 와 Coller Capital 역시 각각 250만 달러, 200만 달러의 특허 펀드를 운영하고 있다. 미국 은행 중 JPMorgan Chase Bank, The Bank of New York Mellon 등은 특허권 담보대출 상품을 운영하고 있다.

기업 파산으로 제조사의 고품질 특허가 매물로 등장하는 경우, 위와 같은 풍부한 자금력과 특허 매물이 결합함으로써 Patent Troll의 위협은 지속적으로 증가할 것으로 예상된다. 이와 같은 Patent Troll의 활동을 지원하는 특허매입 브로커들도 활발히 활동하고 있는데 iPotential, Pluritas, Inflexion 등의 업체가 있다.

제조업체들도 특허권을 특정업체에 양도한 후 이를 이용해 IP사업을 추진하기에 이르렀다. 즉, 특허권을 사업자유도(*Freedom of Action*) 확보를 위한 수단에서 라이선싱을 통한 로열티 수입의 창출수단으로 전환해 적극적으로 이를 활용하게 된 것이다. 이러한 핵심 특허에 대한 적극적인 매각으로 NPEs에 의한 수익이 창출되면서, 제조업에 종사하던 기존의 사업자들에게 잠재적 또는 현실적인 리스크로 급부상하고 있다.

예를 들어 2009년 12월 Micron이 RRR(Round Rock Research) 사에 반

〈표 6-1〉 기존 제조업체의 NPEs에 대한 특허매각 사례

연 도	매도 회사	매수 회사	특허수	내 용
2007	Nokia	Intellectual Ventures	311	이동통신
2009	Micron	Mosaid	400	반도체
2009	Micron	Round Rock Research	3,387	반도체, 시스템
2009	LGE	Intellectual Ventures	75	광기기
2010. 1.	Nokia, Sony	Mobile Media Ideas	140	휴대폰, 노트북 등 모바일 기능
2010. 1.	Motorola	Niro	미확인	휴대폰 기능

도체 특허 3,387건을 양도했으며, 2010년 1월 Nokia와 Sony는 MMI (Mobile Media Ideas)에 모바일 관련 특허를, 같은 달 Motorola는 Niro에 휴대폰 기능 특허를 각 매각했다. 그 무렵 Philips는 펀드운영 사업자인 IGP500에 특허를 매각했다.

기존 사업의 성과가 부진할수록 라이선싱을 통한 수익성 개선을 적극적으로 추진하는 경향이 있으며 IBM의 경우 2009년 기준으로 특허 관련 수익으로 합계 약 12억 달러를 벌어들였다. Rambus, Qualcomm은 특허자산을 기반으로 라이선싱 사업에 주력하고 있다. 이러한 예에서 한층 더 발전해 원래 제조업에 종사하던 사업자가 사업의 위축으로 시장에서 퇴출될 위기에 이르자 아예 Patent Troll로 변신한 사례도 있음을 앞서 살펴봤다.

또한 〈표 6-1〉에서 보듯 공격적 특허 전문회사를 설립하거나 대주주로 참여해 자사의 비핵심 특허 또는 침해판정의 유효성이 높은 특허를 매각함으로써 적극적인 수익 창출을 모색하기도 한다. 〈표 6-1〉 외에 2007년 설립된 Solid State Storage Solution, 2009년에 설립된 Qimonda도 같은 부류에 속한다.

뿐만 아니라 대학과 연구소 등도 보유 특허를 활용해 기업에 대한 특허 라이선싱 활동을 강화하면서 점차 Patent Troll화하는 추세에 있다. 실제로 2009년도 미국 소재 대학이 특허 라이선싱으로 벌어들인 로열티 수익이 20억 달러를 넘어선 것으로 알려지고 있다. 〈표 6-2〉에서 보듯이 UC Systems(University of California의 연합체), New York 대학, Columbia 대학, Northwestern 대학 등이 그 선두에 서 있다.

앞서 살펴본 바와 같이 미국 법원이 특허권자에게 우호적 판결을 내리는 경향도 많은 영향을 미쳤다. Eastern District of Texas의 경우 소송을 신속히 처리하는 이른바 Rocket docket과 같은 절차가 도입됨으로써 Patent Troll이 단기간에 투자금을 회수할 수 있게 돼 소 제기에 따른 부담이 줄었다. 따라서 미국 주요 24개사를 상대로 한 Patent Troll 소송은 2005년 113건에서 2007년 239건, 2009년 241건으로 급속히 늘었다. 한편 앞서 본 바와 같이 단기간 내 소송종결 및 판매금지가 가능한 ITC 소송도 증가했다. ITC의 특허 관련 소송건수는 2005년 22건으로 그 중 Patent Troll 관련 건이 3건, 2009년 28건 중 Patent Troll 관련 건이 6건이다.

Patent Troll로부터 소송을 당한 제조업체로서는 여타 다른 소송과 달리 그 대응에 상당한 어려움을 겪게 된다. 우선 본문에서 언급했듯이 Patent Troll은 해당 특허를 실시하지 않기 때문에 제소를 당한 표적기업의 역제소가 불가능하다. 그 방어전략이라는 것이 해당 특허의 무효 주장이나 비침해 주장 외에 달리 생각할 방법이 없고, 소송 외 방법으로는 해당제품의 우회설계를 통해 피해가 확장되는 것을 막아야 하는데 여기에는 상당한 고비용이 든다.

또한 Patent Troll은 자신 및 유령회사(*shell company*)가 소유한 특허를 분산해 소를 제기하기 때문에 표적기업의 리스크는 훨씬 늘어난다.

〈표 6-2〉 미국 대학의 특허 라이선싱 수익현황

단위: US 만 달러

연 도		1999년	2003년	2006년	2007년
로열티 수입 합계		6억 100	10억 2,900		20억 2,500
주요 대학	UC Systems (University of California의 연합체)		6,300	1억 9,300	
	New York 대학		8,600	1억 5,700	
	Columbia 대학		1억 4,100		1억 3,500
	Northwestern 대학		100		8,500
	Univ. of Minnesota		3,700		6,400
	MIT		2,400		6,100
	Stanford 대학		4,300		5,000

자료: Association of Univ. Tech. Managers Survey, 1999, 2003, 2007.

즉, 복수의 특허를 보유한 Patent Troll이 특허 포트폴리오를 재편해 별도의 라이선싱을 요구하기 때문에 로열티 부담이 배가되는 것이다.

나아가 기업형 Patent Troll은 특정 기술 및 제품분야에서 기술 독점을 추구하고 있으므로 일부 회피설계를 통해 해당 분쟁을 해결하기 어려운 경우가 많다. 제조업체의 특허를 매집해 양수한 기업형 Patent Troll의 경우 광범위한 특허 포트폴리오를 보유하고 있기 때문이다.

본문에서 살펴 본 Intellectual Ventures와 같은 Patent Troll은 2만 7천여 개의 특허를 보유하면서, 1천여 개의 유령회사를 이용해 수익을 추구하는 것으로 알려져 있다. 또한 특정 제품 분야의 핵심 특허를 다량 매집하는 전략을 추구함으로써 해당 분야에 종사하는 제조업체로서는 사실상 특허회피 자체가 불가능하다. 결국 이와 같은 구조를 이용해 고액의 로열티를 요구하는 것이다.

〈표 6-3〉Patent Troll 관련 1억 달러 이상 손해배상금이 인정된 사건

단위: US 백만 달러

연 도	사 건	손해배상금
2007	Alcatel-Lucent v. Microsoft	1,538
2008	Medtronic v. Boston Scientific	250
2007	Depuy Spine v. Medtronic	226
2007	C.R.Band Inc. v. WL Gore & Ass.	185

도입부에서 살펴본 미국의 ITC 소송절차를 Patent Troll도 이용할 수 있으므로 제조업체는 패소 시 수입금지 조치를 당할 고위험에 노출되며, 이후 계속되는 소송에서도 손해배상금에 대한 제한이 없어 매출규모가 큰 글로벌 기업일수록 리스크가 가중될 수밖에 없다.

이러한 Patent Troll의 사회적 의미에 대해 일부이긴 하지만 순기능을 강조하는 견해들은 Patent Troll이 소규모 발명가의 보호에 기여하고 특허가치를 극대화하며 특허시장의 활성화를 통해 경쟁과 혁신을 촉진한다고 주장한다. 그러나 Patent Troll이 특허권 행사를 통해 얻는 막대한 수익 중 실제 발명가에게 귀속되는 것은 극히 일부분에 불과하며, 발명이 촉진되는 측면이 있다 하더라도 그 발명이 혁신에 기여할 수 있는 것에 해당하는지는 의문이다. Patent Troll의 존재로 인해 기업이 부담하게 되는 비용이 분명히 증가하며, 증가된 비용이 소비자에게 전가될 위험성 또한 크다.

IT 산업분야를 주요 활동무대로 삼고 있는 Patent Troll은 그들의 전략에 부합하는 특허를 취득한 뒤 특허침해 소송의 제기에 따른 위험을 부담하기 어려운 기업들을 표적으로 설정해 그들을 상대로 특허권을 행사한다. 이 경우 표적기업으로서는 Patent Troll의 제안을 수락할 수밖

에 없는 경우가 많다. 소송에 따른 비용의 부담, 쟁점이 된 특허에 관한 정보의 비대칭, 특허의 대체가능성 등 다양한 요인으로 인해 Patent Troll의 협상력이 표적기업의 그것보다 우위에 있는 경우가 대부분이기 때문이다.

결국 Patent Troll은 산업발전 및 사회의 후생복지의 향상이라는 특허제도의 목적 달성을 어렵게 할 가능성이 적지 않다. Patent Troll의 소비자 후생을 저해하는 역기능에 대해서는 이미 다양한 논자들이 문제를 제기해 왔으며, Patent Troll의 고수익 추구행위에 대해 이를 'Pure Money Game'에 지나지 않는다고 신랄하게 비난하는 견해도 있다.[1]

〈그림 6-1〉 미국 연방법원에서 인정한 특허권 침해로 인한 손해배상금의 중간값

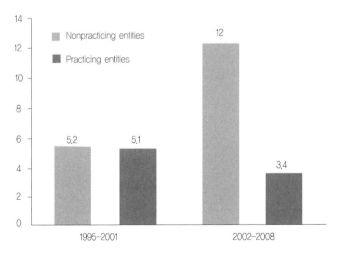

* 세로축: 손해배상금, 가로축: 연도, 단위: US백만 달러

---

1 H. Y. Shin; Senior Counsel(Head of Korea practice), N. Y. Skadden, Arps, Slate, Meagher & Flomm LLP.

〈그림 6-1〉은 미국 연방법원이 인정한 특허권자의 손해배상금을 중간값(median)으로 보여주는 것이다. 2001년 이후 지난 7년간 Patent Troll의 범주에 들어간다고 보이는 NPEs에 인정된 손해배상금이 일반적인 실행 특허권자에 대한 손해배상금의 약 4배 가까이 되는 것을 알 수 있다. NPEs에 대한 손해배상금의 중간값이 1,200만 달러인 것에 비해 일반 특허권자는 340만 달러에 불과하다. 이는 그 이전 6년간 수치와는 확연히 구분되는 것으로, Patent Troll로 인한 사회적 비용의 증가를 뚜렷이 보여주는 징표다.

3. Patent Troll과 규제

Patent Troll로 인한 사회 전체의 후생 감소와 혁신 저해라는 위협은 현실적이고 직접적이며 도처에 널려있는 실정이다. 앞서 살펴본 바와 같이 Patent Troll에 의한 특허권 분쟁 과열은 기술혁신 저해, 산업성장 정체 초래 등 경제적 손실을 유발한다는 데 국제적으로 우려의 목소리가 높다. 따라서 언제 어디서 어떻게 우리에게 다가올지 모를 Patent Troll에 대한 적절한 제도적, 법적 대응방안의 수립은 필수적이다.

전통적으로 친 특허정책을 펼치는 미국 법원도 특허법상 무조건적인 권리보장에 대한 제한, 손해배상 기준 현실화 등 Patent Troll의 권리남용을 억제하는 판결을 내리고 있다. 특허권자가 특허권의 적법한 보호범위를 확장하는 등 부당한 방법으로 특허권을 이용하는 경우 특허권의 남용으로 판단해 사법적인 규제를 시도해 왔다.

그러나 앞서 살펴본 바와 같이 미국법상 특허권 남용의 법리는, Patent Troll에 의한 특허권의 행사가 독점금지법 위반으로 인정돼 특허

권을 남용한 것으로 인정되는 경우 외에는, Patent Troll에 대한 규제수
단으로서 독자적인 기능을 수행하기가 쉽지 않을 것으로 생각된다. 최
근 판례의 태도변화를 고려하더라도 Patent Troll에 의해 제기되는 위협
을 제거하기에는 역부족이다. 나아가 거의 매년 반복되는 미국 특허법
의 개정 시도 또한 업계 간 입장 차이로 인해 그 성공을 기대하기는 어
려워 보인다.

우리나라에서는 민법상 권리남용의 법리를 통해 Patent Troll의 행위
를 규제하려는 시도가 존재하나, 권리남용의 인정을 위해 요구되는 엄
격한 요건과 그 적용에 있어 보충성이 준수돼야 함에 비추어 볼 때 이
또한 유효한 규제수단으로서 기능하기는 어려울 것이다.

앞서 언급한 바와 같이 2010년 3월 31일 우리나라 공정위는 미국, 유
럽 등 경쟁법 선진국의 지적 재산권 남용에 대한 법령 및 판례를 반영해
기존의 가이드라인을 전면 개정한 '지식재산권의 부당한 행사에 대한
심사지침'을 발표했다. 동 가이드라인은 특허권 등 지식재산권의 행사
가 관련시장에 미치는 공정거래저해효과를 법 위반행위 유형별로 경쟁
제한성 또는 불공정성(*unfairness*) 등으로 구체화해 위법성판단의 기준
을 제시하고 있다. 또한 최근 중요성을 더해가고 있는 특허 풀(*Patent
Pool*), 상호실시허락(*cross license*) 및 기술표준 관련 특허권 행사 및 특
허소송의 남용, 특허분쟁 과정의 부당한 합의에 대한 각각의 세부기준
도 제시하고 있다.

공정거래위원회의 특허권 남용행위에 조사 개시 (2010년 8월 10일자 보도자료)

제목: 국내 · 외 IT관련 사업자 59개사를 대상으로 한 특허권 남용 실태 조사

□ 공정거래위원회는 2010년 8월 6일, **IT산업 분야 전반**에 걸친 **특허권 남용 실태조사**를 개시
• IT분야 특허권 남용에 대한 최초의 대규모 직권조사

□ [조사배경]
• **IT산업** 중심으로 **특허권자의 권리남용**행위에 대한 사회적 우려 및 대응 필요성 증대
• 최근 특허 분쟁 건수가 급증, 시장 독점을 위한 특허권 부당이용 사례가 늘어나, 특허권 남용행위*에 대한 사회적 우려 확산

〈주요 특허권 남용행위 유형〉

· 특허기술의 이용을 허락하면서 이와 무관한 상품을 끼워파는 행위
· 근거 없는 특허소송을 제기해 경쟁사업자의 시장 진입을 지연시키는 행위
· 표준으로 선정된 특허기술의 로열티를 비합리적으로 높게 책정하거나 차별적으로 부과해 시장의 경쟁을 제한하는 행위
* 상세한 유형은 [별첨1] 참조

• 특히 기술 의존도가 높아 특허전략이 기업의 성쇠를 좌우하는 IT산업 분야는 타 산업 분야에 비해 특허권 남용 우려가 큰 특성
• 특허권 남용행위에 대한 대응 필요성을 고려해, 외국경쟁당국의 법집행 또한 강화되는 추세

〈특허권 남용행위에 대한 주요 법집행 사례〉

① [EU] EU 경쟁당국은 미국 RAMBUS*사가 반도체 메모리 관련 기술 표준 선정과정에 특허출원 사실을 미공개하고, 출원한 특허를 표준에 부합하도록 수정한 뒤, 관련 기술이 표준으로 선정된 이후 높은 로열티를 요구한 행위를 문제 삼아 로열티 인하를 명령 (2009)
· 표준선정 이후 RAMBUS는 로열티 요구에 응하지 않는 사업자를 대상으로 특허침해 소송을 제기했으며, 국내 삼성전자, 하이닉스 등을 상대로 장기간에 걸친 특허 분쟁을 진행
* 특히 하이닉스와의 소송은 2001년부터 현재까지 계속 진행 중

② [미국] 미국 경쟁당국은 표준 선정과정에 자신의 특허권을 의도적으로 미공개하고, 관련 기술이 표준으로 선정된 이후에 특허권을 주장한 DELL computer사의 행위에 대해 반독점법 위반혐의를 제기하고 동의명령으로 제재(1998)
· 이후 DELL사는 표준 관련 특허권을 행사하지 않기로 합의

③ [한국] 공정위는 CDMA 이동통신 표준기술을 휴대폰 제조사에게 라이선싱하면서 경쟁사의 모뎀칩을 사용하는 경우에는 차별적으로 높은 로열티를 부과한 퀄컴*의 표준특허 남용행위 등에 대해 시정명령 및 2732억 원의 과징금을 부과(2009)
　* 퀄컴은 이동통신 관련 기술 라이선싱, 관련 부품 및 S/W를 개발 판매하는 미국 사업자로, 2007년 기준 퀄컴 전체 매출의 35%(38.7억 달러)가 한국 시장에서 발생

□ [조사대상] IT산업 분야의 **국내·외 주요 사업자 59개사** 대상
• 반도체, 이동통신, 컴퓨터 및 주변기기 등 IT산업 분야에서 핵심특허를 다수 보유한 기업, 국내 중소기업과 특허분쟁 경험이 있는 기업들을 중심으로 선정
* 다국적 기업 19개사 및 국내 기업 40개사

□ [조사내용] **특허 분쟁 및 라이센스 계약 현황**을 파악하고 **구체적 거래조건의 타당성 검토**
• 특허 분쟁 현황, 라이선스 계약 거절 사례, 라이선스 계약 체결 시 세부 거래조건 등
• 불공정 라이선스 계약 조항 등 법위반 혐의를 포착하는 한편, 정당한 특허권 행사를 위해 필요한 합리적 거래관행을 분석

□ [조사방법] **1차 서면조사** 실시 이후, **필요시 현장조사** 추진
• 1차 서면조사 실시 이후, 주요 혐의 업체 등을 대상으로 추가 자료 제출 요청
• 정당한 이유 없이 **서면조사에 불응하는 경우, 허위의 자료를 제출하는 경우**에는 구체적 혐의확인을 위한 **현장조사** 실시

□ [조사기간] 2010년 8월 6일(금)부터 2개월간 1차 서면조사 실시
• 국내사업자 – 2010년 8월 6일(금)~9월 17일(금) : 6주간
• 외국사업자 – 2010년 8월 6일(금)~9월 30일(목) : 8주간
　(외국 사업자의 경우 문서 송달 기간 등을 고려하여 추가기간 부여)

□ 향후계획
• 서면조사 결과 **법 위반 혐의** 확인될 경우, **추가 조사** 절차 진행하고, 위반 행위 인정시 **시정조치***
* 법 위반 행위로 인정될 경우 시정명령 및 과징금 등이 부과될 수 있으며, 관련 피해사업자는 민사소송 절차를 통해 보상을 받을 수 있음
• 한편, 서면실태조사 결과 합리적 거래관행으로 인정되는 계약 조항 등에 대해서는 **적극적인 규제완화***를 추진
* '지식재산권의 부당한 행사에 대한 심사지침'(공정위 예규)에 해당 내용을 반영할 계획
• 이번 **실태조사를 토대로** 특허권 남용행위에 대한 **공정위의 대응은 더욱 본격화될 것**

〈특허권 남용행위 관련 주요 업무추진 실적〉

- 2009년 7월 표준특허 남용과 관련 퀄컴의 시장지배적지위 남용행위 등에 대해 시정명령 및 약 2732억 원의 과징금 부과
- 2010년 3월 '지식재산권의 부당한 행사에 대한 심사지침'을 전면 개정하고 특허권 남용행위 대응을 위한 제도적 기반을 강화
- 2010년 6월 제약분야의 특허권 남용행위에 대한 서면실태조사 실시

□ 기대효과
- 시장의 공정한 경쟁을 저해하고, 후속적인 기술혁신을 저해하는 특허권 남용행위를 시정해 **공정한 지식재산 거래질서를 확립**
- 특허권자의 정당한 권리행사를 보장하기 위한 **합리적 규제완화를** 병행해 **기술 거래 활성화를** 도모
- 특히 **특허권 남용행위에 대응할 수 있는 역량이 취약한 중소기업에게 공정한 사업 활동 기회를 보장**하는 데 기여할 수 있을 것

[첨부 1] 주요 특허권 남용행위 유형

1) 특허 라이선스 관련 부당한 계약 조건
- 특허 기술 이용을 위해 필요하지 않은 상품 또는 기술을 함께 구입하도록 강제하는 경우
- 특허권자의 경쟁사업자와 거래하지 않는 것으로 조건으로 관련 기술 이용을 허락하는 경우
- 특허권이 만료된 이후에도 관련 기술이용에 따른 로열티를 지급하도록 하는 경우

2) 특허풀을 통한 특허권 남용행위
* 특허풀(Patent Pool) : 복수의 특허권자가 각각 보유하는 특허를 취합하여 상호간에 또는 제3자에게 공동으로 실시를 허락하는 협정

- 특허풀 운영과정에 관련 시장의 거래가격, 수량 등에 대하여 부당하게 합의하는 경우

> 예) 상품 '가'를 만드는데 필요한 기술 a, b, c, d에 대해 각각 특허를 보유한 사업자 A, B, C, D가 각 기술의 공동 활용을 통한 비용 절감 방안을 논의하면서, 부당하게 상품 '가'의 판매지역까지 할당하거나, 판매가격을 공동으로 결정하는 경우

- 특허풀에 참여하지 않은 다른 경쟁사업자를 배제하는 행위

> 예) 상품 '가'를 만드는데 필수적인 특허를 취합해 특허풀을 구성한 뒤, 특허풀 구성에 참여하지 않은 신규진입 사업자 A에 대한 실시를 공동으로 거절하여 시장진입을 어렵게 하는 경우

3) 기술표준 관련 특허권 남용행위

* 기술표준: 정부, 표준화기구, 사업자단체 및 동종기술보유 기업군에서 표준으로 선정한 기술이나, 사실상 표준으로 통용되는 기술
• (FRAND 조건 위반) 기술표준으로 선정되기 전 관련 특허를 공정하고 합리적이며, 비차별적인 방식으로 실시허락 하겠다고 확약한 뒤, 표준 선정 이후 이에 반해 특허권을 남용하는 행위
* 대부분의 표준화 기구는 기술표준으로 선정된 이후의 특허권 남용행위를 예방하기 위해 표준 선정 이전 특허권자가 FRAND(Fair Reasonable And Non Discriminatory) 조건에 동의하도록 의무화하고 있음

> 예) 사업자 A는 자신의 특허 기술이 표준으로 선정되기 전 해당 기술을 합리적이고 비차별적인 조건(FRAND조건)으로 실시허락 하겠다고 확약하였음. 그 후 A의 기술은 관련 업계의 표준으로 널리 통용됐으며, A는 막대한 로열티 수입을 확보할 수 있게 됐음. 한편 A는 기술표준과 관련된 상품 또한 판매하고 있음. 해당 상품시장에 경쟁사업자가 등장하자 A는 표준으로 선정된 특허기술의 로열티를 자사의 상품 구입 여부에 따라 차별적으로 부과하였음(A사의 상품이 아닌 다른 사업자의 상품을 구매할 경우, 기술표준에 대한 로열티를 더욱 높게 부과). 기술표준의 이용이 불가피했던 사업자들은 로열티 부담을 줄이기 위해 A의 경쟁사업자 상품을 이용하지 않게 됐으며, 이러한 로열티 차별을 통해 A는 경쟁사업자들을 효과적으로 배제하고 자신의 시장지배적 지위를 유지·강화할 수 있었음

• (특허매복행위 : Patent Ambush) 기술표준화 과정에 의도적으로 관련 특허정보를 미공개하고, 기술표준 선정 이후 현저히 높은 수준의 로열티를 부과하는 행위

> 예) 기술간 호환이 중요한 상품 '가'를 생산하는 사업자들이 모여 표준을 선정하기로 한 상황. 사업자들은 특허 받은 기술이 표준으로 선정될 경우 발생할 로열티 부담을 줄이기 위해, 관련 기술에 대한 특허를 미리 공개하고, 로열티 조건을 협상하기로 함. 이 과정에 사업자 A는 관련 특허가 있다는 사실을 의도적으로 미공개하고 자신이 특허 받은 기술 a가 기술표준으로 선정되도록 유도함. 이후 기술표준이 널리 이용되고 기술표준을 다른 기술로 전환하는 것이 어렵게 되자, A는 자신의 특허권에 대해 높은 로열티를 요구하면서 불응 하는 사업자를 상대로 특허침해소송을 제기함. 이미 기술표준을 토대로 생산·판매 활동을 시작한 관련사업자들은 A가 요구한 로열티를 지불하거나 특허침해소송에 피소됐으며 이로 인해 막대한 사업활동 피해를 입게 됨

4) 특허소송 남용행위
- 다른 사업자의 사업활동을 방해하기 위해 부당하게 특허소송을 남용하는 행위

> 예) 시장에 처음 진입 한 경쟁사업자 A를 상대로 객관적으로 명백히 근거 없는 특허침
> 해 소송을 제기하고 소송을 의도적으로 지연시킴으로써 사업활동을 방해하는 경우

5) 특허분쟁 과정의 부당한 합의
- 관련 시장 진입을 지연하는 데 합의하는 등 특허분쟁 과정에 부당하게 합의하는 행위

> 예) A가 독점적으로 생산·판매하는 상품 '가'에 대한 A의 특허가 무효임을 알게 된 B
> 가 해당 특허에 대한 무효 심판을 제기한 상황. B가 무효심판을 취하하고, 관련 시장
> 에 진입하지 않는 대신, A가 B에게 대가를 지급하기로 합의한 경우

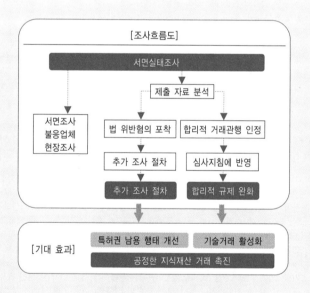

향후 개별사건에 대한 공정위의 집행경험 누적 등을 통해 공정거래법 상 과연 어떠한 경우에 특허권 등 지식재산권의 행사가 부당한지에 대한 구체적인 판단기준이 정립돼 나갈 것이며 이 과정에서 Patent Troll의 행위에 대한 문제도 논의의 한 축을 차지하게 되기를 기대해 본다.

필자는 이러한 Patent Troll의 경쟁제한적 행위에 대해 독점금지법을 적용하는 것이 그 역기능에 대한 가장 현실적인 대응방안이라고 본다. 법논리적 측면에서 특허권자의 권리행사라 하더라도 그 행위가 관련시장에서의 경쟁을 심각하게 제한하고 법이 허용하지 않는 독점을 목적으로 하는 것이라면 독점금지법 적용의 대상이 돼야 한다. 입법 취지 및 기능적 측면에서도 독점금지법은 특허법과 마찬가지로 소비자후생의 극대화를 궁극적인 목표로 하는 법체계다.

나아가 독점금지법을 적용하는 것이 특허법 내부의 규제수단을 활용하거나 특허법 자체를 개정하는 것보다는 분명한 금지기준을 제시할 수 있고 특허법과 독점금지법의 고유한 영역의 특성을 훼손하지 않는다는 측면에서도 유리하다. 실제로 특허권 행사에 대한 규제는 주로 독점금지법을 통해 이뤄져왔다는 사실을 앞서 미국, EU의 여러 사례들을 통해 살펴봤다.

미국의 연방거래위원회는 특허를 포함한 지적 재산권 시장에서의 Patent Troll의 영업행위에 대해 주목하고 있다. 즉, 연방거래위원회의 Commissioner였던 Thomas Rosch는 일련의 지적 재산권 관련 공청회를 주도적으로 개최하면서 최근까지 지적 재산권 시장 및 NPEs의 부정적인 역할에 대해 논의해 왔다. 2003년에는 일부 특허 보유사들의 로열티 징수행위가 시장경쟁에 위배된다는 의견을 담은 연방거래위원회의 보고서를 발표했다. 다만 아직까지 이들에 대한 연방거래위원회의 조치가 단행되지는 않았다.

한편 2009년 11월 오바마 대통령은 지적 재산권 전문가인 Edith Ramirez[2]를 신임 연방거래위원회 Commissioner 두 명 중 한 명으로 임명해 지적재산권 분야에 대한 연방거래위원회의 관심을 더욱 강화했다. Edith Ramirez는 오바마 대통령의 하버드 법대 동창생으로 미국 LA Quinn Emanuel 로펌의 파트너로 근무했다. 그는 Patent Troll의 행위에 대한 미국 연방거래위원회 및 EC의 감독이 강화될 것으로 예상한 바 있다.[3] 특히 Intellectual Ventures사에 대해 언급하면서 Intellectual Ventures의 IIF1의 설립은 경쟁사들이 반경쟁행위를 하기 위해 껍데기 뿐인 회사를 설립한 담합행위라고 볼 수 있는지 검토할 필요가 있다고 언급한 것으로 전해졌다. 미국이나 EC가 Patent Troll의 경쟁제한행위에 대한 조사에 착수할 경우 그들의 활동에 제약이 있을 것으로 예측되며 공식조사로 발전할 경우 이들의 향후 활동에 치명적인 타격이 될 수 있을 것이다.

한편 유럽집행위원회의 경우 유럽시장에서 과다한 로열티에 대한 감독을 강화하고 있다고 한다. 실례로 Qualcomm사와 관련해 유럽시장에서 고액의 로열티를 받는지 조사가 진행됐으나 타 기업들과 합의 이후 유럽 집행위원회의 조사가 중단됐다. EC는 이에 대해 "해당 기술이 업계 표준의 일부로 채택된 이후 가격 산정에 대해 중요한 이슈를 제기했다"고 평가했다. 유럽 집행위원회는 Intellectual Ventures사에 대해 과도하며 차별적인 로열티를 부과하고 있지는 않은지 관심을 갖고 있

---

2 Ramirez는 기존에 Seiko, Epson, Disney, ABC등의 기업과 일한 바 있으며, 담당했던 주요 지적재산권 소송은 주로 사소한 침해 건으로 Mattel에 50만 달러의 벌금을 부과하게 한 것이라고 한다.

3 Reed Smith LL.P, Nov. 2009; Fried Frank Antitrust & competition alert; Quinn Emanuel homepage

다고 한다.

만약 Patent Troll의 반경쟁적 행위에 대해 미국 연방거래위원회가 조사에 착수하게 되면 〈그림 6-2〉와 같은 절차를 거치게 된다.

우선 원고가 피고의 반독점법 위반 여부를 상세히 기술한 백서(*white paper*)를 제출한다. 이후 연방거래위원회가 CID(*civil investigative demand*)를 시행할 것인지 여부를 결정하게 되는데 그 결정을 거쳐 비밀 소환장을 발부한다. 비밀 소환장을 발부하는 이유는 기업 간 의사소통

〈그림 6-2〉미국, EC 경쟁당국의 조사 등 절차 흐름도

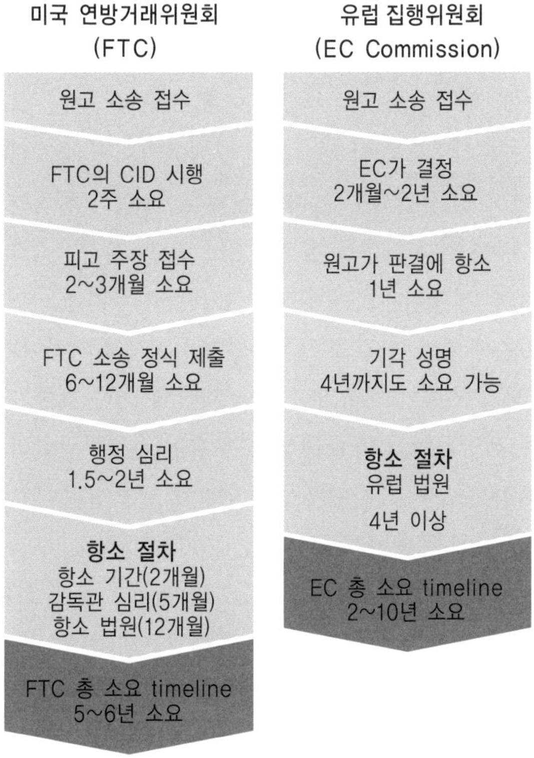

미국 연방거래위원회 (FTC)	유럽 집행위원회 (EC Commission)
원고 소송 접수	원고 소송 접수
FTC의 CID 시행 2주 소요	EC가 결정 2개월~2년 소요
피고 주장 접수 2~3개월 소요	원고가 판결에 항소 1년 소요
FTC 소송 정식 제출 6~12개월 소요	기각 성명 4년까지도 소요 가능
행정 심리 1.5~2년 소요	**항소 절차** 유럽 법원 4년 이상
항소 절차 항소 기간(2개월) 감독관 심리(5개월) 항소 법원(12개월)	EC 총 소요 timeline 2~10년 소요
FTC 총 소요 timeline 5~6년 소요	

차단을 위한 것이다. 이후 피고는 연방거래위원회에 자신의 주장을 피력할 기회를 갖게 되고, 연방거래위원회는 해당 소송의 공식 접수 여부를 결정하며 그 조사 사실을 공식적으로 공개한다. 행정심리는 장기간 소요되는데 행정법판사(ALJ)의 감독하에 연방거래위원회가 조사를 실행한다. 패소 결정에 대해 패소당한 측은 항소할 수 있고 이 경우 전원 합의부를 통해 검토받게 된다. 그 이후 절차는 패소한 측이 항소법원에 항소할 수 있다. 결국 연방거래위원회 절차를 통하면 판결까지 최소 5~6년이 걸리며, 반독점 위반 판결 시 상당한 규모의 벌금뿐 아니라 미국 법에 따라 형사처벌도 가능하다. Patent Troll의 입장에서는 CID 조사 착수의 대상이 될 경우 상당한 타격을 입게 될 것으로 예상된다.

유럽 집행위원회(*Commission of the European Communities*)의 경우도 원고가 피고의 반독점 위반 여부를 상세히 서술한 white paper를 제출함으로써 시작된다. 조사 여부는 유럽 집행위원회가 결정하는데 그 결정까지 수 년이 소유될 수 있다. 실제로 유럽 집행위원회가 과거 Microsoft에 대한 조사 착수를 결정하기까지 Sun사가 2년간 노력한 바 있다. 만약 유럽 집행위원회가 원고의 고소를 기각하게 되면 이에 대해 항소할 수 있는데 항소 판결을 선고하기까지 1년의 기간이 걸린다. 유럽 집행위원회의 조사가 개시되면 해당 기업에 대한 조사가 시작된다. 조사 절차 중 해당기업의 역할은 없으며 유럽 집행위원회의 결정에 따라 조사 중에라도 소가 기각됐음을 성명으로 발표할 수 있다. 유럽 집행위원회의 결정에 대해 유럽보통법원(EGC, *European General Court*), 나아가 유럽사법법원(ECJ, *European Court of Justice*)에 항소할 수 있다. 유럽보통법원과 유럽사법법원은 유럽집행위원회의 결정을 존중하는 경향이 강하다. 예를 들어 앞서 언급한 Microsoft 사건의 경우 법원은 유럽 집행위원회의 스태프를 해당분야의 '전문가'로 우대한 바 있다.

소송은 통상 4년 정도 걸린다. 미국에 비해 유럽 집행위원회의 결정절
차는 다소 짧다고 할 수 있다. 주목할 만한 내용은 유럽 집행위원회가
원고의 초기 고소를 기각하더라도 이에 대해 다툴 기회가 있으며, 이는
Patent Troll의 반경쟁 행위에 대한 조사를 요구하는 원고의 입장에서는
매우 유리한 제도다.

Patent Troll의 중대한 경쟁제한 및 불법적인 독점을 목적으로 하는
행위에 대해 독점금지법을 적용하려면, 그 행위가 독점금지법상 규제
요건을 충족하는지 여부에 대한 판단이 선행돼야 한다. Patent Troll에
대해 독점금지법을 적용하는 데 있어 우선 Patent Troll의 행위태양을
정확히 이해하는 것이 중요하며 이에 대해 앞장에서 Patent Troll의 행
위유형별로 독점금지법의 적용가능성을 상세히 검토해 보았다.

Patent Troll의 경쟁제한적 행위에 대한 위법성을 고찰하는 본질적인
분석을 통해 이들에 대한 최적의 법적 대응방안을 마련하는 것은 IT강
국을 표방하는 우리나라의 국익에도 부합한다고 생각한다. 후속연구
를 통해 과다한 수익창출을 위해 적극적으로 공격해오는 Patent Troll에
대한 사전 예방적 기능도 할 수 있을 것이다. 이 연구가 Patent Troll에
대한 법적 대응방안으로서 독점금지법의 적용에 관한 논의의 실마리가
될 수 있기를 기대해 본다.

4. 기업의 전략

기업의 생존목적은 경제적 이익의 창출이다. 기업이 추구하는 가치
는 다양한 스펙트럼을 갖고 있지만, 경제적 이익이 보장되지 않으면 그
어떤 역할과 책임도 제대로 이행하기 어렵다. Patent Troll에 대한 대응

도 마찬가지다. 기업 입장에서는 법적 당위성을 추구하기 위한 이론적 확신도 필요하지만, 미래의 경제적 가치로 환산한 비즈니스의 기회 예측이 더욱 현실적일 수밖에 없다.

이러한 경제적 가치의 관점에서 Patent Troll에 대한 대응을 위해서는 특허 포트폴리오라는 특허 거래의 특징을 염두에 둬야 한다. 특허 포트폴리오에 대해서는 앞서 특허 풀에 대한 설명에서 자세히 다뤘다. Patent Troll에 대한 기업의 비즈니스적 대응은 이러한 특허 포트폴리오의 구성에 따른 분석이 선행돼야 한다.

우선 A급 이상의 특허군에 해당하는 특허권 행사에 대해 가능한 합의를 통해 조속히 타결하는 것이 바람직하다. 이들 특허의 손해배상청구 규모는 B급 이하 특허와 대비해 현저히 높기 때문에 대다수의 기업에 재무적 리스크로 작용한다. 특히 이러한 특허를 보유하고 있는 Patent Troll은 이미 장기간 소송을 감당할 수 있는 충분한 자본을 확보하고 있는 소수의 NPEs일 경우가 많으며, 소송의 결과 역시 불확실하다면 더욱 그러하다.

Patent Troll로부터 특허권 침해 주장을 받는 기업들로서는 B급 특허군에 해당하는 특허침해 주장에 대한 대응전략을 세우기가 가장 어렵다. 왜냐하면 많은 경우에 Patent Troll들은 해당 특허침해로 인한 소송비용의 범위 내에서 합의금을 요구하기 때문이다. 기업으로서는 협상을 조속히 타결할 경우 단기적으로는 비용절감의 경제적 이익을 거둘 수 있으나, 이러한 협상이 지속적으로 타결될 경우 장기적으로 Patent Troll로부터 계속 특허침해로 인한 협상요구를 받을 수 있다. 따라서 Patent Troll들에게 fighter 이미지를 유지하면서도 장단기적 리스크를 어떻게 관리할 것인지에 대한 고도의 균형감각이 요구된다. 이에 대한 의사결정은 해당 Patent Troll의 성격, 향후의 비즈니스 관계의 지속 여부 등에 따라 다각도로 검토돼야 할 것이다. 다만, 굳이 실무차원에서 계량적 관점에서 본다면 대체로 손해배상 청구금액이 100만 달러 내지 2,500만 달러일 경우 예상되는 소송비용이 250만 달러, 청구금액이 2,500만 달러 이상일 경우 예상되는 소송비용이 550만 달러 정도라고 예상해보는 것도 경영판단에 도움이 될 수 있다. B급에 해당하지 못하는 하급 특허에 대해서는 대부분 무시해도 무방할 것이다.

또한, 특허권 확보에 많은 노력을 기울여야 한다. Apple사가 2005년 Fingerworks를 인수해 멀티터치 UI(*User Interface*) 관련기술을 확보함으로써 지금의 성공 반열에 올라섰듯 특허 중개인이나 기업 M&A의 방법으로 양질의 특허권을 적극 매입해야 한다. 여력이 된다면 Patent Troll에 대한 방어를 위해 특허 전문회사를 설립해 보유하고 있는 특허 포트폴리오를 효율적으로 관리하고, 비핵심 특허는 과감히 매각할 필요가 있다. 실례로 HP사는 자사가 보유한 특허 1만 5천 건을 이용해 HP Development를 설립하고, EDS 등 기업을 M&A해서 관련특허를 확보함으로써 적극적인 특허권 행사 및 관리를 위한 기초를 닦았으며, 자사 보유 비핵심 특허는 적극 매각하고 있다.

이와 같은 유용한 핵심 특허 확보는 단지 해당기업의 문제만은 아니며 국가 경쟁력과도 관련이 있다. 우리 정부도 지식경제부에서 '국가기술자산 활용사업'을 시작해 2015년까지 2천억 원의 예산을 투입하고, 민간에서 형성한 3천억 원을 포함해 총 5천억 원 규모의 특허관리 회사인 '창의자본(創意資本) 주식회사'를 설립하기로 했다. 2010, 2011년도 정부예산으로 60억 원, 700억 원이 각 배정됐고, 민간에서 2010년 300억 원의 기금을 출자할 계획이다. 창의자본 주식회사는 국내 기업들이 해외 특허로부터 보호받고 대학이나 연구소에 잠들어 있는 이른바 휴면특허를 깨워 활용함으로써 해외 Patent Troll의 공격적 한국 특허 매입에 대응하는 동시에 해외 우수특허 인수자로 직접 나서게 될 것이다.

실제 기업 법무의 현장에서는 법적 분쟁에 대해 법 논리에 앞서 비즈니스의 전략적 관점에서 대응하는 경향이 강하다. 그리고 많은 경우에 사업성을 고려해 판단하는 것이 기업에 유리한 결과를 가져다주기도 한다. 기업의 생존과 발전을 위해 다양한 비즈니스적 판단을 법적 분쟁의 해결에 활용하는 것은 당연하고도 필요한 일이다. 특히 제조업에 종사하는 기업으로서는 비즈니스적 차원에서 Patent Troll에 대한 전략적 대응이 필요하다. 즉, IP 리스크 예방과 사업자유도(*Freedom of Act*) 확보를 위해 개발 역량을 높이고, 특허 매입을 강화하며, 방어형 펀드의 개발 또는 참여를 고려할 필요가 있다. 연구개발 담당부서, 특허 담당부서와 실제 생산에 종사하는 사업부 간 긴밀한 협업을 통해 개발 역량을 높이고 특허 물질 강화활동을 지속 추진해야 한다.

다만 법적 분쟁은 종국적으로는 법 논리에 의지할 수밖에 없다는 점을 항상 염두에 둬야 한다. 때로는 전략적 대응이라는 명목으로 사안의 본질 외적인 측면에 몰입함으로써 임기응변의 미봉책을 선택하는 우를 범할 가능성이 있다는 점을 항상 경계해야 한다. 전략적 비즈니스 마인드와 정교하고 치밀하게 무장된 법적 논리가 병행돼 있다면 최전방 일선에서는 양수겸장, 후방에서는 빗장수비의 철옹성(鐵甕城)을 구축할 수 있다. 삼각편대가 출격해 중앙돌파의 임무를 완수하기 위해서는 언제나 방어막 구축과 경계엄호가 필요한 것과 같은 이치다. 이러한 점에서 글로벌 시장에서 생존하기 위한 Patent Troll 대응전략에 심층적인 법적 고찰이 도외시 돼서는 안 된다.

전장(戰場)에 나서는 장수(將帥)의 장도(長刀)가 비록 최후까지 칼집에 그대로 들어있다고 하더라도, 의미 있는 결정적 일격을 대비해 항상 충분히 날카롭게 연마돼 있지 않으면 안 되는 까닭이다.

강기중(2005), "특허침해소송의 구조와 판례동향", 〈인권과 정의〉 제 342호, 대한변호사협회.

강수경(2004), "특허권 사업화 촉진방안으로서 "Patent Pool"의 법적 문제", 〈공법학연구〉 제 5권 제 3호.

구대환(2009), "특허풀의 결성과 운영", 〈저스티스〉 제 109호.

권영관(2006), "특허풀에 대한 미국과 EU의 반독점 규제정책 연구", 〈규제연구〉 제 15권 제 2호.

권오승(2010), 〈경제법〉(제 8판), 법문사.

김권회(2005), "필수설비의 법리에 관한 연구", 서울대학교 박사학위논문.

김기영(2008), "Patent Troll에 대한 법적·제도적 대응방안 연구", *Law & Technology* 제 4권 제 4호.

김두진(2004), "지적재산권과 관련된 독점금지법의 적용 연구", 법제연구원.

_____(2004), 《지적재산권과 관련한 독점규제법의 적용 연구》, 한국법제연구원.

김민희 (2007), "미국에 있어서의 Patent Troll에 관한 연구", 〈지식재산21〉 제 98호.

_____(2009), "미국에서의 "Patent Troll" 관련 최근 쟁점과 판결: Pro-Innovation 위협 or Invention Capitalism 촉진", 〈지식재산21〉 제 106호.

김성삼(2006), "공정거래위원회 IPR지침", *Law & Technology* 제 2권 제 6호.

김원준(2008), "특허침해소송에서 무효항변에 관한 고찰", 〈경제연구〉 제 28집 제 2호, 전남대학교 법률행정연구소.

나성곤(2008), 〈지재권 괴물의 동향보고〉, 산업기술시장 이슈리포트.

문정해(2009), "지적재산권의 라이선스 거절에 대한 미국과 유럽연합의 경쟁법 규제: 필수설비이론의 적용에 대한 정책 비교를 중심으로", 〈이화여자대학교 법학논집〉 제 13권 제 3호, 이화여자대학교 법학연구소.

박상인(2007), "혁신적 산업에서의 특허와 경쟁정책", *Law & Technology* 제 3권 제 5호.

박성민・방민주・변준석(2010), "특허권 비실시자의 특허가 침해된 경우 구제 방법으로서 Liability Rule", 〈창작과 권리〉 2010년 봄호, 세창출판사.

박성수(2007), "한국의 특허권 남용 규제", *Law & Technology* 제3권 제1호.

박재훈(2009), "유럽에서의 특허권 라이선스의 거절과 경쟁법상 지배적 지위 의 남용에 관한 연구", 〈산업재산권〉 제29호.

배진용(2008), "특허권 관리회사의 현황과 적법성에 관한 연구", 〈산업재산 권〉 제25호.

백형기(2006), "라이선스 남용과 독점규제법 적용의 한계: 영미의 사례를 중 심으로", 〈기업법연구〉 제20권 제2호.

_____(2006), "지적재산권법과 독점규제법의 충돌과 조화", 〈정보화정책〉 제13권 제4호.

설민수(2007), "지적재산권 사용계약에 대한 거래거절에 관한 미국과 EU에 서의 공정거래법 적용", 〈저스티스〉 제101호.

손경한・정진근(2005), "독점규제법과 지적재산권과의 관계에 관한 재고찰", 〈비교사법〉 제12권 제2호.

손수정(2009), "특허사냥꾼(Patent Troll) 활동에 대응한 지식재산 정책과 제", *STEPI Insight* 제27호.

손영화(2001), "지적재산권행사의 한계에 관한 연구: 전자상거래에 있어서의 공정거래법적용을 중심으로", 〈비교사법〉 제8권 제2호.

손용근(2010), "Legal method of defending against patent trolls: Speech material of chief judge, patent court of korea", 〈저스티스〉 제115호.

송영식・이상정・황종환・이대희・김병일・박영규・신재호(2008), 《지적소 유권법》(상), 육법사.

신승남(2007), "eBay 판결 이후 한국 IT 기업들의 미국 시장에서의 특허권 위험관리 전략에 대한 시사점", 〈비교사법〉 제14권 제2호.

신재호(2009), "특허권 효력에 관한 검토: Patent Troll의 남용적 권리행사에 대한 효력 제한 방안을 중심으로", 〈산업재산권〉 제30호, 한국산업재 산권법학회.

안원모(2008), "무효사유가 존재하는 특허권의 행사와 권리남용의 항변", 〈산업재산권〉 제27호.

안효질(2008), "라이선시 금반언에 관한 미국 특허판례의 동향", 〈한국재산 법학회 학술대회 자료집〉.

_____ (2006), "지적재산권의 간접침해와 남용이론: 지적재산권 간접침해 영역의 확대경향에 대한 남용이론의 도입필요성을 중심으로", 〈재산법 연구〉 제23권 제2호.

오승한(2007), "미국 경쟁당국의 특허권 행사에 대한 경쟁법 집행 사례: Broadcom v. Qualcomm (D. N. J. 2006) 판결", 〈행정법연구〉 제18호.

_____ (2008), "방어적 특허풀 구성과 부속약정에 대한 경쟁제한성 평가: 중소기업체의 방어적 특허풀을 중심으로", 〈성균관법학〉 제20권 제2호.

_____ (2006), "상표권 라이선스 조항의 효력을 부인하기 위한 독점금지법에 근거한 항변과 그 문제점", 〈비교사법〉 제13권 제2호.

_____ (2005), "특허·저작권법의 기본목적과 정책에 대한 경제적 분석 및 독점금지법의 경쟁정책과의 비교", 〈상사판례연구〉 제18집 제3권.

_____ (2007), "특허기술의 표준 책정과 경쟁법 적용의 문제", 〈산업재산권 법연구〉 제23호.

유대종(2006), "저작권의 내재적 한계에 관한 소고", 〈정보화정책〉 제13권 제2호.

육소영(2006), "특허풀과 시장경쟁", 〈상사판례연구〉 제19집 제1권.

윤권순·윤종민(2010), "특허괴물의 현상 분석과 특허제도의 본질에 대한 고찰", 〈창작과 권리〉 2010년 봄호, 세창출판사.

윤선희(1999), "지적재산권과 독점규제법과의 관계", 〈경제연구〉 제16집.

_____ ·김상규·신재호·허정일(2002), "표준화와 관련된 지적재산권법 및 독점규제법에 관한 연구", 정보통신부.

이경규(2000), "국제지적재산권거래에 대한 독점규제법의 합리적 적용기준에 관한 연구", 〈연세법학연구〉 제7집 제2권.

이기수(2004), "표준의 제정과 특허권의 충돌에 관한 고찰", 지적재산권의 현재와 미래, 《김명신선생 화갑기념논문집》.

_____ ·유진희(2009), 《경제법》(제8판), 세창출판사.

이기종(2003), "거래거절과 지적재산권: In re Independent Serv. Orgs. Antitrust Litig(Xerox판결)", 〈공정경쟁〉 제95호.

이대희(2008), "기술적 보호조치에 대한 법경제학적 분석에 따른 입법론의 검토: 접근통제에 대한 분석을 중심으로", 〈창작과 권리〉 통권 53호.

_____ (2004a), "특허풀 및 그 유효성에 관한 연구", 〈산업재산권〉 제15권.

_____ (2004b), "특허플랫폼의 유효성에 관한 연구", 〈경제법연구〉 제3권.

이두형(2006), "특허권 침해 관련 법적 공격·방어수단에 관한 고찰", 〈사법 논집〉 제43집, 법원도서관.

이문지(2000), "휴면특허와 공정거래법", 〈경영법률〉 제11권.

_____(2004a), "미국의 지적재산권 남용 규제", 〈기업법연구〉 제17집.

_____(2004b), "특허권의 남용에 관한 미국의 판례법: 쟁점의 정리와 대안 의 제시", 〈경영법률〉 제14집 제2호.

이봉의(2006), "공정거래법상 필수설비법리의 현황과 과제", 〈상사판례연 구〉 제19권.

이상정(1995), "실효의 원칙: 지적소유권법을 중심으로", 〈민법학논총〉 제2 권, 박영사.

이주현(2009), "Patent Troll의 특허권 남용에 대한 법적 대응방안 검토", *Law & Technology* 제5권 제1호.

이 황(2008), "공정거래법상 단독의 위반행위 규제의 체계: 시장지배적 지위 남용행위로서의 거래거절행위의 위법성, 그 본질과 판단기준", 〈사 법〉 5호, 사법발전재단.

임영철(2008), 《공정거래법: 해설과 논점》(개정판), 법문사.

장정애(2009), "지적재산권의 독점규제법상 예외조항에 관한 고찰 : 미국법 과 비교를 중심으로", 〈산업재산권〉 제28호.

정상조(1998), "지적재산권의 남용행위에 대한 공정거래법 적용 방안", 공정 거래위원회.

_____(2004), 《지적재산권법》, 홍문사.

_____·최성근(1992), 《경쟁질서의 유지와 지적소유권법》, 한국법제연구원.

정연덕(2005), "특허풀(Patent Pool)에 관한 법적 연구: 활성화 방안을 중심 으로", 서울대학교 박사학위논문.

_____(2006), "특허풀과 독점규제법", *Law & Technology* 제2권 제6호.

_____(2007a), "특허괴물에 대한 법적 문제점", *Law & Technology* 제3권 제1호.

_____(2007b), "특허권의 남용과 이에 대한 방안: Patent Troll을 중심으 로", 〈산업재산권〉 제22호.

_____(2007c), "한국형 Patent Pool과 공정한 경쟁", *Law & Technology* 제 3권 제4호.

정영진(2006), "표준화와 공정거래법: 지적재산권의 남용을 중심으로", *Law*

& *Technology* 제 2권 제 6호.

정재훈 역(2006), "독점금지법: 지적 재산권 강제 라이선싱", *Law & Technology* 제 2권 제 6호.

정차호(2006), "특허의 침해금지권에 관한 eBay 판결: 특허권의 몰락?", 〈지식재산21〉 제 96호.

정호열(2010), 《경제법》(제 3판), 박영사.

조영선(2009), 《특허법》(개정판), 박영사

조원희(2008), "미국특허법상 특허권 남용의 법리: 공정거래법 위반과의 관계를 중심으로", 〈저스티스〉 제 104호.

최광준(1998), "신의칙에 관한 민사판례의 동향: 실효의 원칙을 중심으로", 〈법학연구〉 제 39권 제 1호.

최명석(2007), "한국의 Patent Troll, 그 현황과 전망", *Law & Technology* 제 3권 제 6호.

_____ ·박해찬(2007), "Patent Troll에 관한 소고", Law & Technology 제 3권 제 5호.

최성준(2006), "무효사유가 명백한 특허권에 기초한 금지청구 등이 권리남용에 해당되는지 여부", 《정보법 판례백선》(I), 박영사.

최승재(2008a), "미국에서의 특허법 개혁 논의와 시사점", *Law & Technology* 제 4권 제 3호.

_____(2008b), "지적재산권법과 경쟁법 간의 조화와 균형에 관한 연구: 상호운영성, 표준 및 라이선스 전략의 예를 중심으로", 《경쟁법연구》 제 16권.

_____(2009a), "미국에서의 특허권소진론의 전개와 LG v. Quanta 사건의 의의와 시사점: 계약에 의한 특허권소진의 배제가능성과 방법특허", *Law & Technology* 제 5권 제 1호.

_____(2009b), "표준보유자의 특허권남용행위에 대한 경쟁법적 규율에 관한 연구", 서울대학교 박사학위논문.

특허청, 한국지식재산보호협회(2009), Patent Troll(NPEs)에 대한 전략적 대응지원사업 품목별 보고서 발표회 및 대응전략 세미나 발표자료.

한국지식재산연구원(2008), 〈선진 특허강국의 기술지주회사에 대한 국내 기업들의 대응방안과 특허정책 연구〉, 특허청.

홍대식(2009), "공정거래법과 지적재산권법: 공정거래법 위반의 주장과 지적

318

재산권 침해금지소송", 민사판례연구.

홍명수(2005), "필수설비론의 발전과 통신산업의 자유화", 〈비교사법〉 제 11
권 2호.

홍봉규(2007), "우리나라에서의 지적재산권 남용에 대한 독점규제법의 적용:
미국의 판례를 중심으로", 〈산업재산권〉 제 22호.

Allison, John et al. (2010), "Extreme value or trolls on top: The character-
istics of the most-litigated patents", *University of Pennsylvania Law
Review* 158.

Barker, David (2005), "Troll or no troll? policing patent usage with an
open post-grant review", *Duke Law & Technology Review* 9.

Brennan, Joe et al. (2007), "Patent trolls in the US, japan, taiwan and
europe", *Tokugikon* 244.

Carlson, Steven (1999), "Patent pools and the antitrust dilemma", *Yale
Journal on Regulation* 16.

Carrier, Michael (2006), "Refusal to license intellectual property after
TRINKO", *Duke Law Review* 55.

Chien, Colleen (2009), "Of trolls, davids, goliaths, and kings; Narratives
and evidence in the litigation of high-Tech patents", *North Carolina
Law Review* 87.

Cotropia, Christopher (2009), "The individual inventor motif in the age of
the patent troll", *Yale Journal of Law and Technology* 12.

D'Incelli, Gregory (2009), "Has eBay spelled the end of patent troll
abuses, paying the toll: The rise (and fall) of the patent troll",
University of Miami Business Law Review 17.

Denicolò, Vincenzo et al (2008), "Revisiting injunctive relief: Interpreting
eBay in high-tech industries with non-practicing patent holders",
Journal of Competition Law & Economics 4.

Detkin, Peter (2007), "Leveling the patent playing field", *John Marshall
Review Intellectual Property Law* 6.

Duff, Gregory et al. (2008), "Patent trolls (and other bad news) lurking
in your mailbox: Handling cease-and-desist letters in the USA",

Journal of Intellectual Property Law & Practice 3(7).

Feldman, Robin Copper(2004), "The insufficiency of antitrust analysis for patent misuse", *Hastings Law Journal* 55.

Forrester, Ian(2005), "Regulating intellectual property via competition? or regulating competition via intellectual property?, Competition and Intellectual Property: Ten Years On The Debate Still Flourishes, EU Competition Law and Policy Workshop/Proceedings"

Furse, Mark(2008), *Competition Law of the EC and UK*, 6th ed., Oxford University Press.

Gavil, Andrew, William E. Kovacic & Jonathan B. Baker(2008), *Antitrust Law in Perspective: Cases, Concepts and Problems in Competition Policy*, 2th ed., Thomson West.

Geradin, Damien et al(2008), "Elves or trolls? the role of non-practicing patent owners in the innovation economy", Tilburg Law and Economics Center Discussion Paper DP 2009-037.

Gleklen, Jonathan(2009), "The emerging antitrust philosophy of FTC commissioner rosch", 23-*SPG Antitrust* 46.

Goldstein, Paul(2001), *International Copyright: Principles, Law and Practice*, Oxford University Press.

Gregory, Jennifer(2007), "The troll next door", *John Marshall Review Intellectual Property Law* 6.

Helm, Jeremiah(2006), "Why pharmaceutical firms support patent trolls: The disparate impact of eBay v. mercexchange on innovation", *Michigan Telecommunication Technology Law Review* 13.

Hemphill, Thomas(2005), "Technology standards development, patent ambush, and US antitrust policy", *Technology in Society* 27.

Hoerner, Robert(2001), "The decline (and fall?) of the patent misuse doctrine in the federal circuit", *Antitrust Law Journal* 69.

Hovenkamp, Herbert(2005), *Federal Antitrust Policy: the Law of Competition and its Practice*, 3rd ed., West Group.

Hovenkamp, Herbert, Mark Janis & Mark Lemley(2002 & Supp. 2005), *IP and Antitrust: An Analysis of Antitrust Principles Applied to*

Intellectual Property Law, Aspen Publishers.

Jacobson, Jonathan et al. (2007), *Antitrust Law Developments*, 6th ed., American Bar Association.

Janis, Mark (2002), "Transitions in IP and Antitrust", *Antitrust Bulletin* 47.

Korah, Valentine (2004), *Competition Law of the European Community*, 4th ed., Hart Publishing.

Layne-Farrar, Anne & Klaus Schmidt (2009), "Licensing Complementary Patents: "Patent Trolls", Market Structure, and "Excessive" Royalties", Governance and the Efficiency of Economic Systems Discussion Paper No. 275.

Lemley, Mark & Carl Shapiro (2007), "Patent holdup and royalty stacking", *Texas Law Review* 85.

Lemley, Mark (2008), "Are universities patent trolls?", *Fordham Intellectual Property, Media & Entertainment Law Journal* 18.

Leslie, Christopher (2009), "Antitrust and patent law as component parts of innovation policy", *Journal of Corporation Law* 34.

Lowe, Philip (2005), "Intellectual property: How special is it for the purposes of competition law enforcement?", EU Competition Law and Policy Workshop/Proceedings.

Luman III, John & Christopher Dodson (2006), "No longer a myth-the emergence of the patent troll: Stifling innovation, increasing litigation, and extorting billions", *Intellectual Property & Technology Law Journal* 18.

Magliocca, Gerard (2007), "Blackberries and barnyards: patent trolls and the perils of innovation", *Notre Dame Law Review* 82.

Majoras, Deborah (2007), "A government perspective on IP and antitrust law", *Rutgers Law Journal* 38.

Mayergoyz, Anna (2009), "Lessons from europe on how to tame U.S. patent trolls", *Cornell International Law Journal* 42.

Mcdonough III, James (2007), "The myth of the patent troll: Alternative view of the function of patent dealers in an idea economy", *Emory Law Journal* 56.

Mcfeely, Daniel(2008), "An argument for restricting the patent rights of those who misuse the U.S. patent system to earn money through litigation", *Arizona State Law Journal* 40.

Mcmahon, Terrence et al. (2006), "Who is a patent troll? not a simple answer", *Sedona Conference Journal* 7.

Melamed, Douglas & David Lerch(2005), "Uncertain patents, antitrust, and patent pools", EU Competition Law and Policy Workshop/Proceedings.

Mello, John(2006), "Technology licensing and patent trolls", *Boston University Journal of Science and Technology Law* 12.

Meurer, Michael(2003), "Controlling opportunistic and anti-competitive intellectual property litigation", *Boston College Law Review* 44.

Miller, Joseph Scott(2007), "Patent ship sail an antitrust sea", *Seattle University Law Review* 30.

Myers, Gary(1992), "Litigation as a predatory practice", *Kentucky Law Journal* 80.

Nelson, Philip(2007), "Patent pools: An economic assessment of current law and policy", *Rutgers Law Journal* 38.

NG Siew Kuan, Elizabeth(2009), Patent trolling: Innovation at risk, *European Intellectual Property Review* 31(12).

Pate, Hewitt(2005), "Competition and intellectual property in the U.S.: Licensing freedom and the limits of antitrust", EU Competition Workshop.

Petersen, Maxwell(2009), "Strategies for defending international companies against US patent trolls", *Journal of Intellectual Property Law & Practice* 4(2).

Pitofsky, Robert(2001), "Challenges of the new economy: Issues at the intersection of antitrust and intellectual property", *Antitrust Law Journal* 68.

Pitofsky, Robert et al. (2002), "The essential facilities, doctrine under U.S. antitrust Law", *Antitrust Law Journal* 70.

Rajkumar, Vaikhari(2008), "The effect of patent trolls on innovation: A multi-jurisdictional analysis", *Indian Journal of Intellectual Property*

Law 1.

Rantanen, Jason(2007), "Slaying the troll: Litigation as an effective strategy against patent threats", *Santa Clara Computer & High Technology Law Journal* 23.

Rosch, Thomas(2008), "Patent trolls: Broad brush definitions and law enforcement ideas", Before the Newport Summit on Antitrust and Economics.

Rubin, Steven(2007), "Defending the patent troll: Why these allegedly nefarious companies are actually beneficial to innovation", *Journal of Private Equity* 10(4).

Salop, Steven & David Scheffman(1983), "Raising rivals' costs", *The American Economic Review* 73(2).

Shechter, Rogers et al. (2004), *Principles of Patent Law*, 2nd ed., Thomson West.

Shrestha, Sannu(2010), "Trolls or market-makers, an empirical analysis of nonpracticing entities", *Columbia Law Review* 110.

Silver, Blair(2009), "Controlling patent trolling with civil RICO", *Yale Journal of Law & Technology* 11.

Smith, Gary(1999), U. S. "Patent holders beware-recent decisions increase the risk of liability for patent misuse under both federal and state laws", *Journal of World Intellectual Property* 2(2).

Steinman, David & Danielle Fitzpatrick(2002), "Antitrust counterclaims in patent infringement cases: A guide to walker process and sham-litigation claims", *Texas Intellectual Property Law Journal* 10.

Subramanian, Sujitha(2008), "Patent trolls in thickets: Who is fishing under the bridge?", *European Intellectual Property Review* 5.

Sullivan, Thomas & Herbert Hovenkamp(2009), *Antitrust Law, Policy and Procedure: Cases, Materials, Problems*, 6th ed., LexisNexis.

Ullrich, Hanns(2005), "Patent pools: Approaching a patent law problem via competition policy", EU Competition Law and Policy Workshop/ Proceedings.

Venkatesan, Jaideep(2009), "Compulsory licensing of nonpracticing patentees after eBay v. mercExchange", *Virginia Journal of Law and Technology* 14.

Visconte, Barry(2007), "A bitter pill to swallow: Patent law, a true exception to antitrust law schor v. abbott-laboratories", *University of Cincinnati Law Review* 75.

Wallace Jr., James(2007), "Are patent "Trolls" wrongly named and maligned? do they have a future?", American Intellectual Property Law Association Annual Meeting.

Wallace, Joel(2009), "Rambus v. F. T. C. in the context of standard-setting organizations, antitrust and the patent hold-up problem", *Berkeley Technology Law Journal* 24.

White, Katherine(2001), "A rule for determining when patent misuse should be applied", *Fordham Intellectual Property, Media & Entertainment Law Journal* 11.

찾아보기

（일 반）

찾아보기

(인 명)

찾아보기

(기관·회사·학교명)

기 타

찾아보기

(판결 · 결정 및 심결)

• 유 럽

■ ■ ■
찾아보기

(법 령)

• 대한민국

• 유 럽

이 상 주

1989	부산사대부고 졸업
1993	사법시험 제35회 합격
1994	서울대학교 법과대학 졸업
1996	사법연수원 25기 수료
1999	부산지방검찰청 검사
2000	수원지검 여주지청 검사
2001	수원지방검찰청 검사
2003	미국 Georgetown Law School 법학석사 (LL.M.)
2004	미국 Harvard 대학교 Kennedy 행정대학원 석사 (MPA/MC)
2004	삼성화재(주) 법무담당 상무 및 준법감시인
2008	일본 동경대학교 법정대학 객원연구원
	Linklaters, Clifford Chance 로펌 Corporate Part 근무
2008	현 삼성전자(주) 해외법무팀 상무
2010	고려대학교 법과대학 박사 (Ph.D.)